ちくま新書

# 考古学講義

北條芳隆 編
Hojo Yoshitaka



1406

考古学講義【目次】

＊各講末の「さらに詳しく知るための参考文献」に掲載されている文献については、本文中では（著者名　発表年）という形で略記した。

# はじめに

北條芳隆

物的証拠にもとづいて過去の人間の活動を復元する営みが、考古学である。基本は発掘調査にあり、出土した遺構や遺物の観察と分析が柱となっている。そこで採用される研究法は層位学と型式学と呼ばれる。一九九〇年代までの日本考古学は、主にこれら二つの方法に依拠して研究を遂行してきたし、現在でも基礎中の基礎であることに変わりはない。

二〇〇〇年秋に発覚した上高森《かみたかもり》事件は、層位学を逆手に取った捏造行為であった。前期旧石器時代に該当する地層中に縄文時代の石器などが事前に埋め込まれ、直後に他者の手で掘り出されるよう誘導された。手口はたしかに巧妙であった。

とはいえ前期旧石器時代の層位に縄文時代の石器が混じったとしても、それを識別できないはずはなかった。型式学が作動するからである。事実、件の出土品は明らかに後の時代の混入だとの指摘は早くからあった。しかしそのような批判は学界全体に届かず、一部の専門的考古学者は、日本列島在住の前期旧石器人は卓抜な優秀さを誇る〝旧人〟であったに違いないとの

2000年11月5日の毎日新聞朝刊

見解を表明してしまったのである。

この深刻なダメージからいかに立ち直り信頼回復をはかるかが、その後現在にいたるまでの重要課題であり続けている。その途上にある現在、社会に向けて考古学講義を世に問うことには多大な勇気を要する。

しかしながら上高森事件から一九年を経ようとする今、日本考古学の最前線で各種の研究テーマと向き合う研究者からの語りを世に問うことには一定の意義がある。

この間に新たな分析法が開発され、飛躍的な進展をみせている点は強調したい。材料分析の発展は著しく、多角的な把握が可能となったため、金属器類や玉類の型式学には幅と深みが増した。圧痕《あっこん》分析の確立も重要で、栽培植物に関する議論はこれまで予想されなかった局面へと誘われている。

過去の気候変動が活発に議論され一定の理解に到達したことを受けて、原始・古代の日本列島社会を取り巻く「環境」の捉え方にも大きな変化が生じている。放射性炭素年代測定と年輪年代測定を組み合わせた分析も急速に進展し、先の気候変動の問題とも絡めた議論が進められている。過去の人間そのものに対する遺伝的情報の分析が飛躍的に進展したことも大きい。なによりも重要な転換は、日本列島内部の情勢に限定して物事を解釈する見方から脱却し、東アジア地域全体のなかで、あるいは地球的規模で生起した動向に置き据えながら問題を把握し理解する方向性が定着したことである。文化人類学や心理学などの成果を取り込む動きも活発であり、閉鎖系からの開放だと言ってもよい。先にみた上高森事件の教訓は、この点においてもっとも有効に活かされている。

さらにかつての「考古学ブーム」の影で温存されてきた閉鎖性ともいうべき学界の古い体質は確実に克服されつつある。考古学に対する冷静な、もしくは冷徹な眼差しが社会の側から注がれ、忌憚のない批判が各方面から寄せられる現在の環境は、事態の改善に役立っているとみてよい。

本書は旧石器時代から古墳時代までを三部に分けて取り扱い、私がとくに重要だと思う主題を選定した。邪馬台国がらみの問題や騎馬民族問題、あるいは国家形成に関わる鉄器化論争のように古くから注目されてきた主題もあれば、土器の器壁内に埋め込まれた植物圧痕《あっこん》の分析のような新たに開発された分析法から縄文農耕の問題を問い直すものもある。放射性炭素年代測定の結果からみた弥生開始年代について関心を抱く読者も多いものと推測する。

執筆を依頼した一三名には、それぞれの主題について最先端の研究成果を語っていただいた。

宮城県座散乱木遺跡の検証調査（2002 年 5 月編者撮影）

私の論説を含む一四講で構成された本書を通して、上高森事件の発覚から一九年後の日本考古学がどのような方向に向かっているのかをご理解いただければ幸いである。

本書を執筆するすべての研究者は、上高森事件を貴重な教訓と位置づけ、その後の一九年間を通して考古学に突きつけられ続けてきた諸課題と真摯に向き合ってきた、先に紹介した新たな研究動向を担う気鋭の研究者である。だからあえて本書を世に問うものである。

# I 旧石器・縄文時代

第1講

# 列島旧石器文化からみた現生人類の交流

杉原敏之

## †現生人類と列島旧石器文化の起源

近年、現生人類(ホモ・サピエンス)のアジアへの拡散と日本列島における後期旧石器時代の成立に関する議論が盛んである。つまり、それは遺伝学・古人類学と考古学の成果によって、日本列島へ到達したであろう現生人類と石器技術の特徴から新たな文化の成立を捉えようとするものである。現生人類のアジア進出の年代は、近年のミトコンドリアDNAハプログループの分岐年代による遺伝学的証拠と遺物類による考古学的証拠から五万年前以降の可能性が高いとされ、ユーラシア大陸への爆発的拡散の流れの中で理解されている(海部二〇〇五)。東アジアでは、ボルネオ島のニアー洞穴、中国周口店の田園洞出土の人骨化石が新人では古く約四万年前頃とされ、その到達経路は、ヒマラヤ山脈の南側を通り南・東南アジアを経由する「南ルート」、チベット高原の北からモンゴルを経由する「北ルート」が想定されている。

では、現生人類（ホモ・サピエンス）はどのように特徴づけられるのか。その行動原理には、現代人的思考、抽象的思考、優れた計画能力、行動上、経済活動上、技術上の発明能力、シンボルを用いる思考などがあるとされる（海部前掲他）。当然、道具の発明と計画的行動には論理的思考が必要であり、絵画や線刻、ビーズを使用したアクセサリーなどにみるシンボル、長距離交易などによる計画や未来予測などが挙げられている。

## †列島への現生人類移住の問題

さて、後期更新世の最終氷期には、ユーラシア大陸の東に弧状に連なる日本列島は限りなく大陸と陸続きに近い状態となった。海洋酸素同位体比による地球規模の環境変動の歴史からみると、現生人類と関わりの深い、日本列島の後期旧石器時代に該当するのは、海洋酸素同位体ステージのMIS-3（約五万九〇〇〇～二万八〇〇〇年前）とMIS-2（二万八〇〇〇～一万六〇〇〇年前）の段階である。現在、後期旧石器時代の開始期は、約三万八〇〇〇年前頃とされ、MIS-3後半段階の温暖な気候から寒冷化へ向かう時期に該当する。そして、MIS-2の約二万四〇〇〇年前頃には、最終氷期最寒冷期（LGM：Last Glacial Maximum cold phase）を迎える。このLGMへ向かう過程で、姶良《あいら》カルデラ（現在の鹿児島県錦江湾）の「破局的噴火」（約三万年前）が発生した。このようにみると、私たちの遠い祖先でもある、列島へ移住してきた現生人

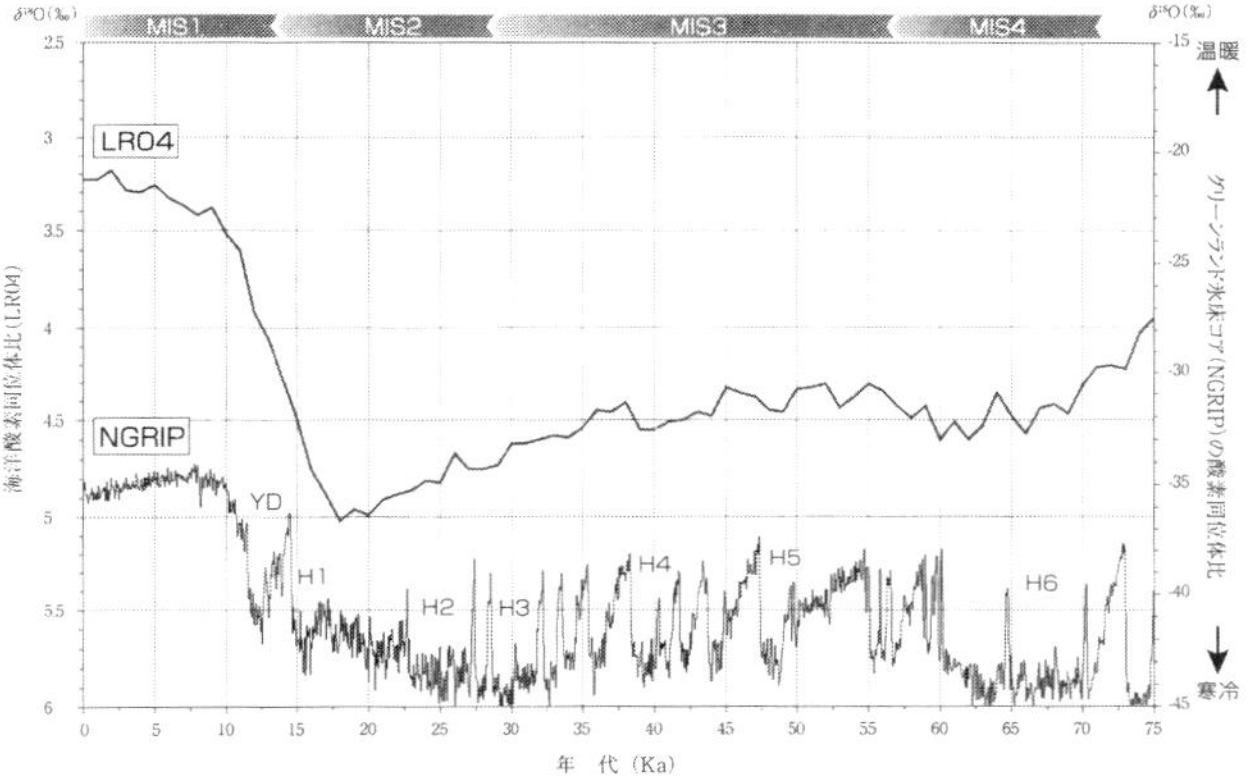


図1　海洋酸素同位対比曲線（LR04）とグリーンランド氷床コア（NGIP）の酸素同位対比（公文富士夫 2015「晩氷期から完新世への気候変化と地理的環境」『季刊考古学』135号）

類は激動の時代を生き抜いたのである。

　現生人類の列島への到達に関してみると、サハリンから北海道、津軽海峡を経由する北回りルート、中国大陸と陸化した黄海・朝鮮半島を経由する西回りルート、台湾、南西諸島を経由して列島へ到達する南回りルートの大きく三つのルートが想定されている。

　このルート上における初期の現生人類文化の痕跡を明らかにすることで、彼らがどのように日本列島に到達したのかを理解できるであろう。しかしながら、日本列島においては沖縄の石灰岩洞穴等を除いて人骨化石の出土はほとんどなく、有機物の資料は残りにくい。そのため、自ずと対象となるのは主要な道具であった石器類である。

　そこで、日本列島を俯瞰しながら各ルートをみると、現在の九州島の北部は朝鮮半島に近接し、また南部は琉球列島の島嶼部を介して台湾、さらには中国大陸南部へと続いている。つまり、現地形からみても九州島を中心とする列島西南部は弧状に連なる形で半島や大陸にほぼ接している。これらの地理的関係は、後期更新世、とりわけ約四万年前頃の東アジア本土から列島への現生人類拡散を考える上では極めて重要と言える。そのため、列島への現生人類到達の痕跡を探るためには、半島・大陸を視野に入れつつ、九州島や琉球列島における人類文化の相関性や差異に関する議論が必要になることは間違いない。

本講では比較的情報量が多く、地理的にも有望な九州島を中心とする西回りルートや南回りルートとともに、現生人類に関わる文化的要素からこの問題について考えてみたい。

## †西回りルート・九州島の様相

日本列島では約四万年前を超える石器群に関する情報は限られている。現在、層位的に保障され、それに近い年代値を示す石器群は、南関東地方や九州地方で確認されている。

南関東の武蔵野台地は広大な面積を対象とする層位的調査が先駆的に開始された地域である。富士火山を供給源とする、武蔵野台地における立川ロームと武蔵野ロームの境界は自然層序区分ではⅪ層とⅫ層に置かれている。このうちXb層では、武蔵台遺跡、多摩蘭坂《たまらんざか》遺跡第5・8

地点において、台形様石器、基部加工ナイフ形石器、石刃（縦長剝片）等や黒曜石石材の使用が確認されている。直上のXa層の較正年代が36,000〜34,000 calBPとされる（安蒜編二〇一四）。さらに、層位的対比によってXb層相当におかれる愛鷹《あしたか》山麓の富士石遺跡第Ⅰ文化層・BBⅦ層出土石器群は、較正年代で38,690〜38,620 calBPとされる。すなわち、南関東地方を中心にみると、約三万八〇〇〇年前が後期旧石器時代開始期の年代値とみることができよう。

図2　沈目遺跡の石器群
（熊本市塚原歴史民俗資料館）

これに対して、九州地方では、後期旧石器時代初頭に位置づけられる石器群として、暗色帯下の黄褐色粘質土層に出土層準を持つ、熊本県沈目《しずめ》遺跡Ⅵb層や石の本遺跡8区Ⅵb層等がある（萩原博文・木﨑康弘「九州地方」〔稲田・佐藤編二〇一〇－1〕他）。硬質の輝緑凝灰岩《きりょくぎょうかいがん》や多孔質安山岩という特定石材に依拠しており、石材産地周辺に大規模なアトリエを残している。おそらく、日東黒曜石原産地近隣の鹿児島県上場《うわば》遺跡の岩盤直上の6層下部・7層の一部も近い時期に比定される。これらのうち、石の本遺跡8区では、$^{14}$C年代測定によって、33,720±430 $^{14}$CBP（No2）等の値が得られている。なお、較正年代値の平均から38,000 calBP

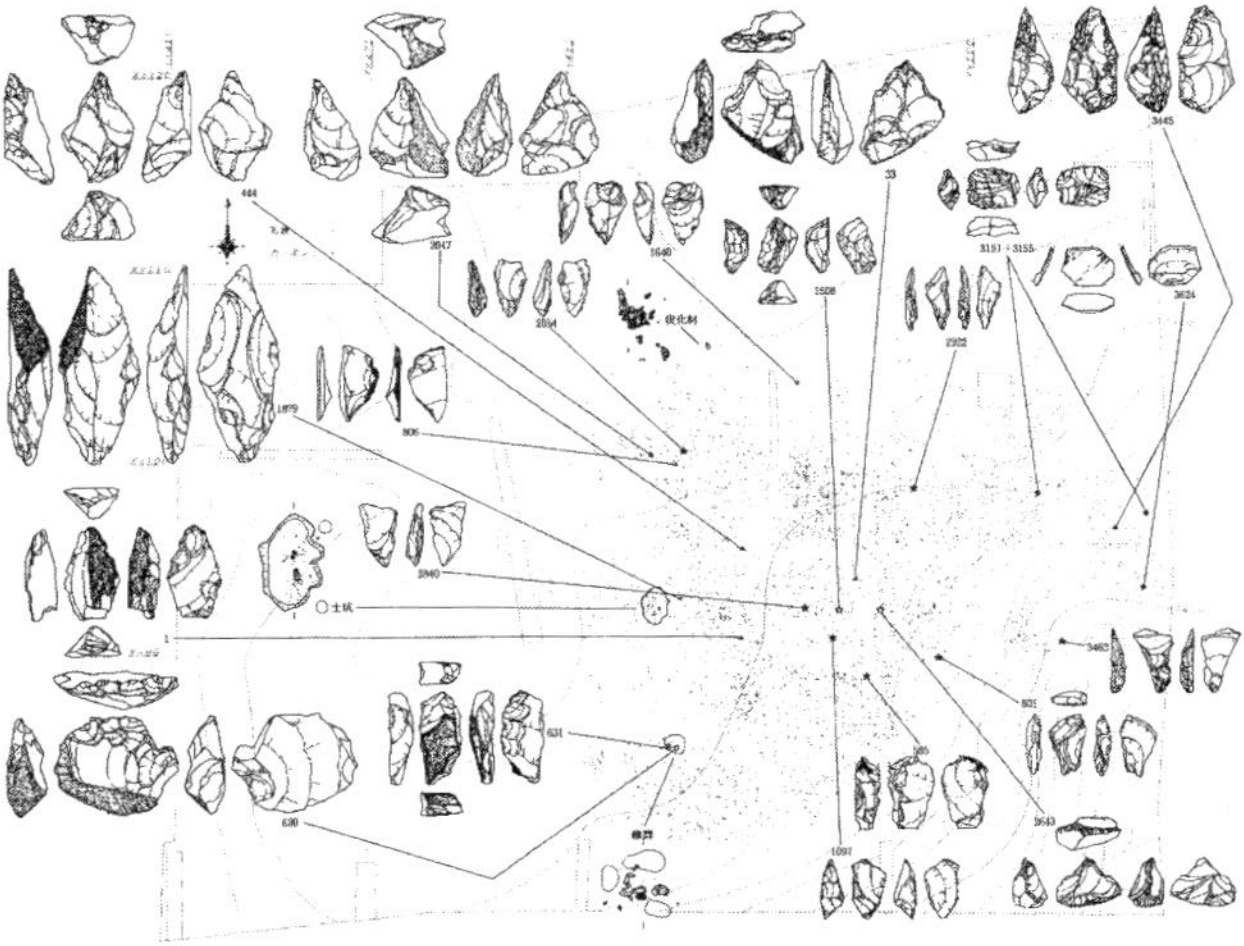

図３　石の本遺跡８区Ⅵｂ層石器群（熊本県教育委員会 1999）

から36,000 calBP の範囲の可能性が指摘されている（工藤二〇一二）。

当該期の石器群には、台形様石器、尖頭状石器、鋸歯縁《きょしえん》石器（鋸歯状削器《さっき》）、礫器《れっき》、局部磨製石斧が組成する。このうち、上場遺跡6層下部では、日東産黒曜石を使用して、分割剥片の端部に打面を設定して小口より縦長剥片を剥離する技術がある。剥離された縦長剥片は背面が二面で構成されるものが多い。一部は台形様石器、スクレイパーの素材となっている。この小口面を取り込む縦長剥片剥離技術は、沈目遺跡Ⅵｂ層や表採資料ではあるが同じ輝緑凝灰岩を使用した下横田遺跡にも一定量認められる。硬質の輝緑凝灰岩や粗雑で不純物を含む日東産黒曜石を使用したものでわかりづらいが、九州地方では折断を基調とする台形様石器製作技術との関係が想定される。

一方、宮崎県後牟田《うしろむた》遺跡第Ⅲ文化層では、台形様石器自体が不明瞭であり、大・中の剥片を素材とする鋸歯縁削器、磨石・敲石、台石等がみられる。また、宮崎県山田遺跡Ⅰ期では自然の円礫材の一部に刃部加工をおこなった礫器の製品や未成品が纏まって出土している。Ⅹ層暗色帯下部からⅪ層褐色粘質土に出土層準があり、較正年代では35,200 calBP前後になる。さらに南の島嶼部となる、種子島の種Ⅳ火山灰（35 ka）下の立切遺跡ⅩⅢ層、横峯C遺跡Ⅰ文化層では局部磨製石斧や台形様石器、鋸歯縁石器等が出土している。立切遺跡では陥穴や炉跡、横峯

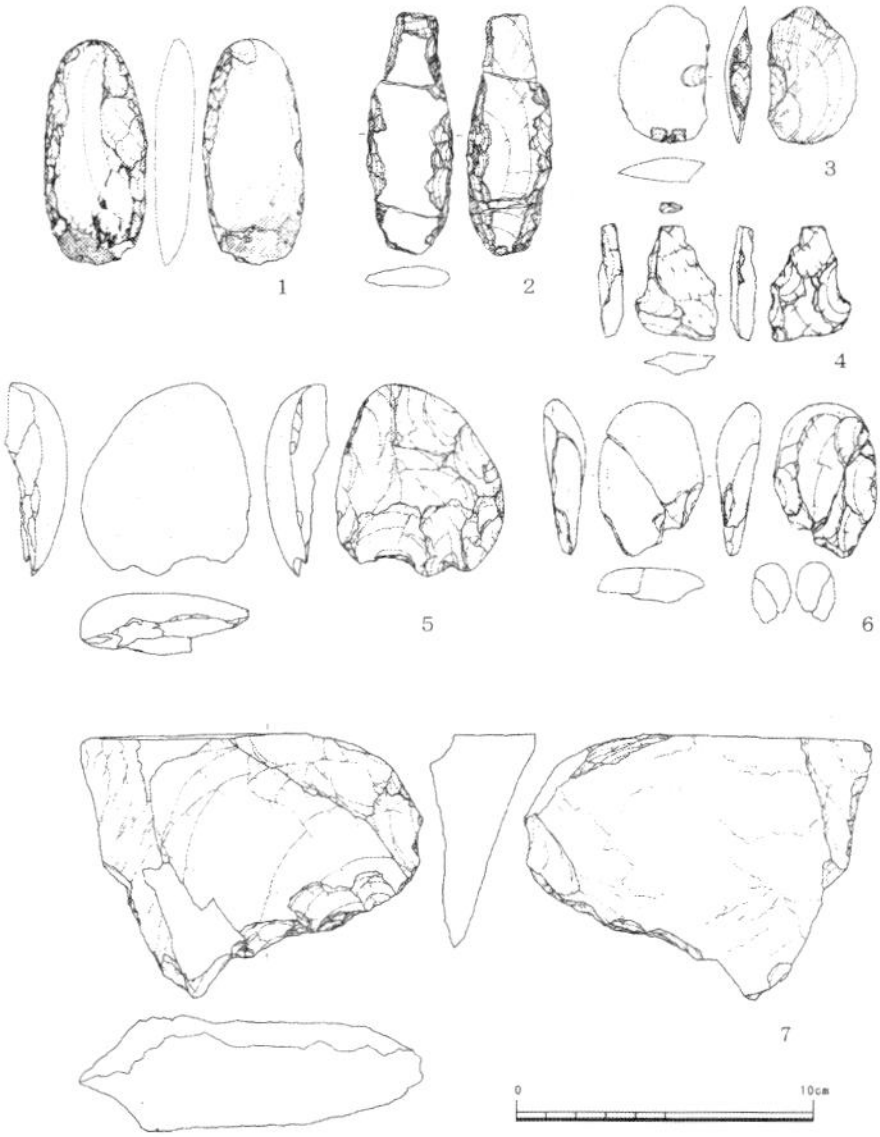

図４　種子島の旧石器
（立切遺跡と横峰Ｃ遺跡、石堂・面 2018）

C遺跡では礫群などの生活遺構が確認されている。[14]C年代測定によれば、横峯C遺跡Ⅰ文化層の礫群内炭化物の較正年代が35,656±827 calBP、Ⅱ文化層礫群内炭化物では34,703±572 calBPを示している。立切遺跡XⅢ層の炭化物は35,127〜34,653 calBP等の年代値を示している。

## †半島・大陸との対比からみた石器群の課題

現生人類の大陸西方からの移住ルート上に位置し、日本列島に最も近接するのは朝鮮半島である。南半部の大韓民国では、近年の大規模開発によって旧石器時代遺跡の調査と資料の蓄積が目覚ましい。その一方で、日本とは異なり火山灰堆積層は発達せず、地質環境から石器群の編年研究には多くの課題がある。そのため、地割れ状に切り込む「土層楔」を鍵層とする「レス−古土壌編年」が示されている（松藤二〇一〇他）。その成果によれば、京畿道全谷里遺跡などにみられるハンドアックス、クリーバー、多面体石器等の石英製の大型礫器を使用する石器群はMIS‐5（一二万〜七万一〇〇〇年前）まで技術形態を変えつつも継続するようである。ただし、MIS‐5以降、日本列島の後期旧石器時代の開始期を含むMIS‐3後半頃（約四万年前）までは、ハンドアックス残存の問題を含め混沌として不明瞭に映る。それでも、近年の研究では、上部「土壌楔」（第1・ソイルウェッジ）下位の暗色帯をMIS‐3頃に比定するなど堆積層の整理が進んでいる（長井謙治「朝鮮半島ルートでみた日本列島への人類到達仮説」『旧石器研究』一四号、日本旧石器学会、二〇一八ほか）。

こうした研究動向によって、朝鮮半島南半の中期末から後期旧石器時代初頭石器群には、伝統的石材の石英を使用したハンドアックスやピック、鋸歯縁石器、削器、チョッパー、多面体石器等の存在が明らかになりつつある（小畑弘己「朝鮮半島の旧石器文化」〔稲田・佐藤編二〇一〇-2〕）。

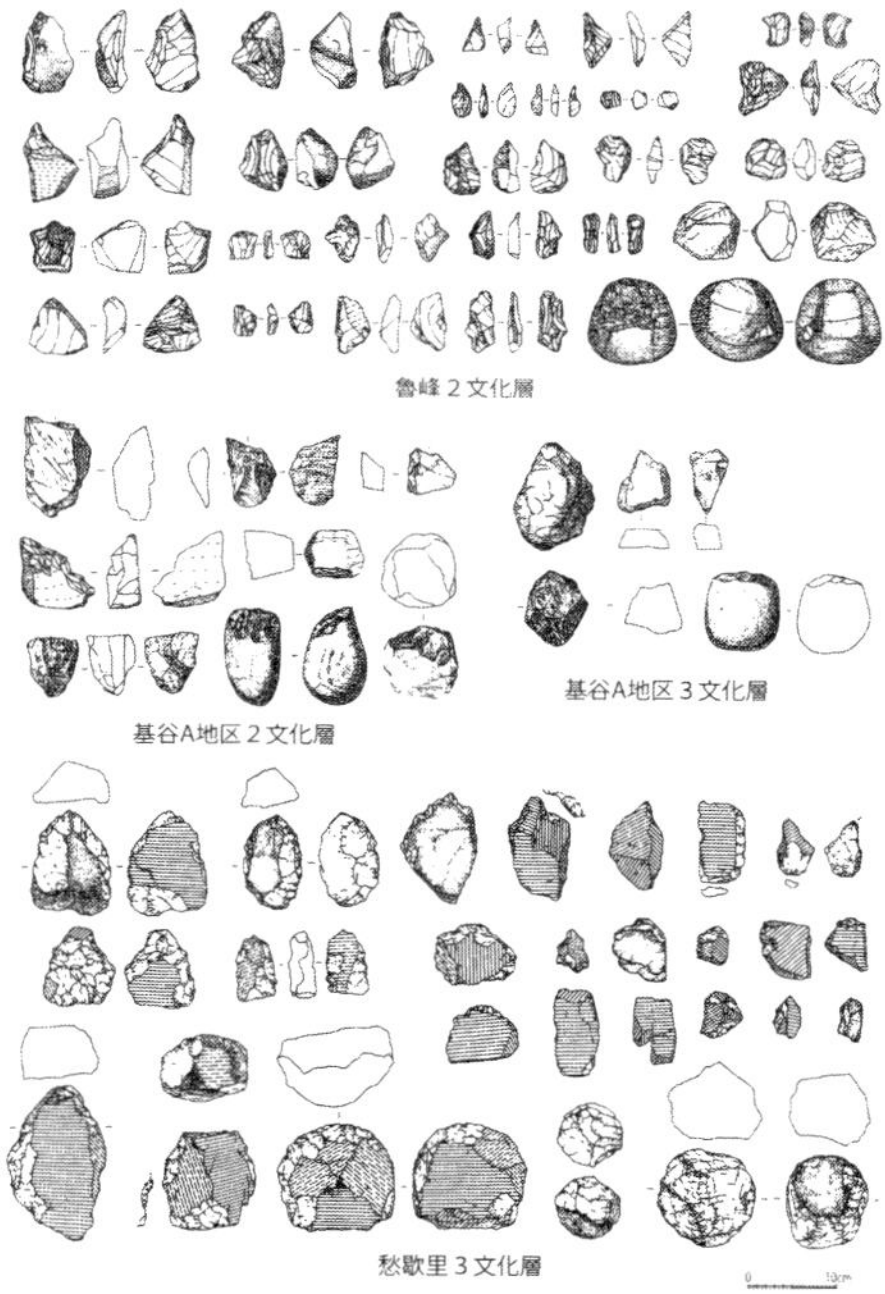


図５　朝鮮半島の鋸歯縁石器を中心とする一群
（長井 2016）

約四万年前頃には、鋸歯縁石器と多面体石器類を主体とする魯峰《ノボン》遺跡２文化層や鋸歯縁石器を主体とする東栢里《トンベッリ》遺跡２文化層等がある。さらに、禾岱里《ファデリ》遺跡２文化層、正《チョン》荘里《ジャンリ》遺跡３区では、これらの石器群に非石刃素材の有茎尖頭器（剥片尖頭器）が加わる。そして、好坪洞《ホピョンドン》遺跡Ｄ地区１文化

図６　龍湖洞遺跡Ⅲ文化層の有茎尖頭器（写真：張龍俊氏）

層や龍山洞《ヨンサンドン》遺跡において石刃技法を技術基盤とする剥片尖頭器がみられるようになる（長井前掲）。つまり、石英製大型石器類の減少と共に鋸歯縁石器や多面体石器が主体となりつつ、後期旧石器文化を代表する有茎尖頭器（剥片尖頭器）が段階的に出現する状況をみてとれる。

朝鮮半島と日本列島の石器群の対比において鍵となるのが、鋸歯縁石器と呼ばれる一群である。近年多くの研究者に注目されており、素材に粗い鋸歯状の刃部を作出する一群で中国大陸にも類例がある。侯家《こうか》窰《よう》遺跡では剥片素材に特徴的な刃部を有する器種形態であり、MIS-6からMIS-3頃に盛行するようである。こうした石器群の技術的特徴は、九州地方の石の本遺跡や沈目遺跡などにも一部見られることから、日本列島の後期旧石器時代の起源と系譜に関わる可能性もある。さらに石器群が拡がる背景には、東アジア規模での人類文化の相関性だけでなく、ある時期に列島へ移住してきた人類が石器群の荷担者か否かの問題を含んでいる。

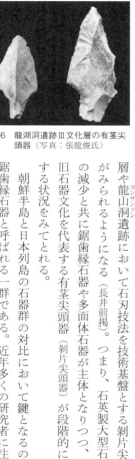

### †現生人類の指標・石刃技法の出現をめぐる問題

石刃技法は現生人類の技術的指標とされ、列島におけるその出現は現生人類文化の成立と展開を考える上でも注視されてきた。東アジアではシベリア、アルタイ地方のカラ・ボム遺跡6・5層の石刃素材の搔器や彫器・削器などの石刃関係資料が暦年較正で45,000 calBPとされ古い年代値を示している（松藤和人「東アジアにおける後期旧石器文化の成立」〔稲田・佐藤編二〇一〇－2〕）。日本列島に近接する朝鮮半島では、石刃技法の起源については、古くは忠清北道クム洞窟4文化層における、クリーバーなどの礫器と共に出土する基部加工石刃や先刃形の搔器等の石刃技法関係資料が注目されてきたが、近年では、伝統的な石英石器群からの技術継承と新たな集団によって出現した石器技術という二つの考えがある（小畑前掲）。後者は起源地としてアルタイ地方やトランスバイカル地域の石器群に求めるもので、稜形成剥離（クレスト調整）の存在を認め、朝鮮半島における出現年代を約四万年前～三万五〇〇〇年前頃とする。そして、後期旧石器時代に特徴的にみられる有茎尖頭器（剥片尖頭器）は、禾袋里遺跡2文化層資料から出現当初は非石刃素材だが石刃技法を基盤として成立したとする。本遺跡では31,200±900 $^{14}$CBP（※非較正）の年代値がある。

日本列島における初期石刃技法には、武蔵野台地の国分寺市多摩蘭坂遺跡第8地点B区（Xb層）、長野県八風山《はっぷうさん》Ⅱ遺跡等がある。八風山Ⅱ遺跡は安山岩の原産地遺跡で、小口面に石刃剥離の作業面を設定して石刃を剥離するが多くは単設打面である。石刃剥離に先立つ稜付石刃剥離などの調整は見られず、石刃の背面には一条の稜を取り込んだものが多い。Xb層における$^{14}$C年代測定で32,240±260 $^{14}$CBP〜31,360±230 $^{14}$CBP の値があり、約36,500 calBP になる。いずれにせよ、日本列島の初期石刃技法の成立が東北アジアに拡がる技術系譜の中で議論される限り、列島西南に位置する九州島の後期旧石器時代初頭石器群は多様であり、直接組上に挙がりにくい現状がある。

九州島では、AT（姶良Tn火山灰）下位石器群の技術変遷を追える地域として土層堆積の発達した東九州や中九州が挙げられる。東九州では、大野川流域の大分県岩戸遺跡第Ⅲ文化層において、暗色帯下位の黄褐色粘質土層に初期石刃技法の存在が指摘されている。石刃技法は分割礫素材の単設打面石核の小口面より先細りの石刃を剥離し、打面再生や打面調整、頭部調整等がみられるという。また、この技術は台形様石器主体の横長・幅広剥片剥離技術と遺跡を違えて共存し、上位の黒色帯出土石器群への連続性が認められている。

図7　岩戸遺跡第Ⅲ文化層の石刃関係資料
（東北大学考古学研究室蔵）

中九州ではAT下位石器群の層位的出土と変遷から石刃技法の出現経過を追跡できる（村崎

孝宏「熊本県の様相」『九州旧石器』一三号、九州旧石器文化研究会)。後期旧石器時代初頭には黄褐色土層中出土の石の本遺跡8区Ⅵb層、沈目遺跡Ⅵ層など折断面を残した台形様石器が位置づけられ、続く曲野《まがの》遺跡Ⅰ～Ⅲ・Ⅴ調査区Ⅵ層、耳切《みみきり》遺跡A～C地点第Ⅰ文化において縦長剝片剝離技術の痕跡がわずかにみられる。そして、次段階の耳切遺跡A地点第Ⅱ文化、下城《しもんじょう》遺跡第2文化等で縦長剝片剝離技術(石刃技法)を基調とするナイフ形石器や台形様石器が確実に共存している。

いずれにせよ、九州における初期石刃技法の出現は、層位的出土状況を基にした段階的変遷が重視されている。つまり、黄褐色ローム層中の縦長剝片剝離技術(石刃技法)から暗色帯下部付近に断片的にみられる石刃やナイフ形石器を注視しながら、暗色帯期の石刃技法への技術系譜が理解できるかが重要になる。なお、その後の完成された石刃技法の出現については、中九州を中心とする石器群の層位や諸技術の変遷から南関東Ⅸ層上部からⅦ層の間が想定されるが、単純に序列化して説明するには情報が足りないのも事実である。

再び日本列島における初期石刃技法出現の問題に戻れば、九州地方の石器群を「小口面型石刃技法」(安斎正人『旧石器社会の構造変動』同成社、二〇〇三)等の関係において議論する限り消極的な評価になる。ただし、九州地方の後期旧石器時代初頭石器群にも「縦長剝片剝離技術」は確実に存在し、素材形状や特定器種との関係は断片的であるが、分割礫石核の小口面より素材剥離をおこなうなど技術要素も一部共通する。この状況が、単純に石器群の時期差や地域差を示すものか、その荷担者である人類集団の技術系譜の差異に由来するものかについても二項対立的な視点だけではなく、文化の多様性を含めて議論される必要がある。なお、現状における九州の当該期資料の多くは中・南九州が中心である。本来、北方の朝鮮半島との深い関わりが想定される西北九州では当該期の石器群は未確認であり、この点も考慮しなければならない。

## †南回りルート・琉球列島人類文化の可能性

東アジア本土から列島への人類拡散を考える上で注目されているのが琉球列島である。近年、後期更新世に遡る人骨化石が八重山諸島や沖縄を中心に確認されており、人類文化の実態が繙かれつつある（山崎二〇一八他）。

白保《しらほ》竿根《さおね》田《た》原《ばる》洞穴遺跡では、ⅢC層からⅣ層において約二〇個体分の人骨が出土している。人工品の出土は不明確だが、H４区ⅢE層出土の成人男性一個体分の人骨は、特徴的な一次葬（仰臥屈葬）の出土状況から、土中に埋めずに置いて骨化させる「崖葬・風葬」の可能性が指摘されている。人骨から直接採取されたタンパク質の$^{14}$C年代では、20,416±113 $^{14}$CBP（24,753－24,336 calBP, IntCal13）の数値が得られている。なお、二万年前の人骨化石のミトコンドリアDNA分析では、中国南部や東南アジアの南方に由来するハプログループB４やRなどが検出されているという。

一方、中琉球のサキタリ洞では、調査区ⅠのFS層下層のⅠ～Ⅲ層で旧石器時代の文化層が確認されている。このうち、Ⅱ層では定形石器の出土はないが、切削具などが推定されるマルスダレガイ科の二枚貝使用の貝器、巻貝使用の釣針などの道具類、海産貝類使用のビーズなどがある。また、モクズカニの爪やカワニナなどの動物遺存体が多量に出土しており、おそらく洞外で捕獲されたものが、食用として持ち込まれている。さらに、山下町第一洞穴遺跡では人骨（小児の脚）や砂岩製球形石器とシカ類の化石が出土しており、較正年代では37,399－34,982calBPの値が得られている。つまり、MIS-3の後期旧石器時代初頭に位置づけられる。

あらためて現生人類の拡散ルートからみれば、琉球列島の島嶼部を介して九州島へと北上する現生人類文化の可能性を強く意識させる。その視点から捉えれば、沖縄の山下町第一洞穴と種子島の立切遺跡や横峯C遺跡は、いずれもMIS-3の後期旧石器時代初頭頃に位置づけられる。九州島南部以南の島嶼部に位置する、種子島の横峯C遺跡や立切遺跡では、局部磨製石斧や斧形石器、鋸歯縁石器、台形様石器、削器、礫器等が出土している。さらに、奄美大島の土浜ヤーヤ遺跡ではAT火山灰ガラスに関わるⅢC層より三四点の石器類が出土しており、研磨のある頁岩製石器も確認されている。また、徳之島の天城《あまんぐすく》遺跡ではチャートを主体とする台形様石器、抉入石器、掻器、石核等が出土している。

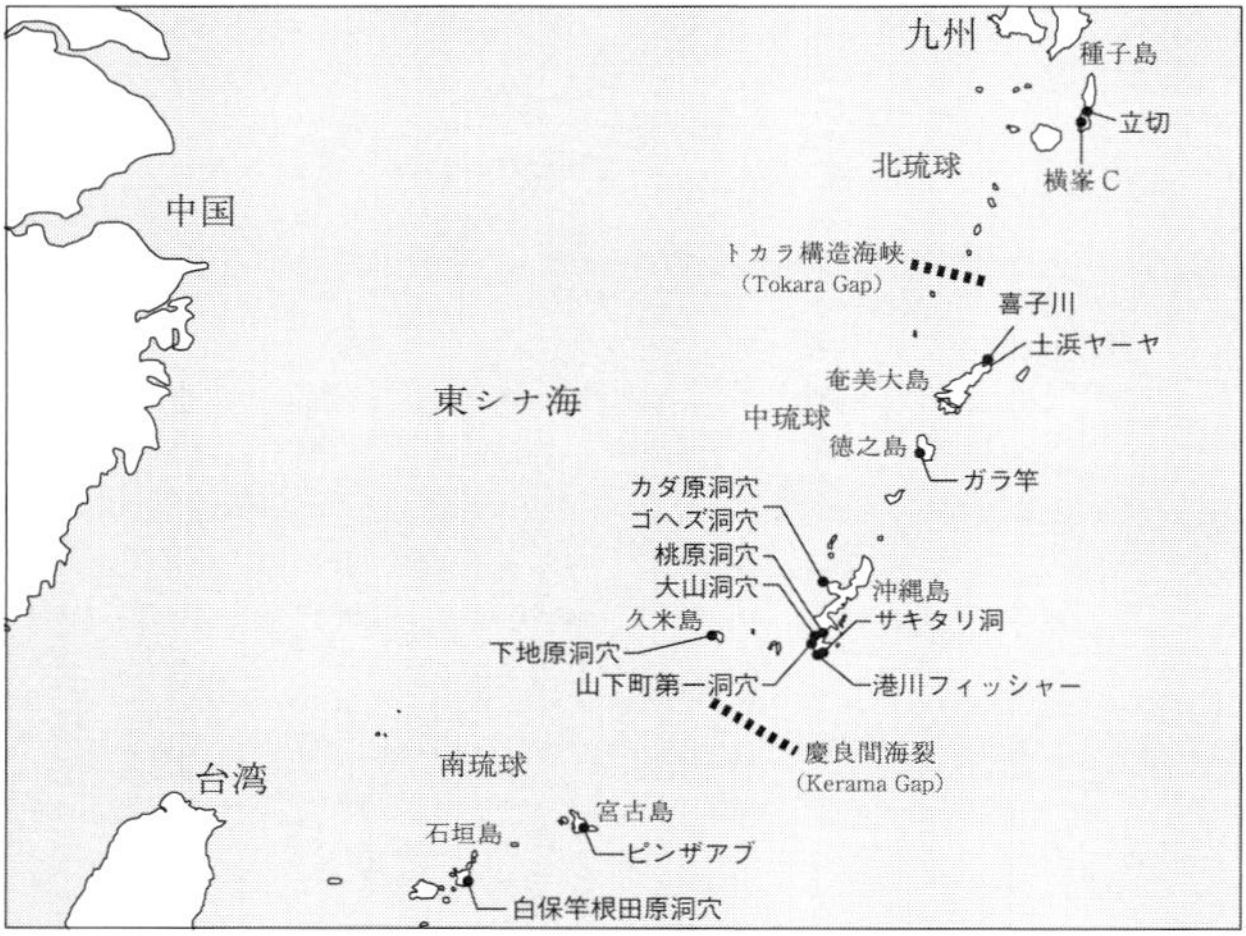


図８　南西諸島の人類文化の分布（山崎 2018）

これらの石器群は、局部磨製石斧、台形様石器を中心とする剝片石器、鋸歯縁石器の存在から、九州島の石器群との関連が強いことは確かである。多少の組成差を示すが、宮崎県山田遺跡Ⅰ期、高野原遺跡第5地点、音明寺第2遺跡などでは大型剝片素材の礫器や斧形石器、後牟田遺跡第Ⅲ文化層では基部加工石器や鋸歯縁石器等がそれぞれ出土しており、磨石・敲石類が多い。

現時点では、九州島南部の石器群と沖縄地域を中心とする中琉球列島の人類文化の相関性を直接示す資料は確認されていない。だが、これまでも議論されてきたが、沖縄地域における剝片石器類の不在と共に、九州島南部における磨石《すりいし》・敲石《たたきいし》類の出土量の多さや礫群の頻繁な形成は、異論もあるが石器技術に限らない人類文化の接触を意識させる。その点においても、琉球列島に現生人類が到達した頃に位置づけられる山下町第一洞穴の砂岩製の球形石器は、同時期の九州島南部の礫器との比較においてもいくつかの可能性を示すものと言える。この現状を認識する限り、九州島の後期旧石器時代初頭石器群は、朝鮮半島と琉球列島の結節点となる本地方の独自のシナリオで議論される必要があろう。

## †最終氷期最寒冷期の新たな交流

日本列島西端に位置する九州島では、最終氷期の寒冷化による海面低下によって東シナ海の大陸棚が陸化した頃、新たな人類文化の導入を推測させる器種が出現する。剝片尖頭器と呼ばれる石器器種であり、朝鮮半島南部で同形態の器種が確認されることから、列島外の人類集団との接触による痕跡とみられている。

剝片尖頭器は、石刃技法を技術基盤として素材である石刃の形状を活かした器種である。背面には、剝離面の切合いによって形成した鎬状の稜線を中央に一条留めるものが多く、基部付近の両側縁をノッチ状の二次調整によって中茎状に加工する。西北九州では、多久・小城地域のサヌカイトや松浦地域の玄武岩等、黒曜石とは異なる非ガラス質の石材を使用しており、大型品は長さ一〇㎝を超える。

剥片尖頭器の具体的な製作技術については不明な点が多く、石材産地周辺において大規模な石器製作のアトリエを残している。例えば、サヌカイト原産地の佐賀県多久《たく》三年山遺跡一次調査では、一万九〇一一点中、大型石刃を剥離した縦長剥片石核三八点、縦長剥片一〇四点で、素材の石刃や石核が多くみられる。さらに二次調査の接合状況から、平面逆三角形で先細りの大型石刃剥離を目的として、良品を遺跡外へ搬出していることがわかる。こうした原産地遺跡における断片的な資料から、剥片尖頭器は、石器製作工程の大半を原産地に留め、素材あるいは製品段階で搬出されたと理解される。

剥片尖頭器が出現した頃はLGM（28～24 ka ice-core BP、工藤二〇一〇）に向かう寒冷化が進行した時期に該当する。LGMには海水面が一〇〇m以上も低下して、列島周辺の大陸棚は陸化した。仮に海退をマイナス一二〇mと想定した場合、玄界灘から響灘周辺で三万㎢、五島列島、天草灘から八代海周辺は一万㎢が陸化して、対馬の北側に幅十数kmの海峡が残る程度であったと考えられている。

多くの研究者が指摘するように、朝鮮半島南部で発達した石刃技法と基部調整主体の有茎尖頭器（スムベチルゲ）が、LGMへ向かう時期に剥片尖頭器として九州地方に導入された可能性は高い。あらためて、両地域の器種としての技術形態的親和性を説く際、石刃技法とともに常々基部形態の類似性が強調される。九州の剥片尖頭器は、基部形態から平坦断面を広く残す

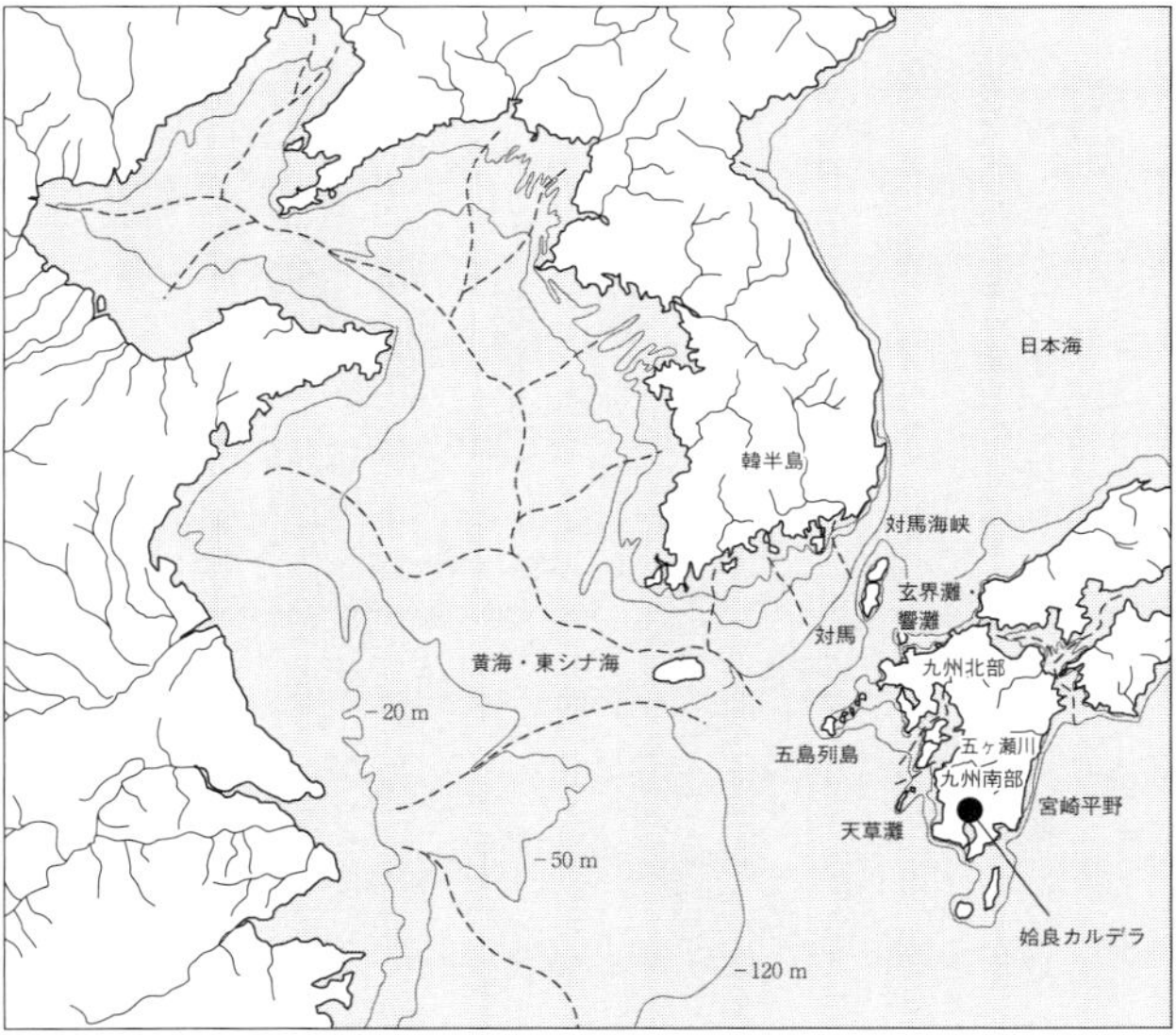


図9　LGMの九州（藤木 2018）

「緊縛」と中茎状の「挿入」の二つの装着方法が想定される（吉留秀敏「九州における剥片尖頭器の出現と展開」『九州旧石器』6、九州旧石器文化研究会、二〇〇二）が、半島南部の有茎尖頭器の大半は中茎状の「挿入」の基部形態で装着に一定の規範性があったとみられる。西北九州における組成や時期的細分を踏まえてみると、出現期には圧倒的に幅広で打面平坦部を残すものが多い。そのようにみると何故、半島南部からこの地域に導入された剥片尖頭器の技術形態が異なるのか、集団の移動による単純な技術の移入や模倣ではなく、独自の機能と用途が付加されて出現した可

図10　有田遺跡の剝片尖頭器（右端）と黒曜石製ナイフ形石器（福岡市博物館）

能性がある。

剝片尖頭器の出現前後、黒曜石原産地周辺でも石刃技法による石器製作を集中的におこなう遺跡がみられるが、この黒曜石主体の石刃技法を備えた西北九州の集団の一部が、半島由来の大型石刃素材の剝片尖頭器に接触してその技術を受容した可能性はあろう。つまり、この器種は、黒曜石という豊富な資源環境の中で既に展開していた人類文化に導入され、大型石刃技法を基盤として新たな石材資源の開発と共にその消費構造を確立したのである。それは、寒冷化による、現生人類集団の広域的移動や対馬水道を介しての半島集団との接触が契機となっているが、その背景には、この地域を介して移動する動物群を対象とした新たな狩猟技術の導入と確立を予測させるのである（吉留前掲他）。

**さらに詳しく知るための参考文献**

海部陽介『人類がたどってきた道――〝文化の多様化〟の起源を探る』（ＮＨＫブックス、二〇〇五）……現生人類（ホモ・サピエンス）の起源や拡散を知る上での重要な書で研究の現状を知る上で重要。

稲田孝司・佐藤宏之編『講座日本の考古学1・2』（青木書店、二〇一〇）……日本の旧石器時代研究の到達点と現状がわかる概説書。本書で取り挙げた、九州の情報（萩原・木﨑）、海外の情報（小畑、松藤）についても詳しく解説している。

松藤和人『日本と東アジアの旧石器考古学』（雄山閣、二〇一〇）……韓国における旧石器研究の現状や石器群の編年研究の確立過程がよくわかる。

工藤雄一郎『旧石器・縄文時代の環境変動史――高精度放射性炭素年代測定と考古学』（新泉社、二〇一二）……炭素年代測定による旧石器時代研究の時間的枠組みを理解する上で重要。

安蒜政雄編『季刊考古学　特集：日本旧石器時代の成り立ちと文化』一二六号（雄山閣、二〇一四）……日本列島の後期旧石器時代成立期をめぐる課題について地質環境の課題や石器群の位置づけを広く理解することができる。

公益財団法人古代学協会編『古代文化　特輯　琉球弧における先史時代研究の新展開』第六九巻四号（公益財団法人古代学協会、二〇一八）……近年の南西諸島における遺伝学、古人類学、考古学の成果を総体的に知ることができる。

森先一貴『旧石器社会の人類生態学』（同成社、二〇二二）……第四紀学と放射性炭素年代などの年代学的基準を整理・体系化して、人類生態系史の視点から日本列島の後期旧石器時代を解説している。

春成秀爾編『何が歴史を動かしたのか　第1巻　自然史と旧石器・縄文考古学』（雄山閣、二〇二三）……第一線で活躍する研究者の論文集によって、最新の研究動向を知ることができる。

**第三刷への追補**（二〇二四年一月）

本書の第一刷（二〇一九年）の発刊後、わが国の後期旧石器時代の研究動向をみると、重要な調査研究成果がいくつかみられる。一つは本書でも取り上げた、熊本県石の本遺跡8区Ⅵb層石器群の再評価である炭化物集中域出土試料の炭素年代再測定値が約33,400－32,800 $^{14}$CyrBP（38,000－36,300 calyrBP, 2σ）とされ、このデータを基に武蔵野台地立川ロームX層石器群よりも古く、後期旧石器時代初頭石器群として再提示されたことが挙げられる（森先一貴・國木田大ほか「石の本再訪―日本列島後期旧石器時代の開始に関する研究―」『旧石器研究』一六号、日本旧石器学会、二〇二〇）。もう一つは、列島における石刃技法の出現に関わるもので、長野県香坂山遺跡石刃石器群の発見である。石器群は大小の石刃と尖頭形剝片（「斜軸尖頭器」）から成る石器技術で、ユーラシア大陸の初期後期旧石器時代Initial Upper Paleolithic（IPU）石器群と同様の特徴を有しており、炭素年代測定による年代値を踏まえて約三万七〇〇〇年前頃に列島に流入したと考えられている（国武貞克「香坂山遺跡の石器群と中央アジアの初期旧石器時代遺跡」『考古学ジャーナル』七七七号、ニューサイエンス社、二〇二三ほか）。IPU石器群はアジアにおける現生人類拡散と後期旧石器時代成立に深く関わるものであり、今回の発見は列島における現生人類の展開を考える上でも重要になる。さらに、大韓民国における旧石器時代石器群の炭素年代値の再精査から約四万年前頃の石器群の様相が明らかになりつつある（長井謙治「韓国の初期石刃石器群とその年代―$^{14}$C年代測定値の新たな評価をめぐって―」『日本考古学』第五七号、日本考古学協会、二〇二三）。このうち、スヤンゲ遺跡第6地点第4文化層石器群は41,874－41,254 calBP、第3文化層石器群が40,172－39,321 calBPとされ、現時点で半島では剝片尖頭器を伴う最古期の石刃石器群である。香坂山遺跡石刃石器群と共に列島における後期旧石器時代初頭石器群の理解にも少なからず影響を与えている（佐藤宏之「IUP研究の現状と香坂山：日本列島後期旧石器時代の成立に関する展望」『中央アジア旧石器研究報告第七冊　香坂山遺跡二〇二〇年発掘調査成果報告書』奈良文化財研究所、二〇二一）。いずれにせよ、列島西南部における石器群が後期旧石器時代の成立に深く関わる状況に変わりはない。今後もアジア規模で展開していく研究動向を注視する必要がある。

第2講
# 縄文時代に農耕はあったのか

中山誠二

## †縄文時代の生業

日本列島は、今から一万一六〇〇年ほど前に最終氷期と呼ばれる氷河期を終え、温暖な時代を迎えた。対馬海峡から流れ込んだ海水は日本海を形作り、日本列島には春夏秋冬の四季が生まれ、アジア大陸から切り離された大地は豊かな森林資源に覆われた島に変貌を遂げた。温暖化によるこの激動の環境変化を乗り切った初期の縄文人は、列島に広く定住的な生活を営み、縄文文化という独特の文化を育んでいった。

そのような環境の中、縄文時代の人々は四季折々に動物を狩り、魚を取り、野生植物を採集して暮らしていたと、私たち考古学者を含め多くの人たちがこれまで考えてきた。また、狩猟・漁撈・採集による食料獲得経済にあった縄文時代と、穀物の農耕による食料生産経済にあった弥生時代を対比的に捉え、社会の発展する過程や段階を説明してきたのである。

しかし、縄文時代にも原始的な農耕というものがあったのではないか。こうした疑問に対してこれまで多くの考古学者や民族学者がその可能性に挑んできた。これが「縄文農耕論」である。しかし、明治時代から百数十年もの間続いてきたこの縄文農耕をめぐる論争は、今日もなお未解決の問題として近代考古学の中でも最も大きなミステリーの一つとなっている。ここではまず、縄文農耕論の歴史を簡単に振り返ることからはじめてみよう。

## †縄文農耕論の歴史

縄文農耕論の第一のブームは、石器研究から始まる。一八八六年に『日本大古石器考』を表した神田孝平氏は、分銅石などの打製石器を耕作に用いた鍬であった可能性を指摘している。また、鳥居龍蔵《とりいりゅうぞう》氏は『諏訪史』（一九二四）の中で、打製石斧を土掘り具とし、アメリカインディアンや台湾の山岳民が同種の石斧を農具に用いている点をふまえ、原始的な農業があった事を物語る材料となりはしないかと、自問自答している。さらに大山柏氏は、神奈川県勝坂遺跡から出土した粗製の打石斧の形態、製作、石質の観察を通して、それらが「土掻き」であると考え、縄文時代における原始農耕の可能性を主張した。大山氏の仮説は、後の縄文中期農耕論にも多くの影響を与えることになる（大山柏『神奈川県下新磯村字勝坂遺物包含地調査報告』小宮山書店、一九二七）。

これに対し、山内清男《やまのうちすがお》氏は打製石斧を土掘り具あるいは植物性食料採取に用いられたとする説を支持しながらも、これを農具とすることには強い疑問を示した。また、遺跡からの穀物類の出土や土器圧痕の観察を通しても、縄文時代に栽培植物の存在した証拠は全くなく、農耕の存在に関しては否定的であった（山内清男「日本における農業の起源」『歴史公論』六―一、一九三七）。

第二次世界大戦後、この問題に積極的に取り組んだ考古学研究者が次々と登場し、縄文農耕論の第二のブームを迎える。

その一人である澄田正一氏は、縄文時代中期から後期にかけて遊農性の焼畑耕作によるヒエが栽培され粉食されたと推定した（澄田正一「日本原始農業発生の問題――美濃・尾張の先史考古学的研究」『名古屋大学文学部研究論集――史学』一一、一九五五）。また、酒詰仲男氏は縄文文化をクリの栽培に基づく農耕社会であったと推論した（酒詰仲男「日本原始農耕試論」『考古学雑誌』四二―二、一九五六）。江坂輝弥氏は、縄文時代前期から中期への飛躍的発展、大集落の発生、土掘り具としての打製石斧の多量生産、石皿の多量生産などを考慮して、この時期にイモ類やマメ科植物が栽培されたのではないかと推論している（江坂輝弥「縄文文化の時代における植物栽培起源の問題に対する一考察」『考古学雑誌』四四―三、一九五九）。このような農耕肯定説に対し、縄文時代の植物質食料の重要性は認めつつも、それらは野生植物の採取、貯蔵の技術的な発展であって決して原始農耕を基盤とするものではないとする反論は、むしろ考古学の学界で多数派を占めていた。

縄文農耕論はその後二人の考古学者によって、縄文時代中期農耕論と後・晩期農耕論として展開されていった。

九州地方を中心とした縄文時代後・晩期農耕論を展開した賀川光夫氏は、中国大陸から九州地方に直接影響があったと想定し、打製の石刀を収穫のための穂摘具、打製石斧を石鍬などの農耕具として捉えて、稲以前のアワ作農耕と関わる石器であると主張した（賀川光夫『農耕の起源』講談社、一九七二）。

一方、中期農耕論で積極的に論陣をはったのが藤森栄一氏である。藤森氏の研究の集大成ともいえる著書『縄文農耕』では、集落構成の変化、石鏃の減少と土掘り具の盛行、女性や地母神としての土偶や顔面把手付土器など、中部高地の縄文中期文化の一八項目に及ぶ現象が分析され、農耕の存在の根拠とされた（藤森栄一『縄文農耕』学生社、一九七〇）。しかし、決定的な証拠である栽培植物の存在を明確にできなかった点が、藤森説をはじめとした肯定論者の大きな障害となっていた。人為遺物や遺構のみをもって縄文農耕論を語ることが限界をむかえ、その研究の矛先は植物そのものへと向かっていった。

今世紀に入り、遺跡から出土するさまざまな植物を対象とした植物考古学の研究が、新たな分析手法の登場や同定技術の向上によって飛躍的に発達した。人為的な考古遺物だけではなく植物そのものを観察・研究することによって、縄文時代の人たちによる木本植物および草本植物の利用の実態が明らかとなってきたのである。

　植物考古学の分析手法として近年の特に注目されているものに、レプリカ法による土器圧痕分析がある。この方法は、土器の表面に残された窪みの中にシリコーン樹脂を注入し、型取りをおこなったレプリカを走査型電子顕微鏡で観察する方法である。また、圧痕は焼成前の土器につけられた陰影であるため時代比定が確実で、試料汚染の危険性がないという優れた特徴をもっている。

　レプリカ法を用いた縄文土器の圧痕調査ではこれまで、シソ属、ダイズ属、ササゲ属アズキ亜属、イネ、アワ、キビ、ミズキ、ニワトコ、サンショウ、ウルシ属、ヌルデ属、エノコログサ属、ブドウ属などの多種類の植物が確認されている。この内、アワ、キビは縄文時代晩期終末の突帯文期に朝鮮半島からイネとともにもたらされ、紀元前一千年紀に九州、四国、本州の島々に拡散する。その一方で、ダイズ属やササゲ属などのマメ科、シソ・エゴマなどのシソ科の植物がすでに縄文時代中期の段階で高い検出率を示すことが明らかになってきた。植物考古学のこれらの発見により縄文時代における栽培植物とその利用に関する議論が一挙に高まり、今まさに縄文農耕論の第三のブームを迎えつつある。以下ではそれらの最新研究を紹介してみよう。

## †木本植物の管理と栽培

まず、木本植物の利用では、ウルシとクリに注目してみたい。

ウルシの木から取れる樹液を使った漆製品は、縄文時代の非常に古い時期から存在する。現在までのところ北海道垣ノ島B遺跡から出土した早期（約九〇〇〇年前）の朱漆製品が最も古く、中国を含む東アジアの中でも最古の位置づけがなされている。それ以降、晩期に至るまで縄文時代を通じて数多くの漆製品が知られているが、その用途は木製品や土器、籠状の編み物などの容器を覆う防水塗料や補修剤、石鏃と矢柄の接合のための接着剤など幅広く、赤や黒の色彩を用いた漆製品や彩文土器は、文様としての装飾効果も高かった。

ムクロジ目ウルシ科に属するウルシは、近年までヌルデ属に分類されてきたが、分子系統学的研究によりウルシ属に区別されることがわかってきた。日本列島のウルシ属は、ウルシ、ヤマウルシ、ハゼノキ、ヤマハゼ、ツタウルシが知られている。

ウルシ属やヌルデ属の樹木は、年輪の道管の観察によって相互に区別されるようになった。能城修一氏らは、この同定基準を用いて福井県鳥浜貝塚から出土した縄文時代草創期のヤマウルシと同定されていた材がウルシであると再評価し、縄文時代前期〜晩期の東日本にもウルシ材が存在することを明らかにした。鳥浜貝塚のウルシ材は、年代測定によって約一万二六〇〇年前の年代が示されている。

ウルシの葉緑体DNAの分析を用いた最新研究では、中国の黄河〜長江の中流域に分布する湖北型、浙江省・山東省に認められる浙江型、遼寧省・山東省および日本、韓国全土に認められる日本型があり、日本のウルシが縄文時代の早い時期に大陸から伝播したとするならば山東省付近がその原産地にあたり、漆液を採取する目的で人によって運ばれた可能性が高いとされる（鈴木三男他「縄文時代のウルシとその起源」『縄文時代の人と植物の関係史』歴史民俗博物館振興会、二〇一四）。同時に、漆液の利用を目的としたウルシの育成は、自然繁茂は考えにくく、人間による管理育成が必須であるとみられている。

縄文時代後期の東京都下宅部《しもやけべ》遺跡では、様々な漆製品が出土したばかりか、杭として利用されていたウルシ材には漆掻きの痕跡が観察され、木の太さによって樹液採取のために付ける傷の間隔を変えていたことが確認されている（図1、千葉敏朗「適材適所の縄文人——下宅部遺跡」工藤編二〇一四）。

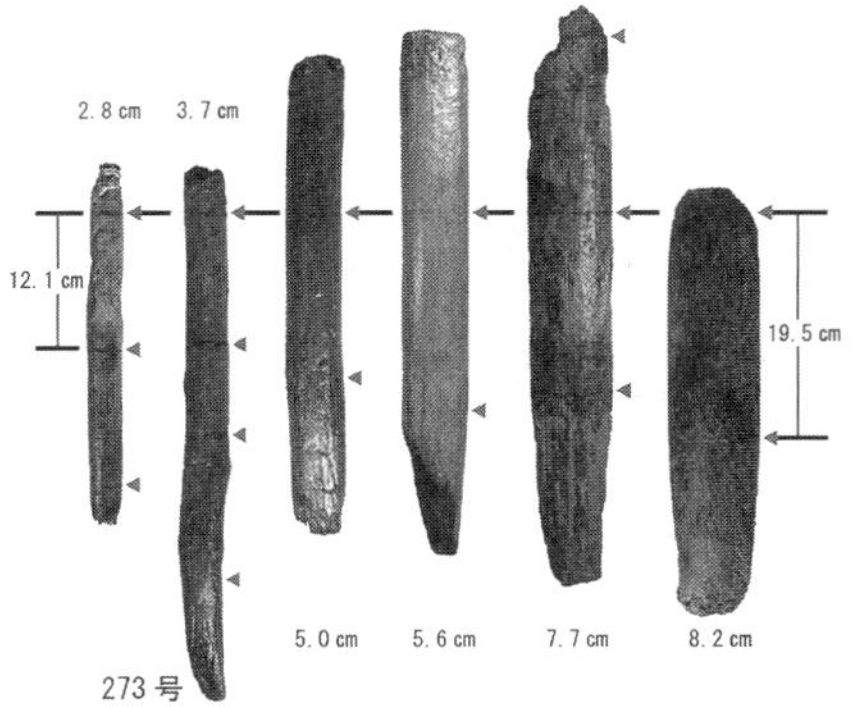


図1　下宅部遺跡のウルシ杭の直径と傷の間隔（千葉 2014）

現代の漆工芸の基本は縄文時代にほぼ完成しており、数々のウルシの利用痕跡は、縄文人がその特性を熟知し、栽培管理をおこなっていた証拠と見ることができよう。

一方、クリは研究史でもふれたように酒詰仲男氏により、比較的早い段階から栽培の可能性が指摘されてきた植物である。

埼玉県赤山陣屋遺跡、寿能《じゆのう》泥炭層遺跡、栃木県寺野遺跡などの関東地方の低湿地遺跡では、縄文時代後期から晩期にかけての土木材の組成で、クリが木材全体の五〇～八〇％をしめていた。また、下宅部遺跡の縄文時代後期前葉から晩期中葉にかけての水場遺構では、土木材の一八～五〇％がクリ材を利用しており、他の樹木と比べても高い比率を示す。土木材等の太さと樹齢から考えて、縄文時代後・晩期のクリ林は、一定年数で一斉に伐採されたのではなく、適宜必要な大きさの木を抜き伐って柔軟に維持管理されていたとみられている（能城修一「縄文人は森をどのように管理したのか」工藤編二〇一四）。

三内丸山遺跡の花粉化石群の分析では、集落が形成される縄文時代前期前葉まで優占していたコナラ亜属が、集落形成とともにクリが卓越して樹木花粉の四〇～九〇％を占め、衰退が進む後期ではクリが減少しコナラ亜属とトチノキが卓越するようになる。クリのような虫媒花の花粉は、風媒花と異なり飛散しにくい性質を持っており、現在の管理されたクリ畑では、クリ花粉の散布状況は林内においては樹木花粉全体の三〇％と高率であるのに対し、林から二〇メ

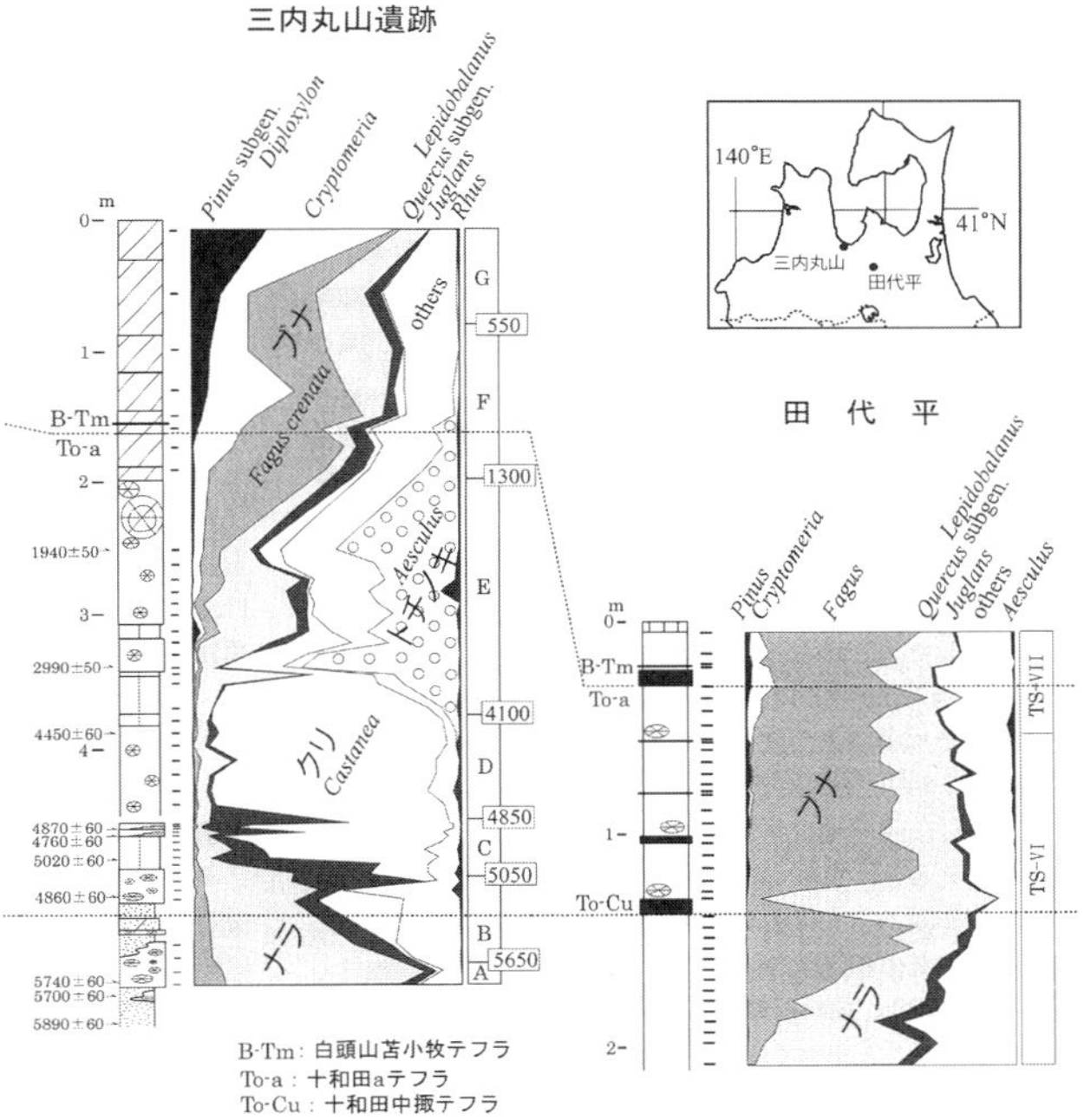


図２　三内丸山遺跡と田代平における樹木花粉化石群の変遷（吉川〔昌〕ほか 2006 を改変）

ートルも離れると五％以下、二〇〇メートルでは一％以下に減少する。したがって、三内丸山遺跡などにおける高率のクリ花粉分布域は、当時純林に近いクリ林が集落周辺に維持管理されていたと考えられている（図2、吉川昌伸「クリ花粉の散布と三内丸山遺跡周辺における縄文時代のクリ林の分布状況」『植生史研究』一八―二、二〇一一）。

一方、クリの実は縄文時代早期・前期のものは小さいが時代とともに次第に大型化し、中期には現在の栽培種に近い四〜五㎝ほどのクリも登場するという。クリ果実の大型化と多様化は、縄文人によってクリの管理栽培が継続的におこなわれ、大きな実が選抜されていった証と考えられている。縄文時代のクリは、出土果実の詳細観察と民俗学的な利用法の比較から、搗栗として加工・保存され、年間を通じて食料として利用されていたのであろう。

### †植物のドメスティケーション

ところで、野生植物と栽培植物の違いとは、何であろうか。

一般に、穀物を主とする栽培植物には、次のいくつかの「栽培化症候群」と呼ばれる適応現象が見られ、この植物の遺伝形質的な変化をドメスティケーションと呼んでいる。

①非脱粒性の出現——野生植物の種子の多くは完熟すると小穂の基部に離層が発達し、自然に脱粒して播種する仕組みをもつ。栽培化によって、これらの特性が失われ完熟しても穂軸と連結したままの状態で維持される。そのため、栽培植物では収穫後、人為的に種子を穂軸から引き離す脱穀作業が必要となる。

②発芽抑制（休眠性）の欠如——野生植物では、地面に落下した種子が即座に発芽すること

なく、一定期間休眠した後に発芽する特性を持っている。栽培植物では休眠性と呼ばれるこの性質が失われ、人間による播種の後、短期間に発芽する。

③種子の大型化――野生植物の種子は、人による選択圧などによって大型化する。

④完熟期の同時性――野生植物は種子の完熟期にバラツキがあるが、栽培植物ではほぼ同時に完熟期を迎える。

⑤つる性から草性へ――無限伸長型のつる性植物では、栽培化によって直立した草性に変化しているものがある。

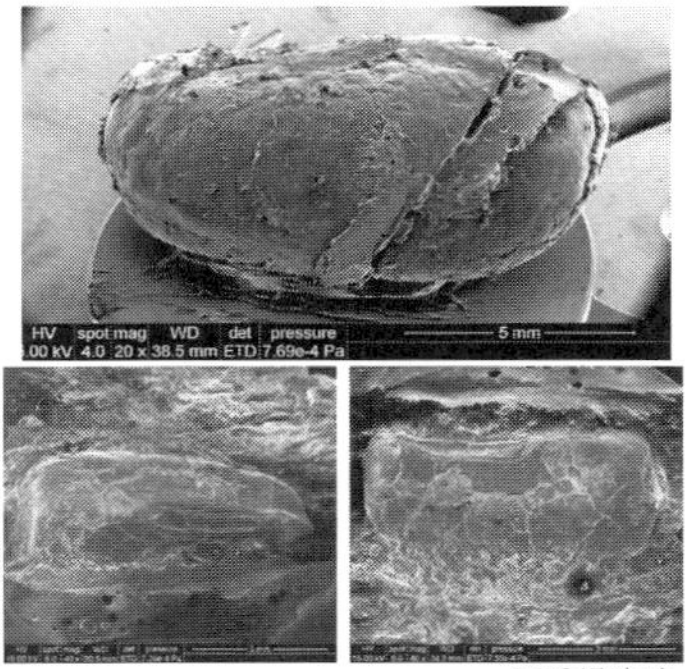


酒呑場遺跡

図3　縄文時代中期のダイズ（上）とアズキ（下）

これらの栽培化症候群のうち、過去の植物の形質変化が最も確認しやすい特徴として種子の大型化がある。これらを手掛かりに縄文時代のダイズ属とアズキ亜属の利用をドメスティケーションとの関わりで考えてみよう（図3）。

## †ダイズ属のマメ利用と栽培

ダイズはマメ科ダイズ属に属する一年生草本である。

その中にはダイズとその祖先野生種であるツルマメが知られている。

ダイズの伝来はこれまで弥生時代以降とされ、縄文時代の確実な類例はほとんど確認されてこなかったが、近年のレプリカ法による圧痕研究により、ダイズ属が縄文時代草創期から晩期の全時期を通じて利用されていることがわかってきた。

そこで、圧痕分析から得られた縄文期のダイズ属種子を集成し、その大きさと形態を年代的に比較して時間的変化を追ってみた。

日本列島でのダイズ属の圧痕は、宮崎県王子山遺跡の縄文時代草創期の事例が今のところ最も古く、その地質年代は約一万三〇〇〇年前の最終氷期にさかのぼる。

中部日本では、縄文時代早期中ごろ（約九〇〇〇年前）からこの種のマメが出現する。早期から前期の試料は、乾燥値の体積が二四・六〜七七・四$mm^3$で、現生ツルマメの数値の中に収まるものと、それより若干大型のものが存在する。

ところが、縄文時代中期になると、様相が一変する。この時期の試料は、乾燥値の体積を比べてみても二五・七〜三四二・八$mm^3$と大きな開きがあり、現生ツルマメの平均値三四・一$mm^3$（N＝五〇）と近い数値を示すものがある一方、ツルマメの最大値六〇$mm^3$を凌駕する種子がこの中期前葉を境に、一挙に顕在化するのである（図4）。

九州地方の縄文後晩期では、長さ六・六〜一〇・七㎜、幅五・三〜七・九㎜、厚さ三・七〜

五・〇㎜、体積が一二九・四〜四二二・七㎜$^3$で中期の中部高地に分布するダイズよりさらに大型の試料が検出されている。

このように見ると、縄文時代中期以降のダイズは種子の大型化という点で、栽培化症候群による形質変化を示す、栽培化初期段階の植物と捉えられるのである。

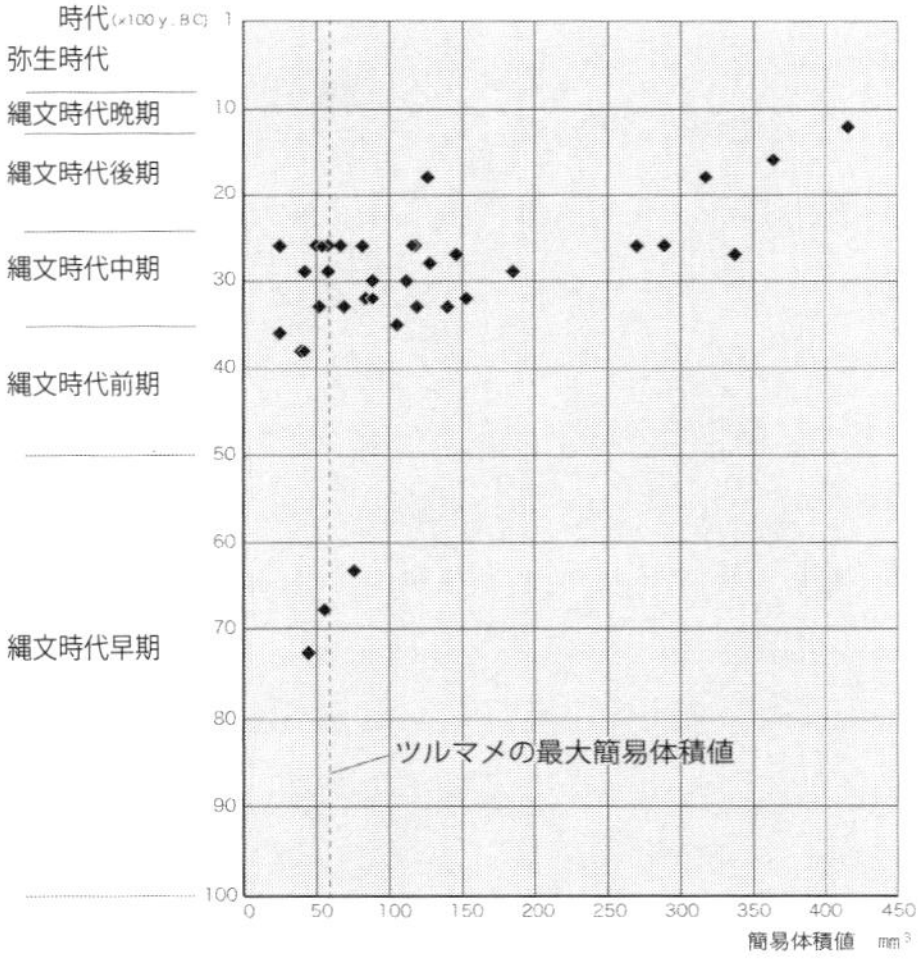

図4　縄文時代のダイズ属種子の時代変化

さらに種子の形態に着目すると、縄文時代のダイズ属のマメは次の四つの種類に分類される。

A型：ツルマメ型——一五〜六〇㎜$^3$程度の体積をもち現生ツルマメと同じ大きさの範囲に収束するタイプで、厚さ比（種実の長幅厚の比率を示す）が二五％未満の扁平形と二五％を超える楕円形のものを含む。

B型：小型扁平ダイズ型——六一〜一五〇㎜$^3$の体積をもつ小型栽培型の種子で、

厚さ比が全体の二五％未満のタイプ
C型：大型楕円ダイズ型――一五一～三五〇㎟の体積をもつ大型栽培型の種子で、厚さ比が全体の二五％を超えるタイプ
D型：大型扁平ダイズ型――一五一～四五〇㎟の体積をもつ大型栽培型の種子で、厚さ比が全体の二五％未満のタイプ

この四つのタイプのダイズ属を年代的に比較すると、A型は縄文時代草創期～中期まで継続的に存在し、B型は縄文時代中期の中部地方に集中する。C型も縄文時代中期の中部高地に見られるが、時期が確実視されるのは中期後葉の曾利《そり》式になってから出現する。D型は現段階では九州地方の縄文時代後晩期に限定される。

ダイズ種子に見られる形態の多様化と時代的な変異を、個体別偏差を超えた品種差として捉えることが可能であるならば、縄文時代のダイズは野生型から栽培化の過程で、いくつかの品種分化が進行した可能性がある。

現生ダイズの中には、ツルマメと栽培ダイズの中間型の形態形質をもつ「グラシリス」と呼ばれるダイズがあり、栽培植物への進化過程の中間型として、または栽培植物と野生祖先種の間の雑種として栽培植物の進化の過程で重要な役割を果たしたのではないかと考えられている。

縄文時代における栽培型ダイズの種子は、まさにこれらの中間型タイプと同じ形態的特徴を持っているのである。

以上のように、縄文時代中期以降のダイズは種子の大型化と形態分化が進行しているという点で、野生型から栽培型への進化過程にある植物と考えられるのである。これらの栽培起源地は、アジア地域で複数の候補地があげられているが、日本列島もその起源地の一つである可能性が高い。

## †アズキ亜属の利用と栽培

ササゲ属アズキ亜属はアジアヴィグナ（The Asian *Vigna*）ともいわれ、友岡憲彦らによる研究では、三節二一種類が存在し、この内六種については栽培型が存在することが明らかにされている。

これらのマメは、北海道大学の研究グループがおこなったマメの縦断面の幼根と初生葉の形態差による分析によって、アズキ型とリョクトウ型に分類されている。吉崎昌一氏らはこの同定基準（北大基準）を縄文時代の遺跡出土の小型ササゲ属に応用し、縄文時代の小型のマメの多くがアズキ型に属することを明らかにした。同様の方法により、山梨県中谷遺跡、大月遺跡、富山県桜町遺跡、下宅部遺跡出土の小型マメがアズキ型ないしアズキ仲間（ヤブツルアズキ、アズキ、ノラアズキ）と同定されている。

この内、下宅部遺跡出土のマメは、第一号・二号クルミ塚から出土し、ＡＭＳによる年代測定によっても、約五〇〇〇年前の中期中葉の勝坂式期であることが確実とされている。野生のヤブツルアズキの利用は、縄文時代早期前半の滋賀県粟津湖底遺跡出土例が最古であるが、かつてリョクトウと考えられていた鳥浜貝塚出土の前期のマメも、その後の研究によってヤブツルアズキの可能性が高いとされる。

一方、圧痕分析においてもササゲ属アズキ亜属の種子は、縄文時代前期から晩期にかけて安定的な広がりを見せている。現生のアジアヴィグナと縄文時代のアズキ型の種子圧痕との形態や臍構造の比較をおこなった結果、それらは植物種としてのアズキ（*Vigna angularis*）であると判断される。問題は、これらの中に栽培型（種）のアズキが存在するか否かである。そこで、現生のヤブツルアズキや栽培アズキと圧痕種子の大きさを比較することとした。

その結果、現生ヤブツルアズキでは、体積が平均で二二・六㎣、最大でも四五・〇㎣程度であるが、縄文時代のアズキ圧痕の乾燥値は一二・七㎣〜八三・一㎣の種子が存在することが判明した。特に、縄文時代中期中葉の藤内式期以降ヤブツルアズキより大きな個体が目立つようになる。この傾向はダイズ属よりも若干時期的に遅れるものの、種子の大型化という点では同一の現象と捉えられる。

したがって、アズキもダイズ属同様に、縄文時代中期中葉には栽培型（種）が出現している可能性が高い。

## †二次植生帯を利用した植物の管理・栽培

以上、縄文時代中期から晩期にかけて確認されたマメ科の種子圧痕の中にすでに栽培植物が存在していた可能性を指摘したが、これらの草本植物は当時どのように栽培されていたのであろうか。

私は、縄文時代の植物栽培の発生過程を文化人類学者の福井勝義氏が示した「遷移畑」論を援用し理解をしているが、この植物利用システムを今日の植物考古学の知見を活かして以下のように描き直してみた（図5）。

つまり、人間による既存植生の伐採や火入れのクリアランスにより、集落と一次植生の間には、二次植生帯とも言うべき空間が出現する。ここでは、クリアランスの直後にワラビ、ゼンマイ、ノビルなど裸地をこのむ植物が自然に繁茂し、肥沃な土地ではそれがクズやツルマメ、ヤブツルアズキ、ジネンジョなどのマメ科植物や根茎類などへと変わり、人による利用性の高い草本植物が出現する。

やがて、これらの地点にはクリやクルミ、トチなどの木本類が育成し、同時に繁茂するコナ

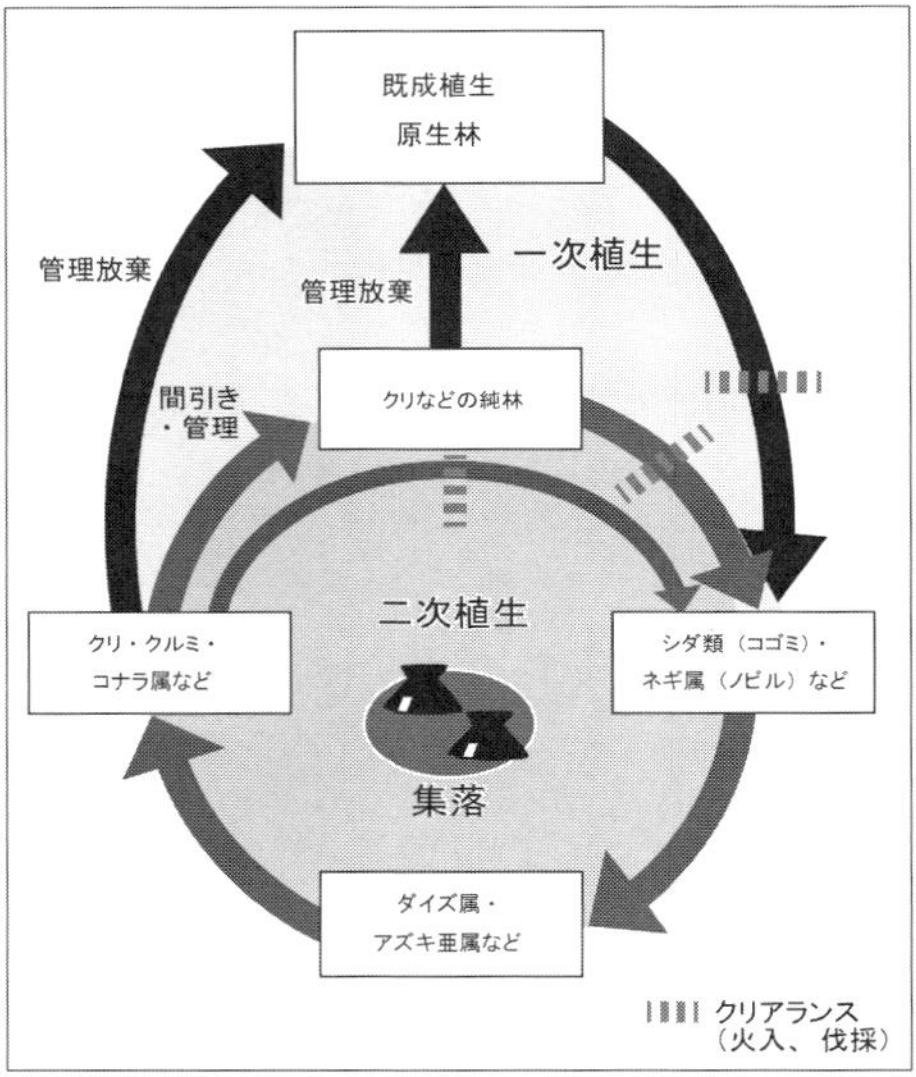


図５　二次植生帯の環境モデルと植物の栽培管理

ラ、クヌギ節、クマシデ属、ヌルデ属などの樹木は、薪炭材や道具の材料として利用される。二次林中のクリやクルミなどは意識的に管理され、中には純林に近いクリ林などが維持された。この空間が伐採や火入れによりクリアランスされれば、再び好日性の裸地植物が繁茂し、二次植生の循環がなされる。集落の移動などに伴って二次植生帯の人為的管理が途絶すれば、その地域はやがて自然植生に回帰する。

土壌学の分野では、縄文時代の火入れの証拠として列島各地に分布する「クロボク土」が注目されている。クロボク土といわれる土壌には火山性と非火山性起源の土壌が知られているが、後者には植物起源の微粒炭とともにゼンマイなどのシダ類の胞子が多量に含まれることが明らかにされており、その成因を縄文人による継続的な「野焼き・山焼き」行為の痕跡と捉える研究者もいる。

また、辻誠一郎氏は、更新世末期から完新世にかけての植生史モデルを示す中で、縄文時代の自然の生態系が、日本列島の南では照葉樹林、北では落葉広葉樹林からなりたつこと、生態系に働きかけるさまざまな人間の活動による多様な「人為生態系」の形成を指摘する（辻誠一郎「縄文時代の植生史」『縄文時代の考古学』三、二〇〇九）。この人為生態系ともいえる二次植生には人間が利用可能な植物が豊富で、人の選択的な関与と利用により豊かな森が維持される。同時に二次林は動物にとっても格好の餌場となり、狩猟の場ともなり得た。このような人為生態系の管理は、おそらく栽培植物が出現する以前の野生植物の利用段階に遡る可能性があり、数千年におよぶこの営みと選択圧が、やがてダイズ属、アズキ亜属などの栽培型植物を生むことになったと考えられる。

もちろんこのような植生循環システムは概念的なモデルであり、実際の場面では下宅部遺跡のようにそれぞれの植生空間が集落周辺に同時併存したとみられ、この植生遷移モデルは空間モデルとしても理解することができる。縄文人が集落周辺の二次植生帯の一定空間において多種類の植物を管理・栽培したと考えると、そのあり方は園耕・園芸（horticulture）という言葉がもっともふさわしいのではないだろうか。つまり、縄文時代のこのような植物栽培は農耕の初源的な一形態を示すとも考えられるのである。

しかし、この一連の仮説を裏付けるためには、縄文時代のダイズやアズキが栽培型の遺伝形質を備えているのかを確かめる必要がある。また、植物種子の大型化などに見られたドメスティケーションは、必ずしも人間による栽培行為だけで引き起こされる現象ではなく、野生個体群の管理・採集によっても起こりうる可能性なども指摘されている。縄文農耕論の是非は今、栽培植物の出現プロセスの解明や遺伝子学をも巻き込んだ次なるステージに移ろうとしているのである。

さらに、植物栽培を示す耕作地などの遺構や、耕起や除草などに使用された考古遺物などの解明も今後残された課題となっている。

## †環境に適応した生業の四本柱

縄文時代は、狩猟・採集・漁撈を中心とした食料獲得経済と考えられてきた。しかしながら、植物考古学の最新研究によって、個別具体的な植物利用の実態が明らかにされ、植物の管理及び栽培も生業の一要素として組み込まれている可能性が高くなってきた（図6）。

完新世における温暖化は日本列島に豊かな森を出現させ、その森を切り拓き定住化を進めた縄文人によって、周辺植生や人為生態系の管理がなされていた。縄文時代の植物栽培は、まさにこうした人と植物の共生の中で醸成されたシステムであったと推定される。

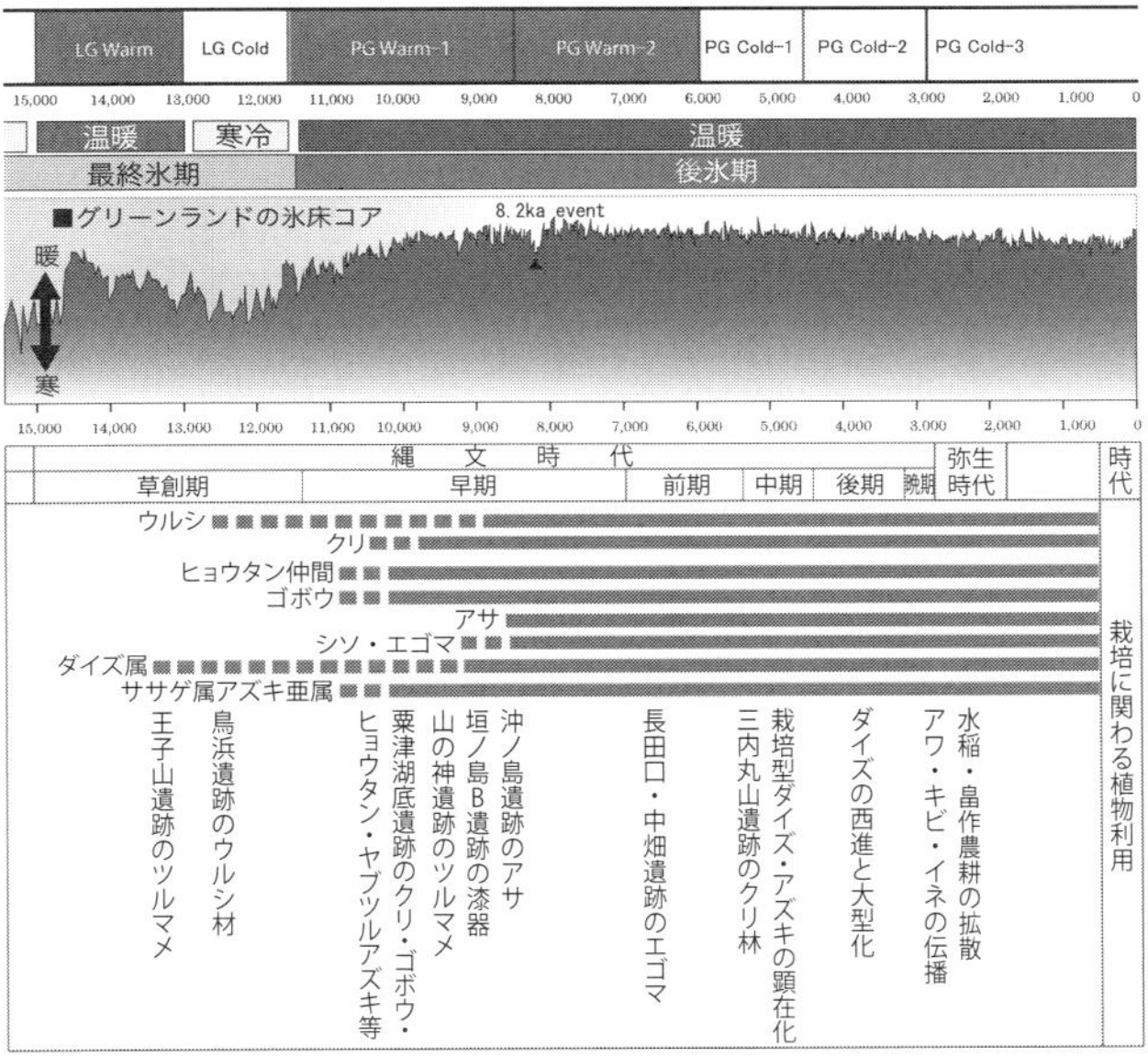


図6　完新世の環境変動と栽培植物（環境変遷図は工藤 2012 を改変）

しかしながら、これらの植物栽培が即座に農耕社会の発生とはならずに、地域や時代の環境に応じて狩猟・採集・漁撈などと可変的かつ弾力的に組み合わされていたことに、縄文文化の独自性をみることができる。また、生業におけるこの多様な環境適応こそが一万年以上にもわたる安定・継続的な縄文文化を維持できた最大の要因とみなすことができるのではなかろうか。

とすると、「縄文農耕」の有無のみにとらわれた二者択一の議論ではなく、縄文人の多様な植物利用のあり方を具体的な植物ごとに問いなおす姿勢がますます必要となってこよう。

## さらに詳しく知るための参考文献

アジア考古学四学会編『農耕の起源と拡散』（高志書院、二〇一七）……日本列島を含む東アジア、さらには西アジア、新大陸の農耕起源と拡散について最新研究を紹介している。

小畑弘己『タネをまく縄文人――最新科学が覆す農耕の起源』（吉川弘文館、二〇一六）……圧痕研究からわかったダイズなどの痕跡から、縄文人が狩猟・栽培民であったことを提唱している。また、縄文時代のコクゾウムシの生態史に迫っている。

工藤雄一郎編『ここまでわかった！　縄文時代の植物利用』（新泉社、二〇一四）……考古学、植物考古学の第一線の研究者が、縄文時代のクリやウルシ、マメ、アサなどの利用と管理・栽培などについて論じている。

中山誠二『植物考古学と日本の農耕の起源』（同成社、二〇一〇）……植物考古学の手法を用いて縄文時代のダイズやアズキの栽培を推論し、弥生時代の農耕との違いや日本列島の農耕の発達プロセスを明らかにしている。

第3講

# 土偶とは何か

瀬口眞司

## †現状の認識

土偶とは何か。本講では、この点を改めて問い、理解を深める。

土偶とは縄文時代を中心とした時期に製作された土製の人形である。日本考古学の黎明期《れいめいき》は一九世紀末に遡るが、当時から多くの研究者が検討を重ねてきた。いまや全国的な集成と検討が進み、そのバリエーション、時期的な変遷、地域的な差異などが、かなりの精度で明確になっている。本講で改めて問う〈土偶とは何か〉といった点についても多様な研究の蓄積があるけれど、多くの研究者に影響を与えてきた基本的な考え方は、次の二つである。

### ①生や死・再生に関わる女神を象徴したもの

土偶の形態的特徴に着目すると、乳房、膨らんだ腹、尻を強調する例がしばしば見出せる。この傾向から、土偶とは妊娠や安産といった〈生〉に関わる女神だとする説が明治期から提示されてきた（大野雲外「土偶の型式分類に就いて」『東京人類学会雑誌』第二六巻第二九六号、一九一〇など）。大正期には、欧州の研究動向の影響を受けて女神説から地母神《じぼしん》説が派生し、土偶とは大地の恵みや豊穣《ほうじょう》といった〈生〉に関わるビーナスだとする説が加わった（鳥居龍蔵「日本石器時代民衆の女神信仰」『人類学雑誌』第三七巻第一一号、一九二二）。これらは、その後の研究者の考え方に大きな影響を与え、様々な議論の基盤になった。

土偶の出土状況からも重要な仮説が生まれている。土偶が完形で出土することは稀である。大半は欠損しており、あるいは頭部や腕、脚などが破片の状態で出土する。このような傾向を踏まえ、土偶とは信仰のためにわざと破損されていたものだとする説が明治期に生まれた（坪井正五郎「コロボックル風俗考第八回」『風俗画報』第一〇四号、一八九五）。

この流れにある考え方を故意破損説というが、水野正好はこの故意破損説と女神説・地母神説を有機的に複合・展開させ、〈土偶の製作―故意破損―バラバラにされた破片の集落各地での配置（出土）〉といった現象を、女神の誕生―死―再生を祈念する一連の祭祀行為だと読み解き、土偶祭式論を提示した（水野正好「土偶祭式の復元」『信濃』第二六巻第四号、一九七四）。これを端緒として、土偶に関する認識に〈死・再生〉といったキーワードが加わり、以降、これも様々な議論の基盤となった。

以上の考え方に対しては反論もある。山田猛は乳房・腹・尻などに着目しながら初期段階の土偶を数量的に分析した。結果、女性を写した可能性のある資料は全体の半数に過ぎないことを指摘し、土偶を女神に限定する考え方へ疑念を呈した（山田猛「各部身体表現から見た土偶の性格」『研究紀要』第八号　三重県埋蔵文化財センター、一九九九）。また、土偶はそもそも男女の性別を超越したものだとする考え方も提示されている（佐原真・小林達雄『世界史のなかの縄文――対論』新書館、二〇〇一ほか）。これらの反論や見解にも耳を傾けるなら、土偶が象徴するものの第一義に〔生〕や〔再生〕を置くべきか否かも含めて新たに検討し直す余地もあるが、議論はまだ深められてはいない。

また、水野の土偶祭式論は大きな賛同を得たが、同時に厳しい批判にも晒された。賛否を分けたポイントの一つは故意破損説の是非である。批判派は土器の出土状況にも着目し、これもバラバラの破片となって集落のあちこちから出土する傾向にあることを指摘した上で、土偶の出土状況だけをことさら呪術的に位置づける考え方に反論している。この故意破損説の是非に関する議論もまた膠着《こうちゃく》し、建設的な収束・解決には至っていない。

**②依代・精霊を象徴したもの**

上記の仮説と系譜が異なる捉え方で、今も大きな影響力をもつ考え方として依代《よりしろ》説・精霊説がある。原始宗教を論じる際に重視される概念の一つとして〔アニミズム〕がある。これは、森羅万象すべてのものには霊が依り、宿るという考え方である。昭和初期、谷川磐雄はその概念をもとに土偶＝霊力を拠らしめて能力を発揮するものだと説いた（谷川磐雄「土偶に関する二・三の考察」『國學院雜誌』第三二巻第五号、一九二六）。同様な流れの中で、土偶＝精霊を写したものだとする考えも生まれている。以降、多くの研究者がその考え方に影響を受けているが（藤沼一九九七ほか）、一部の例外を除けば宗教学や民族学に基づく概念的な見解に留まり、考古学的な資料の論証・裏付けによる認識の深化が次の課題となっている。

## †残された図像への着目

〈土偶とは何か〉という問いに関して、以上のような捉え方を中心に様々な検討が積み重ねられてきた。ただ、ここ数十年は多くの議論が膠着し、課題への対応も低調なままである。この状態を打開し、理解を深化させていく上で必要な手立ての一つは、切り口を変えることだ。これまでの検討で、あまり活用されてこなかった資料にイラストされた土偶とポーズをとる土偶がある。本講では、これらの資料を読み解き直し、認識の更新を試みたい。

最初に着目するのは、イラストされた土偶である。縄文時代中期の中部高地から関東西部を中心とする地域では、土偶装飾付土器と呼ばれる資料がしばしば見られる。これは土器の器面にレリーフ状の土偶をイラストしたものである。イラストとは図像によって情報の伝達を補助するためのものだ。その目的や効果は時代を遡っても変わらない。縄文土器にイラストされた土偶もまた、土偶に関する情報伝達を補助するために描かれたものだといえよう。〔土偶とは何か〕を問う上で、これまで積極的に用いられることはなかったが、上記のようなイラストの目的・効果に目を向けるなら、その益は大きいはずだ。そこで本講では、このイラストされた土偶を俎上に載せ、その観察から認識の更新と理解の深化を試みたい。

## †取りつき取りつかれる土偶

手始めに取り上げる資料は、長野県久保上ノ平遺跡の土偶装飾付土器である（南箕輪村教育委員会編『久保上ノ平遺跡』一九九七）。縄文時代中期中葉頃に製作されたもので、土器そのものは胴部がくびれた瓢簞《ひょうたん》形を呈する（図1）。いくつかの問いを立てながら、器面にイラストされた土偶を観察してみよう。

一つ目の問いは、この土偶の向きである。既刊の公式報告書では、見る者に正面を向けた土偶として記載されている。土偶の頭部は髑髏《どくろ》のようにも見えるので、その位置づけにも頷けるところがある。しかし、その胴部下半は尻部の表現に似るとする報告文も併せて記載されており、その場合は見る者に背面を向けていることになる。本当のところはどうなのか。

この疑問を解く上で効果的な作業の一つは、同じ地域の近似した時代に製作された土偶と比較することだ。ここではまず、国宝にも指定されている長野県棚畑《たなばたけ》遺跡の土偶と比較したい

図１～４：縮尺不同

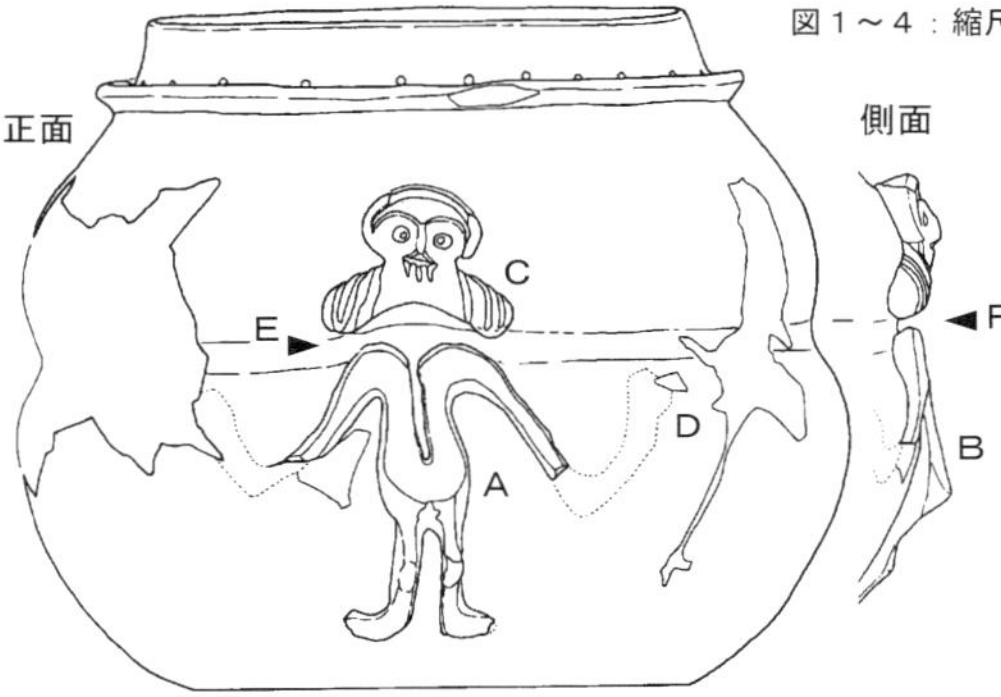


図１　久保上ノ平遺跡土偶装飾付土器

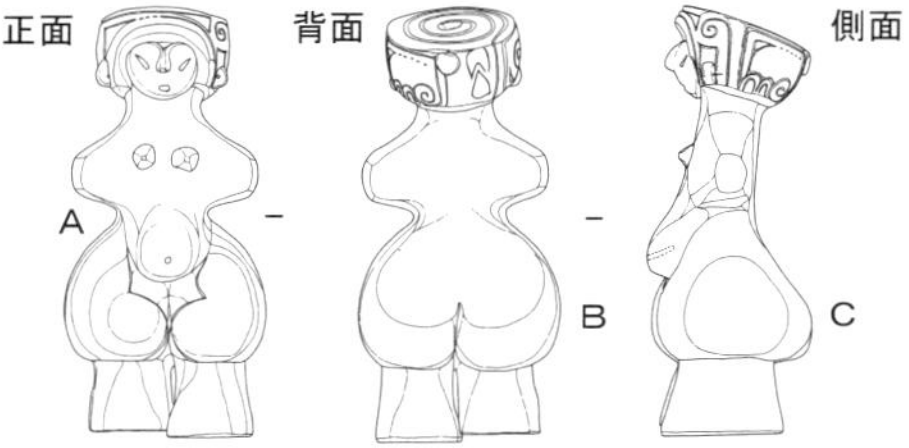


図２　棚畑遺跡土偶

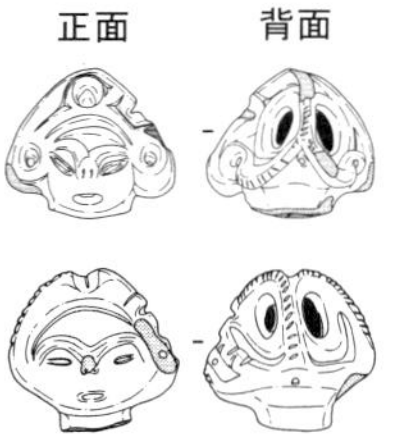


図４　釈迦堂遺跡土偶

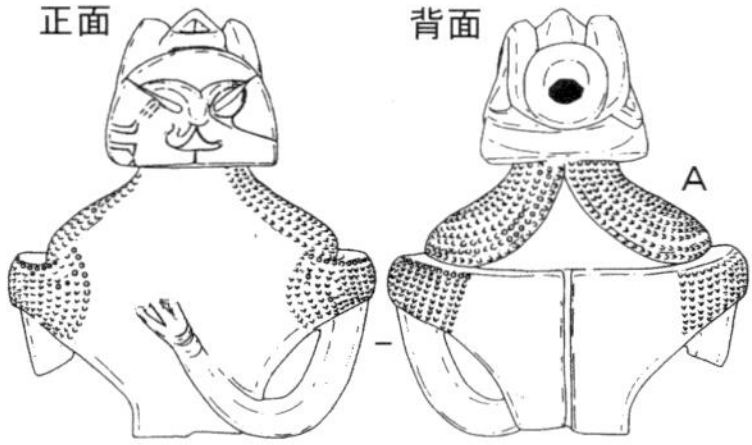


図３　上黒駒土偶

（図2：茅野市教育委員会編『棚畑』一九九〇）。この土偶はその美しさや完成度などから、しばしば縄文ビーナスと呼ばれている。

まず注目したいのは、この棚畑土偶の胴部下半だ。正面側の腹部と背面側の腰・尻部では、その表現が大きく違う。腹部は卵形に膨らむのに対し（図2A）、背面側の平面形状は逆ハート形だ（図2B）。側面の形は平坦な腰部と丸みを帯びた尻部で構成され、尻を突き出したようないわゆる出尻状を呈している（図2C）。精粗の差はあるけれど、この時期の同地域における土偶の胴部は、このように表裏で作り分けられているのが一般的である。

この点を踏まえながら、久保上ノ平遺跡の土偶の胴部下半に改めて視点を移したい。その平面形は逆ハート形とまでは言えないが、棚畑土偶の腹部よりも尻部に類似する（図1A）。更に側面形は、平坦な上半部と丸みを帯びた下半部で構成されており、これがまさに尻部であることを教えてくれている（図1B）。以上を重視するなら、見る者に背面を向けた土偶だと理解することになるが、問題は頭部である。顔面なのか、あるいは後頭部なのだろうか。

この迷いを消してくれる鍵の一つは頭部下半の表現だ。そこには左右に開く羽状の造形があしらわれている（図1C）。この造形が意味するところを理解するには、ほぼ同時期に製作された山梨県上黒駒土偶の参照が効果的だろう（図3）。その背面のうなじに着目すると、そこにも左右に開く羽状の造形が表現されている（図3A）。以下ではこれをうなじ文と仮称するが、同時期の他の土偶を見回すと、総じてやはりその背面にあしらわれた意匠として見つけることができる。この点を素直に捉えるなら、久保上ノ平土偶は、顔面ではなく背面後頭部を見る者に向けていることになるだろう。

ただし、違和感がもう一つ残るはずだ。土偶の頭部上半にある二つの円文が、髑髏の両目のように並ぶので、見る者に正面を向けているような印象を与えるからである。

確かにこのような円文で両目を表現した土偶も存在する。しかし、ここで強調しておきたいのは、二つの大きな円文は背面後頭部でもしばしば見出せることだ（図4）。久保上ノ平土偶において考慮すべきなのは、土偶の後頭部によくある立体的なこの円文を、平板的なレリーフに写したために両目のように見える可能性である。尻部やうなじ文の表現を勘案するなら、二つの円文は顔面を示すものではなく、背面側を表現した造形として理解すべきだろう。

では、なぜ見る者にわざわざ背面を向けた姿としてこの土偶は描かれたのか。その理由に迫る鍵はおそらく腕にある。この土偶の腕の肘から先には剥離痕が見出せる（図1D）。この剥離痕から復元できるのは、二の腕が長く伸び、ことさらに大きく広げられた両腕で器をいだく姿だ。わざわざ背面を向けて描かれていた理由とは、いだくことで器に取りつくその姿を見る者に伝えるためにほかならない。

このイラストされた土偶には、括目すべき重要な表現がもう一つ隠されている。頭部と体部の奇妙な関係だ。この頭部と胴部は別々に作り分けられ、よく見ると一センチほどの隙間をあけて配されている（図1E・F）。これまで注目を集めていないが、〔土偶とは何か〕を考える上で、この奇妙な表現は極めて大きな意味をもつ。通常、私たちは土偶を一体の完成した像だとして認識してきたが、この資料が示すところは大きく異なるからだ。

このイラストでわざわざ表現されているのは、不完全な二体である。そこに映し出されているのは、〔甲：不完全な頭部〕が〔乙：不完全な胴部〕に取りつき、相補うことで一体の完成した像へ近づく姿だ。土偶に関する理解を深めるために、この点を強調しておく。

## †長短二組四本の腕

次に問題となるのは、久保上ノ平遺跡土偶に見出せる表現の普遍性だ。ここまで見てきた表現は、その製作者が偶発的に作り出したものなのか。それとも、普遍的に共有されていた観念から発露したものなのか。この点を確かめるために、類品の観察を重ねたい。

類品の一つは、山梨県鋳物師屋《いもじや》遺跡一〇号土坑から出土した土偶装飾付土器である（図5：櫛形町教育委員会編『鋳物師屋遺跡』一九九四）。尻部やうなじ文の表現から見て（図5A〜C）、このイラストされた土偶もまた見る者に背を向け、大きく広げた長い腕でうつろな器に取りつくものだと理解できる（図5D）。

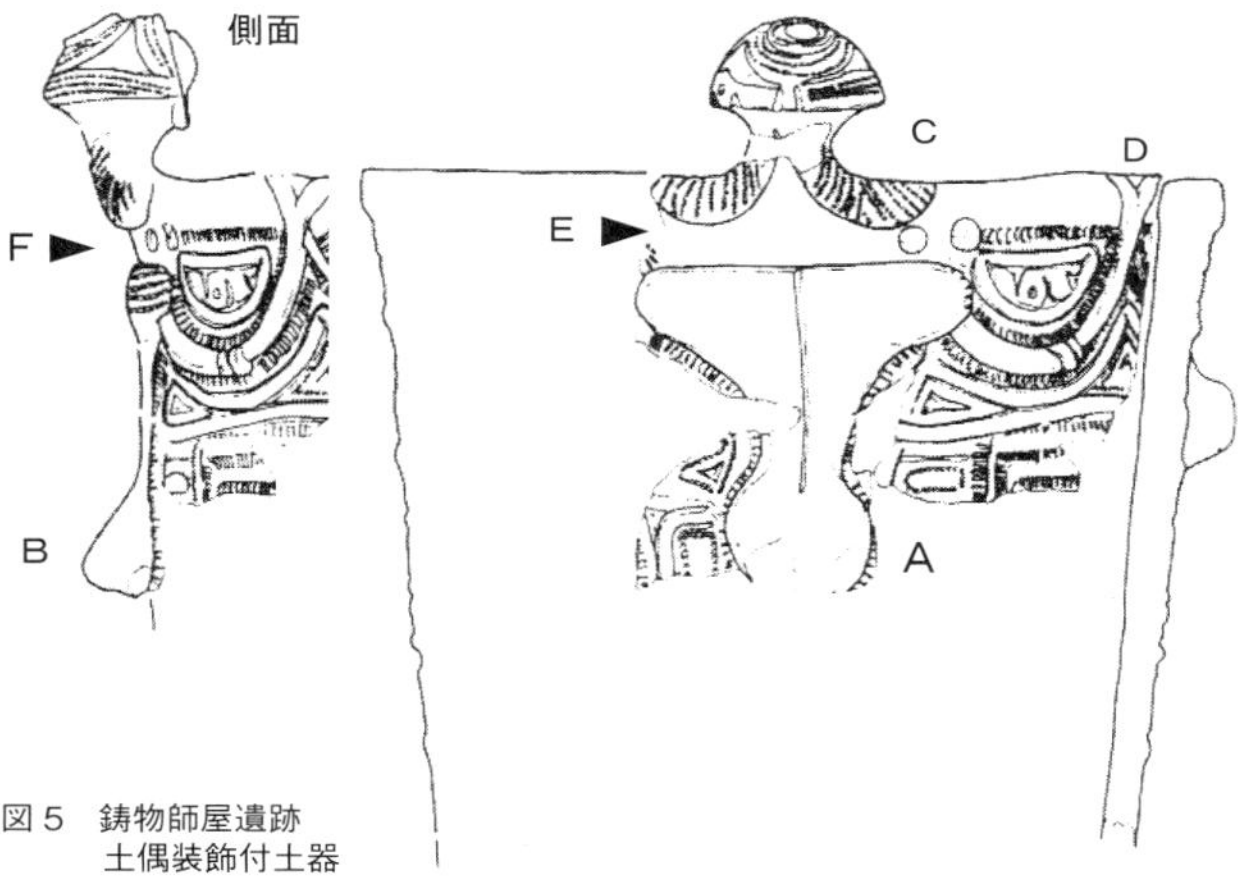


図５　鋳物師屋遺跡
土偶装飾付土器

重要なポイントは、この土偶の頭部も胴部とは別個体としてあしらわれ、胴部の上に一センチほどの隙間をあけて配されていることだ（図5E・F）。これも〔甲：不完全な頭部〕が〔乙：不完全な胴部〕に取りつき、相補うことで一体の完成した像へ近づく姿を写したものに他ならない。同様な資料は中部高地から関東西部にかけてしばしば見出せる。破損のために全体形は不明だが、後述する東京都木曽中学校遺跡二号住居出土資料も同様な構造をもつものに数えられよう（町田市教育委員会ほか編『町田市木曽中学校遺跡』一九八三）。

神奈川県林王子遺跡出土のイラストされた土偶も示唆に富む（図6：厚木市史編さん室編『厚木市史（地形地質編・原始編）』一九八五）。これは縄文時代中期に製作されたものだ。

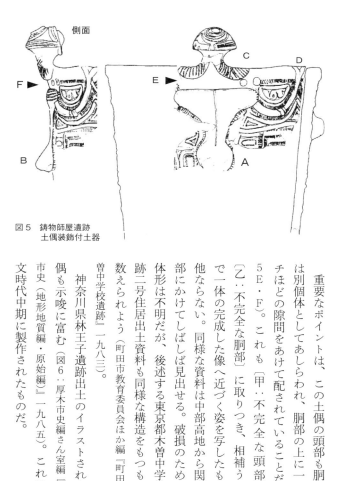

ここで刮目すべきポイントは腕の数である。この点に関しては、二〇〇九年度に東京国立博物館で開催された「国宝土偶展」の図録において重要な解説がなされている。そこでは、頭部と体部の境が区画されていること（図6A）、大きく広げた細長い二本の腕が頭部の脇から伸びること（図6B）、その一方で太く短い二本の腕が体部の脇にも見られることが指摘され（図6C）、この土偶は〔二名の人物〕が描かれた資料だと解説されている（文化庁ほか編『国宝土偶展』二〇〇九）。

図6　林王子遺跡土偶装飾付土器

これは卓見だ。解説者が述べるように、林王子土偶もまた〔甲：不完全な頭部〕が〔乙：不完全な胴部〕に取りつき、相補うことで一体の完成した像へ近づく姿を写したものである。長短二組四本の腕がわざわざ描かれているわけは、二体が取りつき、取りつかれていることを示唆するために他ならない。

このような長短二組四本の腕をもつ土偶は、中部高地から関東西部でしばしば見出せる。例えば、図5で紹介した鋳物師屋遺跡のイラストされた土偶も、形を変えたそのバリエーションの一つだ。この点の理解を深めるために、該当部分の図像を抜き出し、棚畑土偶と比較してみよう（図7・8）。鋳物師屋土偶の方がスリムだが、全体的なシルエットは共通している。棚畑土偶は横へ短く伸びる太い腕をもつが（図8A）、鋳物師屋土偶も同様に横へ短く伸びる太い腕をもつ（図7A）。その先にはわざわざ刻目を加えて掌であることを示し、この腕が鋳物師屋土偶の一組目の腕に相当することを教えてくれている。二組目の腕は、一組目の腕先の下端に取りつくものだ。細長く伸びるこの腕は大きく広げられ、うつろな器に取りつく姿を示している。（図7B）。

既述のとおり、この土偶は、不完全な〈甲〉と〈乙〉によって二体が重なることを写したものだが、それにこの〈長短二組四本の腕〉を組み合わせることで、土偶とは幾重にも取りつき、取りつかれるものであることを伝えてくれている。破損のために断定できないが、同様なあり方は、東京都木曽中学校遺跡出土例でも類推できるだろう（図9A・B）。

### †不自然な肩に隠されたもの

以上、土器にイラストされた土偶を観察してみた。イラストと同様に情報伝達を補助するものとしてジェスチャーがあり、それを停止させた姿勢はポーズと呼ばれる。興味深いことに、土偶にもポーズをとるものがあり、イラストされた土偶と同様に、縄文時代中期の中部高地から関東西部にかけてしばしば見出せる。以下、その観察からさらに理解を深めてみたい。

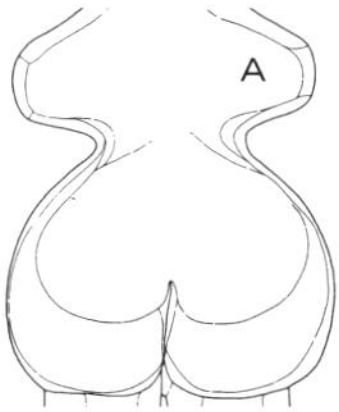


図８
棚畑遺跡土偶（胴部背面）

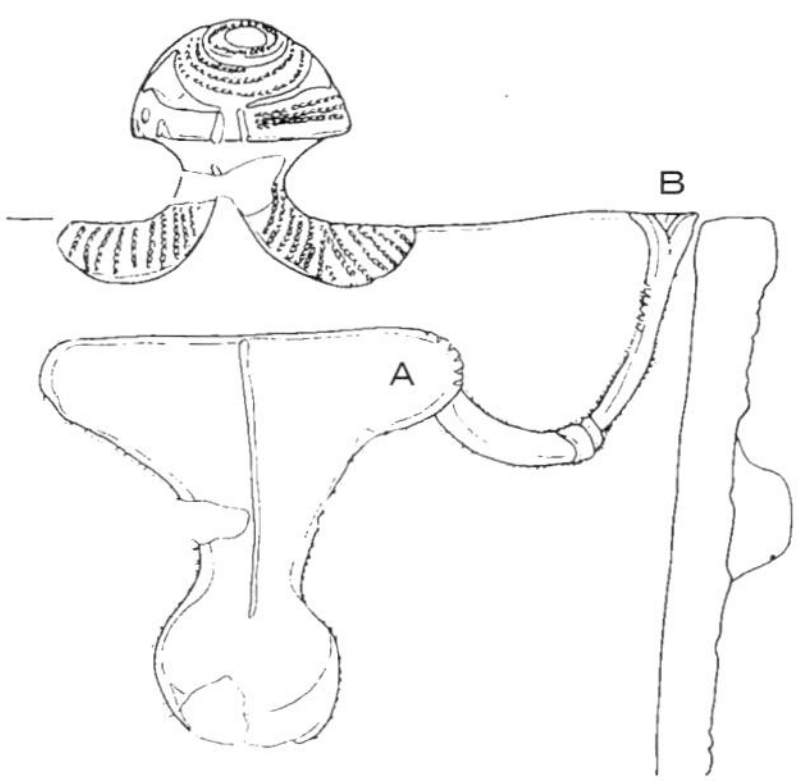


図７
鋳物師屋遺跡土偶装飾付土器（部分）

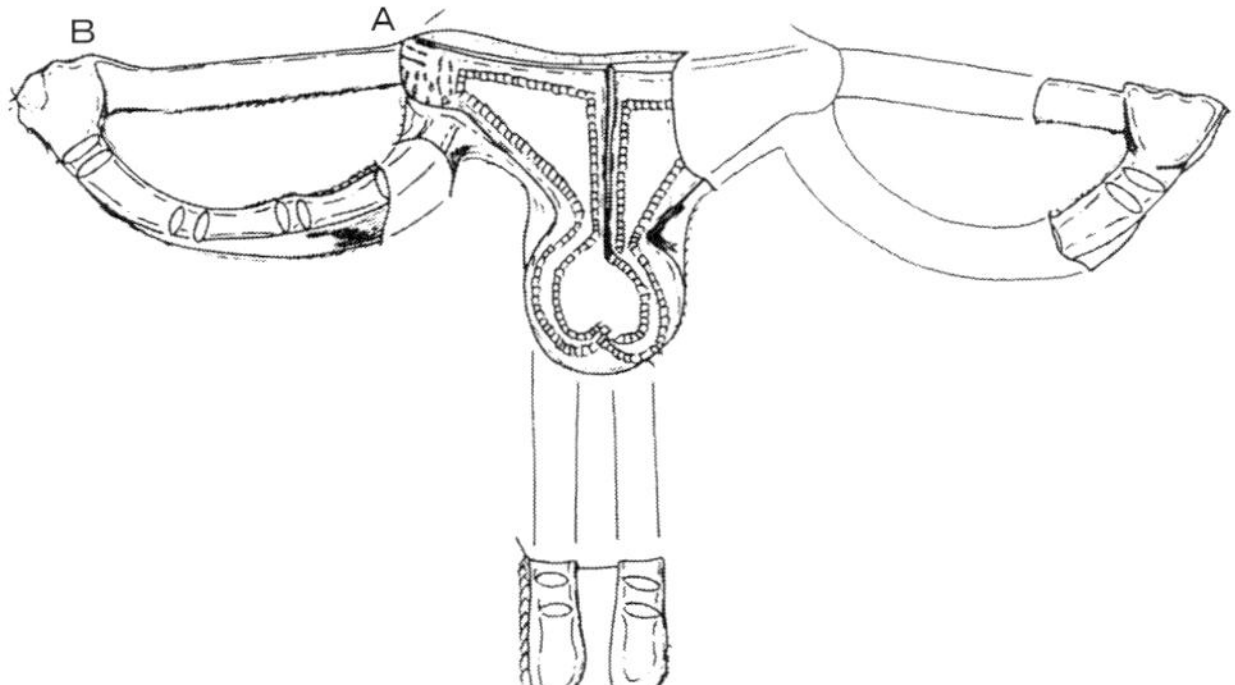


図９　木曽中学校遺跡土偶装飾付土器（部分）

まず着目したいのは山梨県上黒駒出土の土偶だ（櫛原功一「「土偶装飾付土器」について」『土偶研究の地平』四　勉誠社、二〇〇〇ほか）。下半身と右腕を欠損するもので、残存部の高さは二五・四センチをはかる（図3）。左腕は長く伸び、その掌を胸に当てる。背面後頭部には直径二・六センチの大きな穴が設けられ、その下にはうなじ文があしらわれている。この土偶の重要な観察ポイントは次の三点だ。

第一は二段構造を呈した肩である。この不自然な形をした肩に隠された意味を知るためには、二段構造の肩に水平方向の補助線をまず加える必要がある。以下、この補助線を境にして上段の肩（図10A）と下段の肩（図10B）に分けて呼ぼう。次に必要なのは、ほぼ同時期に製作された棚畑土偶と比較することだ（図12）。比較すべき部位は、上黒駒土偶の〔頭部〜上段の肩〕の輪郭と、棚畑土偶の〔頭部〜腕の上端〕の輪郭である。

図11は、二つの輪郭の相似性を指摘するために作成した合成図である。上黒駒土偶から〔頭部〜上段の肩〕の部分を消去し、棚畑土偶の〔頭部〜腕の上端〕を取りつけてある。ここで強調したいのは、この合成図と上黒駒土偶の輪郭がほぼ完全に一致することだ。つまり、不自然な二段構造の肩に隠されているものとは、棚畑土偶の〔甲：不完全な頭部〕が上黒駒土偶の〔乙：不完全な胴部〕に取りついた姿である。まさに不完全な二体が取りつき、取りつかれることで一体の完成した像へ近づく状態を写したものに他ならない。

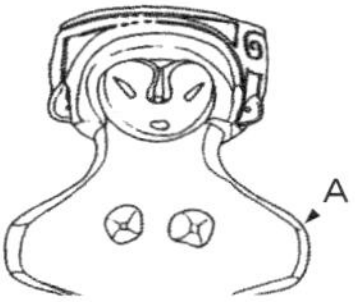


図 12
棚畑遺跡土偶
（部分）

＊図 10 〜 14 縮尺不同

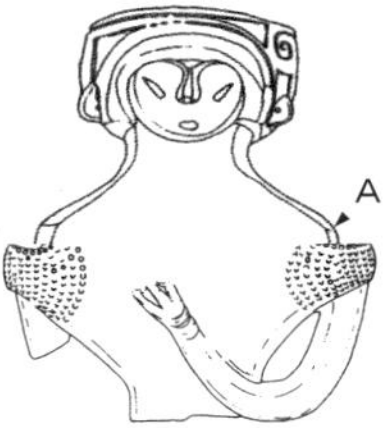


図 11
図 10・12　合成図

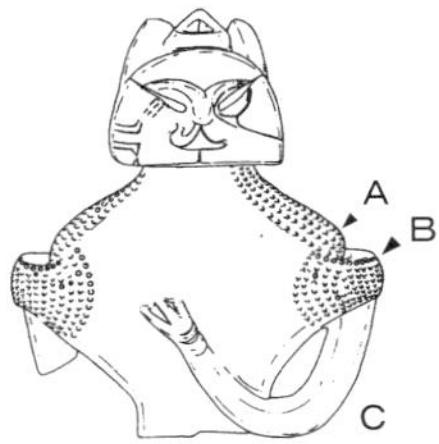


図 10　上黒駒土偶

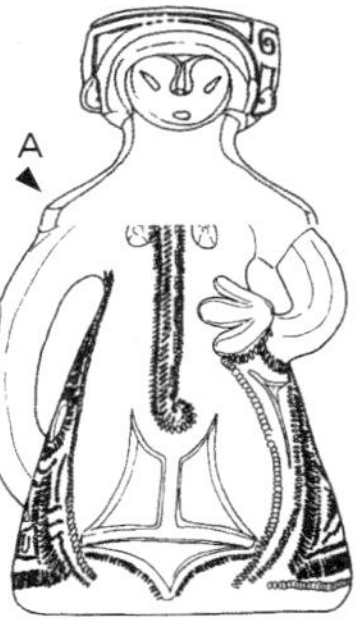


図 14　図 12・13 合成図

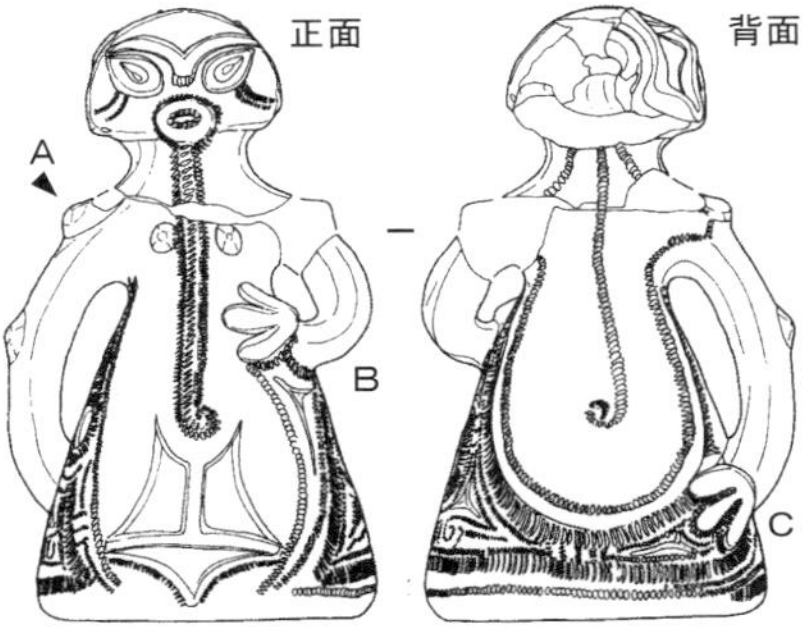


図 13　鋳物師屋遺跡 57 号住土偶

第二のポイントは腕である。

一見、細長い腕だけが目立つけれど、上黒駒土偶も長短二組四本の腕をもつ土偶である。上黒駒土偶の上段の肩とは、いわば棚畑土偶の太くて短い腕の上端をわざわざ残した部分に相当し、これが一組目の腕となる（図10A）。二組目の腕は、その下位から伸びる細くて長い腕だ（図10C）。この上黒駒土偶もまた、〈不完全な二体の重なり〉と〈長短二組四本の腕〉が組み合わされ、幾重にも取りつき、取りつかれるものとして造形されている。

第三のポイントは、長く伸びる二組目の腕を使ったジェスチャーだ。右腕を欠くためにその仕草は断定できないが、類品のあり方を参照するなら、その二組目の腕は何らかの形で我が身をいだくように組まれていたものと類推される。先に見てきたイラストされた土偶の場合、器という〔うつろ〕な構造体をいだく姿として読み取ることができたけれど、後頭部に大きな穴が設けられた上黒駒土偶の場合、我が身という〔うつろ〕な構造体をいだくものとして読み解くことも可能である。

## †実在する二体の区画線

上黒駒土偶で見出せた構造は、類品でも同様に確認できる。示唆に富む事例の一つは、山梨県鋳物師屋遺跡の五七号住居から出土したポーズ土偶である（櫛形町教育委員会『鋳物師屋遺跡』一九九四）。これは全体像を知ることができる逸品だ（図13）。

注目すべき特徴の一つは〔怒り肩〕のように突出したその両肩である。これについては上黒駒土偶の不自然な肩と同様な分析が可能だ。図14の合成図が示すように、この肩はいわば棚畑土偶の〔甲：不完全な頭部〕が鋳物師屋土偶の〔乙：不完全な胴部〕に取りついた状態を示唆するものである。わざわざ突出させた両肩は、太くて短い一組目の腕の存在を示唆するためのものであって、この土偶も長短二組四本の腕をもつことを伝えてくれている。この資料もまた、幾重にも取りつき、取りつかれる土偶の一つに数えられるだろう。

そのジェスチャーはより示唆的だ。この身体は中空で、〈うつろ〉そのものである。長く伸びた左腕の掌は腹部に置かれ（図13B）、右腕の掌はそれに対となる背面に配されており（図13C）、我が身という〈うつろ〉な構造体を前後からいだく姿がそこに読み取れる。

以上のような理解を決定的に裏付けてくれる資料がある。長野県諏訪市付近で出土した土偶装飾付土器で、現在は名古屋市博物館が所蔵しているものだ（川合剛「名古屋市博物館所蔵の土偶関係資料」『研究紀要』第二一巻　名古屋市博物館、一九九八）。縄文時代中期の勝坂式土器の口縁部に、器の内側を向く土偶が取りついている（図15）。

この資料には、〈土偶とは何か〉を考える上で重要な痕跡・表現がいくつも隠されている。最も重要な痕跡は、胸部に引かれた水平方向の線だ（図15B）。本講ではこれまで、架空の補助線を設けて土偶の上下を区画し、その上で〈土偶とは不完全な複数体が取りつき、取りつかれることで一体の完成像へ近づくもの〉だと論じてきた。本資料はその区画線が実在していたことを確証するものであり、本講で見出した捉え方に蓋然性があることを明確に物語るものだ。わずか一本だが、本資料に残されていた線が持つ意味は極めて大きい。

なかば当然のことながら、この資料の肩部も不自然な二段構造を呈している（図15A）。同時

図 17
一の沢西遺跡
土偶

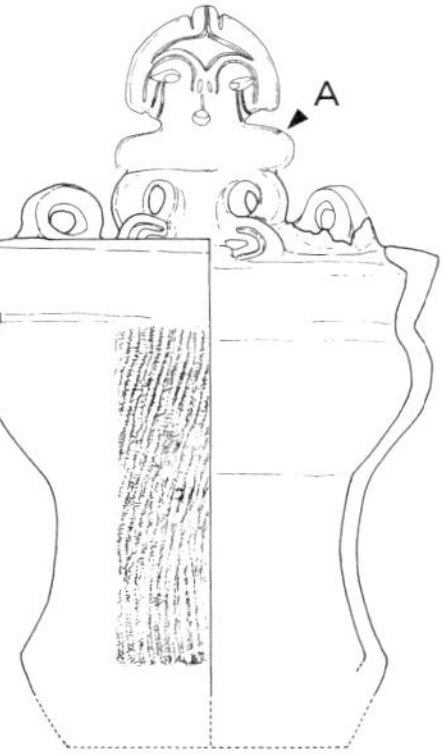


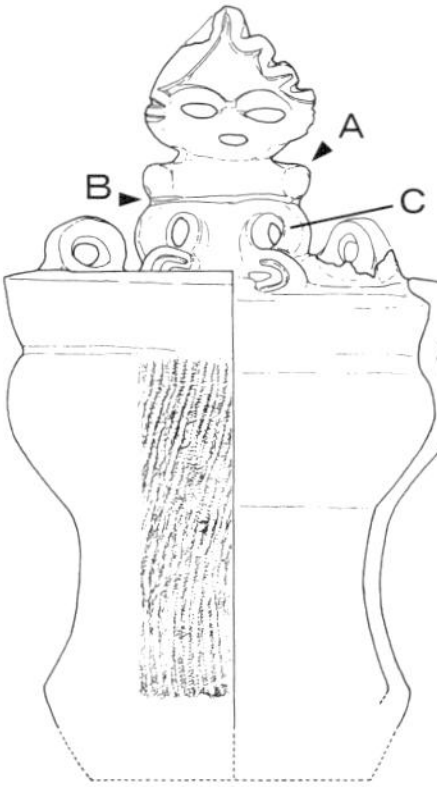


＊図 15 〜 17
縮尺不同

図 16　図 15・17 合成図

図 15　諏訪市付近出土
土偶装飾付土器

期の山梨県一の沢西遺跡から出土した土偶を参照しながら分析するならば（図17：山梨県教育委員会編『一の沢西遺跡・村上遺跡・後呂遺跡・浜井場遺跡』一九八六）、不完全な二体が取りつき、取りつかれることで一体の完成した像へ近づくものであること、長短二組四本の腕をもつことなどが見出せる（図16）。また、二組目の両腕の先に着目すれば、器という〔うつろ〕な構造体をいだく姿であることも看取できよう（図15C）。

以上の資料が示すように、最初に観察した久保上ノ平遺跡のイラストされた土偶は、決して一人の製作者から偶発的に生まれたものではない。普遍的に共有されていた観念から発露した多様なものの中の一例である。一見無秩序に見えるものの中に緩やかながらも確固たる秩序が見出せるはずだ。上記の諸例は型式学的には弁別し、整理されるべきものだが、基本的には同じ構造を根底に有するものであり、手を変え、品を変えながら生み出されたバリエーションの数々だと理解すべきである。

## †通底する構造と多様な形態

これまでの理解を踏まえながら、少し視野を広げ、さらに認識を深めてみたい。ここまで縄文時代中期に属するイラストされた土偶やポーズをとる土偶を観察してきた。結果、土偶とは、何らかの形でしばしば〔うつろ〕をその身体に伴うものであり、取りつき、取りつかれることで一体の完成した像へ近づくものだと認識できた。対して、同時代の他の表現形態をとる土偶や後続する時期の土偶、あるいはより古い時期の土偶は、どう理解できるのか。

縄文時代中期以降、東日本では土偶が爆発的に増加した。その多くは、顔が取りつき、一体の完成した像に見える土偶である。何度も参照してきた長野県棚畑遺跡の土偶はその典型例の一つだ（図2）。本講での認識に基づくなら、これらは取りつき、取りつかれるプロセスを経た完了形態を写したものだと理解できる。かたや、中期以降でも顔面を表現しない土偶は多々存在する（図18：財団法人山形県埋蔵文化財センター編『西ノ前遺跡』一九九四ほか）。これら〔不完全な〕土偶とは、取りつかれるプロセスをいまだ待つ未完了の状態を写したものに他ならない。両者の見た目は異なるけれど、それは写し取る場面／タイミングが異なるだけで、構造的には通底したものであり、同一の概念に基づくものである。

このように理解したとき、いわゆる仮面土偶に対しても認識の更新が可能になる。仮面土偶とは、仮面を装着した土偶で、縄文時代後期に顕在化したとされるものだ。代表例としては長野県中ッ原遺跡出土資料などがある（図19：茅野市教育委員会編『中ッ原遺跡』二〇〇三）。本講での認識に基づいて理解を試みるなら、仮面とは〔甲：不完全な頭部〕に他ならない。これが〔乙：不完全な胴部〕に取りつき、一体の完成した像へ近づいたものこそ仮面土偶の正体である。その仮面の下にあるものは、おそらく何も描かれていない〔うつろ〕な空白だけで、不完全なスペースそのものだろう。取って付けたような板状の顔面をもつハート形土偶やその類品の構造も、同一だと考えられる（図20・21：仙台市教育委員会編『大野田遺跡第一次調査』二〇一四・仙台市教育委員会編『伊古田遺跡』一九九五）。

なお、仮面の本格的な出現は縄文時代中期末以降であり、仮面土偶の出現も後期以降だとされてきた。しかし、田中清文がすでに指摘しているように、板状の顔面が貼り付けられた土偶は縄文時代中期でもしばしば見出せる（田中清文『仮面の土偶』ほおずき書籍、二〇一五）。長野県井戸尻遺跡などはその典型例だ（図22：藤森栄一編『井戸尻』中央公論美術出版、一九六五）。型式学的な系統はともかく、仮面土偶の構造的な原形は中期に遡る。一見、一体の完成した像に見える資料にも、取りつき、取りつかれた〔甲〕・〔乙〕の二体が隠れている可能性には留意すべきで、

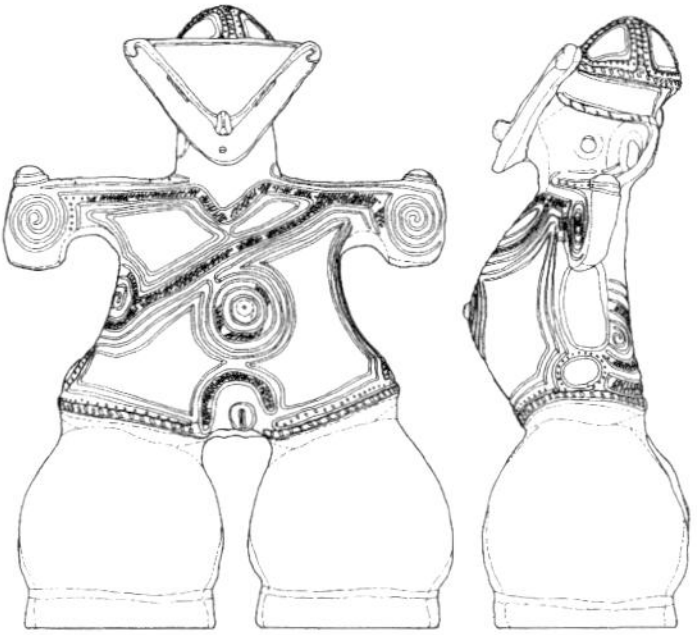

図 19　中ッ原遺跡土偶

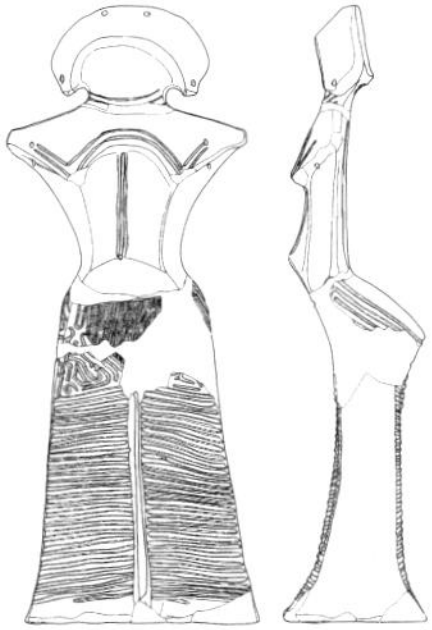

図 18　西ノ前遺跡土偶

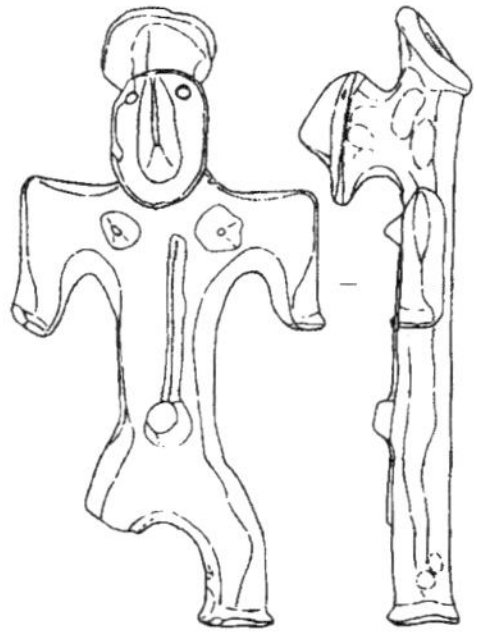

図 21　伊古田遺跡土偶

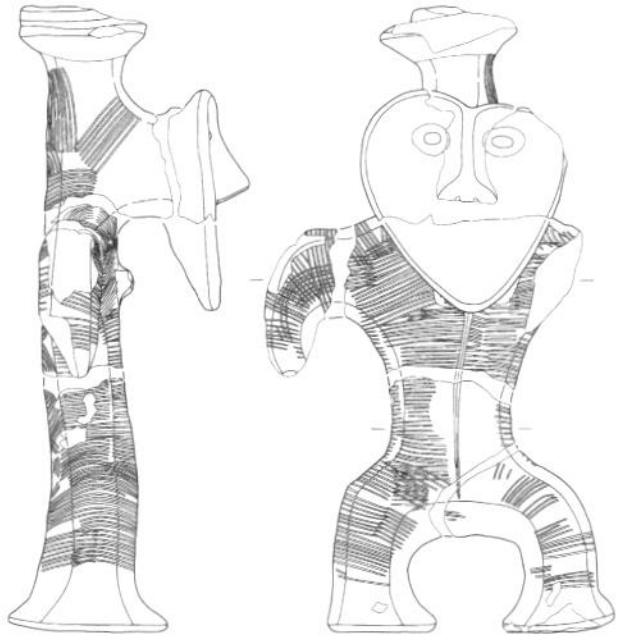

図 20　大野田遺跡土偶

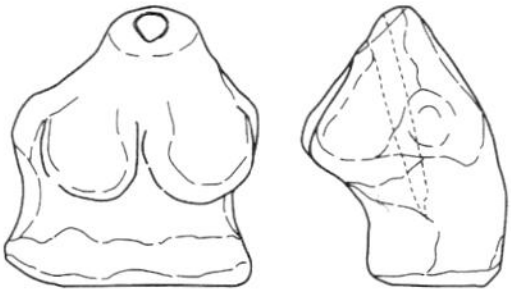

図 23　相谷熊原遺跡土偶

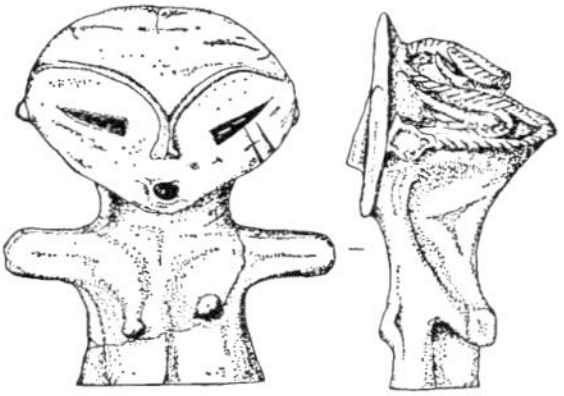

図 22　井戸尻遺跡土偶

＊図 18 ～ 23 縮尺不同

柔軟な姿勢で観察し、認識を深めていく必要があるだろう。

かたや、より古い段階の土偶に関する認識の更新も同時に可能だ。日本列島で土偶が出現したのは縄文時代草創期で、前期までの最古段階の資料群は初期土偶と呼ばれている。

この初期土偶における特徴の一つは掌中に収まるほどの小型品が目立つことだ。それにも増して重要な特徴は、〔甲：不完全な頭部〕と〔乙：不完全な胴部〕が、別個体として作り分けられていることである。顔面も表現された一体の完成した像に見える資料は、前期後葉のごく一部の例外を除いて存在しない。かわりに〔乙〕の胴部上端中央付近には穴や凹み・空白などといった〔うつろ〕が必ず設けられている（図23・図24の①：公益財団法人滋賀県文化財保護協会ほか編『相谷熊原遺跡《あいだにくまはら》』二〇一四、図24の②：斉藤尚己「北上川流域の土偶について」『日高見国』菊池啓治郎学兄還暦記念会、一九八五）。頭部パーツである〔甲〕がプラグならば、胴部パーツである〔乙〕には必ず〔うつろ〕が設けられ、ソケットとして造形されている。〔うつろ〕を介して取りつき、取りつかれる構造の起源は、日本列島で土偶が出現した初期段階にまで遡る（瀬口二〇一五・二〇一八）。

加えて重要なのは、〔乙〕の事例が一三〇〇点を超すのに対し、〔甲〕の事例は五点に満たず、ほとんど具象化されていないことだ。すなわち初期段階における〔甲〕とは、観念上は存在するが基本的には姿を見せない不可視のものであり、そういった意味で魂や精霊のようないわば

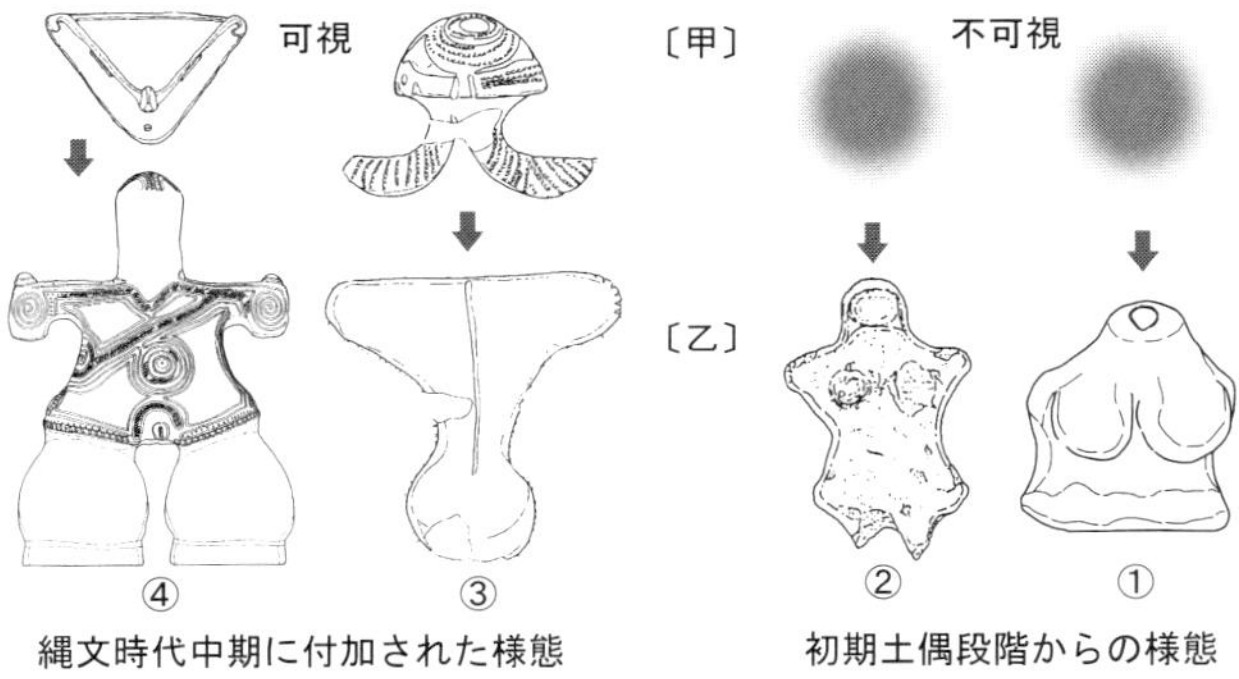


図24　土偶の基本構造

霊的存在として扱われていたとも考えられる（図24の①・②）。先に見てきたように縄文時代中期になると〔甲〕も具象化され、取りつき、取りつかれる構造が可視化されるが（図24の③・④）、この点で、初期土偶の段階と中期以降の間には画期が見出せる。

## †土偶とは何か

以上、多様な形態で表現されてきた土偶を観察・概観し、通底する構造とその変換・変遷を読み取ってきた。そこで得られた認識をまとめ、本講を終えたい。

土偶とは何か――それは本来何らかの形で〔うつろ〕をその身体に伴うものであり、幾重にも取りつき、取りつかれることで一体の完成した像へ近づくものだ。このあり方は初期の段階から縄文時代中期以降も脈々と継承され続けたものであり、そういった意味でこれが土偶の正体の第一義だと考える。

縄文時代前期までの初期段階では、基本的に〔乙〕だけが具象化されていた。取りつかれるもの〔乙〕は、いわば依代というべきものである。それ故、その身体には〔うつろ〕が伴い、取りつき、取りつかれるためのスペースが用意されていた。かたや取りつくもの〔甲〕とは、観念上は存在するけれども基本的には可視化されない魂・精霊のような霊的存在だ。初期段階に誕生し、以降、縄文時代を通じて継承されたこの様態をとる土偶とは、霊的存在のインストールを待ついわば依代である。

この様態をとる土偶が顕在化していく時期は、定住生活への移行期であり、森羅万象との向き合い方も大きく変化した段階に相当する。日本列島における土偶出現の社会的背景については検討の余地がまだあるけれど、これら一連のプロセスとの関係の中で考えていくべきだろう。森羅万象に宿る霊的存在は本来不可視のものであり、それゆえ、かつては〔感じ取る〕対象だった。初期段階の土偶とは、この見えない霊的存在を〔うつろ〕に宿らせ、掌中に握り収めるために生まれたものである。いずれも小型である意味はそこにある。

縄文時代中期以降、〔甲〕を可視化する新規の様態が本格的に加わった。霊的存在としての〔甲〕が可視化され、〔乙〕に取りつく過程を具象化したものが付加された。また取りつき、取りつかれたことで一体の完成像に見えるものの具象化も一般化した。新たに加わったこれらの土偶とは、霊的存在が依代にインストールされ、入魂が一応の完了をみたいわば精霊像であり、もしくはインストールされつつある過程を写した像である。

本来見えない霊的存在を可視化するそのあり方は、前段階までのものに比べてより解説的だと言える。このあり方の付加と共に土偶の大型化や自立像の顕在化が進んでおり、ディスプレイに供される形への一連の変化として位置付けられる。その社会的背景としては集落や地域の人口拡大も視野に入れて検討する必要があるだろう。〈土偶＝霊的存在の力が取りつくことで生まれる聖なる像〉としての認識を広く共有・確認するため、縄文時代中期以降、霊的存在としての〈甲〉を可視化する様態が新たに付加されたと考えられる。

イラストされた土偶やポーズをとる土偶の検討を糸口としたとき、土偶に関する認識は以上のように更新できると考える。また、これらの認識を基盤にすることで、膨らんだ腹や乳房、故意に破損したように見える産状、あるいは仮面や顔面突起付土器といった様々な関連資料についても新たな理解の端緒が見出せるが、これらについては次の機会に論じ直したい。

**さらに詳しく知るための参考文献**

藤沼邦彦『歴史発掘③縄文の土偶』（講談社、一九九七）……豊富な写真を用いながら、多様な土偶を紹介している。土偶の根本的性質については、生や再生、豊饒に関わる女神だとする説に精霊説を掛け合わせて解説している。

原田昌幸『日本の美術　第五二六号　土偶とその周辺Ⅰ　縄文草創期―中期』（ぎょうせい、二〇一〇）

……現代における土偶研究の第一人者が、日本列島で土偶が生まれた黎明期から土偶が爆発的に増加する縄文時代中期までを、詳細に解説する。掲載写真多数。

原田昌幸『日本の美術　第五二七号　土偶とその周辺二　縄文後期―晩期』(ぎょうせい、二〇一〇)……前書の続編。仮面土偶やハート形土偶が出現した縄文時代後期から遮光器土偶が生まれた縄文時代晩期ごろまでを解説する。

瀬口眞司「初期土偶の根本的性質と展開過程」(『古代文化』第六七巻第三号、公益財団法人古代学協会、二〇一五)……後期旧石器時代から縄文時代早期までの土偶関連資料を分析し、取りつき、取りつかれる構造が最古段階から見出せることを論じた。

瀬口眞司「前期土偶の根本的性質と展開過程」(『紀要』三一、公益財団法人滋賀県文化財保護協会、二〇一八)……前書の続編。取りつき、取りつかれる構造が、最古段階から縄文時代前期へ継承されることを指摘し、中期以降にも繋がる可能性を論じた。

第4講

# アイヌ文化と縄文文化に関係はあるか

瀬川拓郎

## †アイヌは縄文文化の継承者か

近世のアイヌは狩猟漁撈をおもな生業としていた。さらにアイヌは縄文人の形質的・遺伝子的な特徴を色濃く受け継いでいる。このような縄文人や縄文時代の生業との近縁性からすれば、アイヌの文化には縄文文化の名残が認められてもよさそうである。本講ではこの問題について考えてみたい。

平地住居（チセ）、砦状の遺構（チャシ）、金属製品とガラス玉を組み合わせた女性の首飾り（タマサイ）、鉄鍋や漆器椀など、近世アイヌに特徴的な文化はおもに中世に出現した。そのため中近世の考古学的な文化は「アイヌ文化」と呼ばれる。考古学的文化に民族名を冠することには問題があり、そのため私は「ニブタニ文化」と呼び変えることを提唱しているが、いずれにせよ「アイヌ文化」はそれ以前の考古学的文化と大きく異なるものであり、そのため考古学

| 年代 | 北海道 | | 本州（四国・九州） |
| --- | --- | --- | --- |
| | 旧石器時代 | | 旧石器時代 |
| | 縄文時代 | | 縄文時代 |
| | 続縄文時代（前期） | | 弥生時代 |
| 300 500 | オホーツク文化 | 続縄文時代（後期） | 古墳/飛鳥時代 |
| 700 900 1100 | | 擦文時代 | 奈良/平安時代 |
| 1300 1500 1700 | アイヌ文化期（ニブタニ時代） | | 鎌倉時代以降 |

北海道の考古学年表

の研究者は、アイヌという集団の存在を中世以前に遡らせることには慎重であった。

しかし、北海道の考古学的文化は連続的に変化しながら「アイヌ文化」へ移行したことが明らかになってきた。つまり縄文時代以降、北海道では続縄文《ぞくじょうもん》文化（弥生・古墳時代）、擦文《さつもん》文化（奈良・平安時代）、「アイヌ文化」（鎌倉時代以降）へ遷移したが、この間に断絶は認められない。また続縄文―擦文時代には異民族集団のオホーツク人がサハリンから道北・道東へ南下し、様々な影響を及ぼしていたものの、ヒトの入れ替わりはなかったと考えられている。

とはいえ、変容を重ねてきたアイヌの文化のなかに、二千年以上前に終焉を迎えた縄文文化の名残を見出すのは容易な作業ではない。

たとえば渡辺仁《ひとし》は、狩猟・漁撈・採集というアイヌの自然利用について古老から聞き取り、アイヌ・エコシステムというアイヌ社会のモデル化をおこなった。渡辺は、これが縄文社会復元のモデルになると考えたが、実際には本州との交易にかかわって一〇世紀に成立した生態系適応のモデルであることを考古学は明らかにしてきた。縄文時代以降、文化だけでなく環境との関係や社会のありかたといった基層もまた、大きな変化を遂げてきたのである。

そこで注目してみたいのが、本州とは異なる固有の文化が縄文時代以降、一貫して北海道で継起してきた事実それ自体である。この固有性をもたらしたのは、北海道の人びとの強い求心性にほかならない。そしてその求心性の核は共通の精神性、すなわち言語をふくむ固有の観念世界だったのであろう。アイヌは、北海道土着の観念世界を生きた人びとであり、その意味で北海道縄文人の文化的末裔ということができるのである。

本講では、アイヌ文化と縄文文化の関係を精神世界の視点からみていくことにしたい。

## 縄文の他界観とジェンダー

アイヌ文化のなかの縄文伝統と考えられてきたものに「送り」の思想がある。送りとは、神の化身である動植物や器物の魂を神の国へ送り返すため、儀式をおこなって神の仮装（残滓）をねんごろに処置（廃棄）することを意味し、送り場はその儀式の場を指している。

河野《こうの》広道《ひろみち》は、この思想は縄文時代の貝塚にも読みとることができる、つまり貝塚は巨大な送り場だと指摘した。貝塚は、続縄文時代にはふつうにみることができ、擦文時代でも奥尻《おくしり》町青《あお》苗《なえ》貝塚や伊達《だて》市ポンマ貝塚などが知られている。中世にはチャシが貝塚として多く利用され、近世アイヌの貝塚も小清水町《こしみず》アオシマナイ遺跡など各地に残されている。送りの思想は縄文時代から連綿と継承されてきたのである。

縄文時代の貝塚では埋葬もおこなわれている。貝塚はヒトを含む送りの場であり、他界と濃密にかかわる空間であった。そしてこの他界としての貝塚で注目されるのは、縄文時代の貝塚や埋葬が洞窟や岩陰にもみられる事実である。洞窟埋葬は、本土の海辺では古墳時代（地域によって平安時代）まで、南島では現代までおこなわれてきた。

アイヌの場合、他界はこの洞窟と深く関係していた。かれらは、死者の霊が地下を通って高山山頂の他界へ至り、しばらくそこにとどまったあと天上の神の世界へ飛翔すると考えていたが、その他界の入口を海辺などの洞窟とみなしていたのである。このような他界の空間的な認識は、縄文時代の他界観に由来する可能性がある。

アイヌのイレズミも、縄文時代の習俗に起源をもつとみられる。アイヌの女性は、明治四年（一八七一）に野蛮な風俗として開拓使が禁止するまで、成人儀礼として口の周りや前腕部にイレズミをおこなっていた。この習俗がどの時代までさかのぼるのか明らかではない。しかし設楽博己は、イレズミをあらわす古墳時代の人物埴輪の顔面線刻と、弥生時代の人面線刻土器、縄文時代の土偶の顔面線刻のモティーフを比較し、それらが時代を通じて連続的に変化していること、つまりイレズミが縄文起源であることを明らかにした。さらに、イレズミは縄文時代には男女ともおこなっていたが、弥生時代には男性の習俗となり、古墳時代には畿外のまつろわぬ人びとや非農耕民などのなかに残存した、と指摘した。

南島ではアイヌと同様、女性の成人儀礼として近代まで前腕部にイレズミをおこなっていたが、縄文伝統の抜歯習俗も一〇世紀前後まで残存していたことから、イレズミは縄文伝統として継承されていた可能性が強い。北海道の場合、縄文時代にはもともと抜歯が盛んでなかったこともあり、続縄文時代になるとその習俗は絶えたが、アイヌのイレズミは施文《せもん》の目的と部位が南島と一致していることから、日本列島の南北端に残存した縄文伝統と考えられそうである。

弥生時代以降、本土では男性の習俗に変容したイレズミが、北海道と南島では女性に偏って伝わってきた事実は、縄文時代のジェンダー観がこれら地域では女性の側に強く残存してきたことを意味する。近世までは双系的だったとされるアイヌと南島社会の特徴は、縄文時代の母系社会の名残だったのかもしれない。

## †モガリの思想・祖霊の思想

縄文時代早期から近世（一部では近代）にかけて、北海道を中心とする人びとのなかでは、死者が祖霊となるまでの期間、遺体を埋めないモガリ／風葬《ふうそう》の習俗がおこなわれてきた。これもアイヌの縄文伝統というべきものである。

縄文晩期の釧路市幣舞《ぬさまい》遺跡では、墓壙《ぼこう》のなかに柱を立てて上屋《うわや》を設け、遺体を安置し、腐敗後に上屋を取り壊さず埋め戻したモガリ墓がみつかって注目された。というのも、北海道では壙内に柱を立てて上屋を設けた墓が多数確認されており、これらがモガリ墓であることが明らかになったからである。上屋をもつ墓は、縄文晩期から続縄文時代に多くみられる。ただし擦文時代でも前期（七世紀後葉〜九世紀中葉）までは、東北北部からの移住者の墓である北海道式古墳と並行して、千歳市ウサクマイ遺跡などでこの土着の葬制がおこなわれていた。

さらに縄文早期末の函館市垣ノ島A遺跡では、竪穴住居を模した施設に屋根を架け、床面に複数の遺体を安置した共同のモガリ墓が確認されている。二メートル四方の方形の墓壙に上屋を設けた小樽市地鎮山遺跡や函館市日吉町A遺跡など縄文後期中葉の環状列石墓、壙内に支柱をもつ墓が多数確認されている縄文後期末の周堤墓も、竪穴住居を象徴する共同のモガリ墓といえるものである。上屋を設けたモガリ墓が、いずれも「家」を象徴する点に注目したい。

擦文前期以降は、奇妙なことに墓がみつからない。擦文時代にサハリンへ進出し、その後も擦文時代の竪穴住居型式を近代まで保っていたサハリンアイヌは、住居のなかに遺体を安置する葬制をみせていたことから、擦文時代にも同様の葬制が想定できそうである。根室市穂香《ほにおい》遺跡では、住居の寝所床面でガラス玉・ヒスイ勾玉・青銅製品などが一括出土しており、遺体の床面に安置した副葬品の可能性がある。

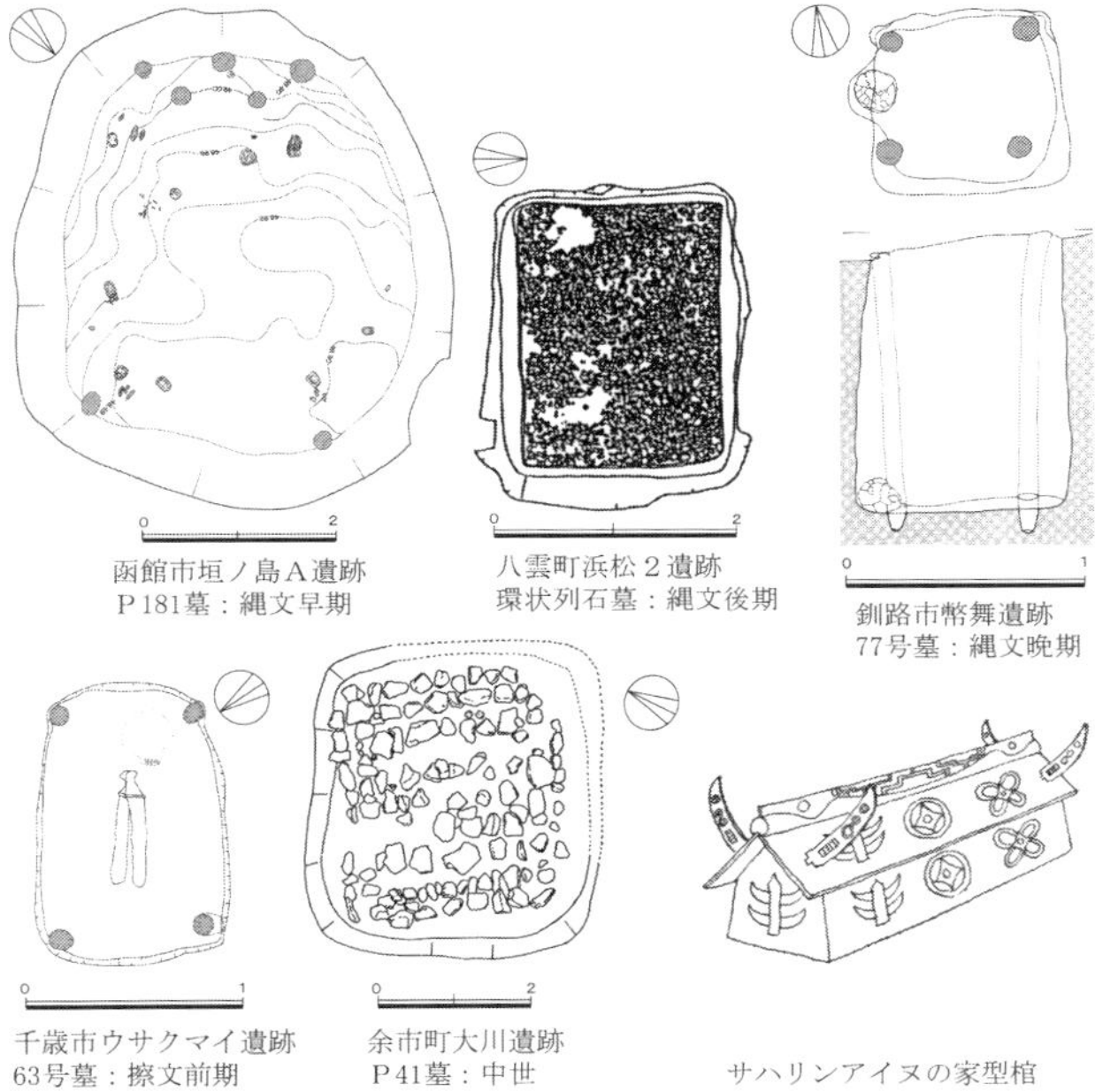


北海道および周辺地域のモガリ葬

擦文時代には焼失住居の例が増加し、これは死人の出た家を燃やす近世アイヌの家送り習俗との関連が指摘されてきた。縄文時代のモガリ墓でも墓壙の上屋に火を放ったとみられる例があることから、このようなモガリ墓の着火儀礼の伝統が継承されていたようである。

中世では、伊達市オヤコツ遺跡で、一辺約五メートルの配石上に上屋を設け、複数の遺体を地面に横たえ、火葬後に砂で覆った墓が確認されている。余《よ》市《いち》町大川遺跡でも、一辺約五メートルの方形の敷石上に遺体を安置し、火葬後に砂で覆った例がある。いずれも共同のモガリ墓とみられるものである。

近世では、恵庭《えにわ》市カリンバ遺跡で、棺を収めた墓壙上にカヤ葺きの上屋を設け、これに着火後、埋め戻しをおこなった一八世紀前葉のモガリ墓がある。ただし北海道本島では、これ以外にモガリ墓の例を見出すことができない。近世後半の北海道アイヌは、遺体を強く恐れ、あわただしく埋葬をおこなったのち、二度と墓に詣でることはなかった。そこには本土のケガレ観念の影響が考えられるが、いずれにせよそうした状況下では、もはやモガリの習俗が存続することはできなかったのであろう。

一方、近世〜近代のサハリンや千島の葬制は北海道本島と大きく異なる。サハリンでは先にのべた遺体を住居に安置した例のほか、樹上葬、台上に「家型」の棺を安置した風葬、「家型」の棺を埋める土葬、ミイラ習俗など多様な葬法が知られている。千島では、一七世紀前半のウルップ島で墓標のある小さな家のなかに横たえられた人骨が確認されている。この小さな家は木の枝で作られていたことから、通常の住居ではなくモガリ用の仮小屋とみられる。アイヌ社会の周縁であるサハリンと千島では、モガリが広くおこなわれており、それは「家」と深く結びついていたのである。

サハリンアイヌは、老人が亡くなって一、二年がすぎると、これを神と称して崇拝した。つまり北海道におけるモガリ習俗は、死者が個人の属性を離れ、神（祖霊）という抽象的な存在へ移行するために必要なプロセスであったということができる。

モガリ習俗は北海道にかぎらず、多様な葬法をみせながら縄文時代の日本列島に広く存在し、本土では仏教が浸透する平安時代まで継承されていたとみられる。その習俗が、アイヌと同様、縄文人の遺伝子的・形質的特徴と縄文習俗のイレズミをとどめてきた南島において、洗骨葬として根強くおこなわれてきた事実についても、日本列島の南北端に残存した縄文伝統という視点から考えてみる必要がある。

## †縄文イデオロギーとしての動物祭儀

津軽海峡は、ブラキストン線とよばれるほ乳類の生態境界であり、これを越えて北海道にイノシシは棲息《せいそく》しない。ところが、縄文前期から続縄文時代を中心に、道内ではこれまで約四〇遺跡でイノシシの骨が出土している。

出土遺跡は、本州に近い道南や道央だけでなく釧路市など道東、礼《れ》文《ぶん》島など道北や島嶼《とうしょ》、富良野市や音更町など内陸奥地まで、つまり北海道の隅々におよぶ。苫小牧市柏原《かしわばら》5遺跡では四〇体分以上の骨が出土している。このイノシシは、本州から幼獣を連れ渡って道内で一定期間飼養し、屠殺《とさつ》して共食する祭りがおこなわれたことを示すと考えられている。イノシシの祭りは、イノシシが棲息しないにもかかわらず、縄文時代の北海道における普遍的な動物祭祀となっていたのである。

縄文時代の本州でも、これとまったく同じ祭りが存在した。春の出産期に入手したイノシシの子を初冬ころまで飼養し、屠殺して共食する祭りである（新津健）。本州でも北海道でも出土するイノシシの骨は強く焼かれており、共通する儀式がおこなわれていたとみられる。イノシシが棲息しない伊豆諸島でも、本土からイノシシを持ちこんで同様な祭りがおこなわれていたことから、イノシシの祭りは生態系の差異を越えて共有される日本列島に普遍の祭祀であり、縄文イデオロギーといえるものであった。北海道では「外来種」のイノシシが、強い霊力を帯びて縄文イデオロギーを象徴する存在になっていたことは、イノシシの牙製装飾品が道内各地で出土している事実からもうかがえる。

このような縄文時代のイノシシ祭りで注目されるのは、そのモティーフがアイヌのイオマンテと酷似する事実である。イオマンテは、春先の穴グマ猟で手に入れた子グマを初冬ころまで飼養し、これを殺して多くの土産をもたせ、魂を神の国へ送り返すとともに、その肉を共食する送りの祭りである。

北海道におけるイノシシの骨の出土は、続縄文時代初頭（弥生時代前期末）になると激減する。その後は入れ替わるように、クマを模した石製品・土製品・骨角器が北海道全域で出土するよ

イオマンテ（「熊送り図」アイヌ文化振興・研究推進機構 1999『アイヌの四季と生活』）

うになる。縄文イデオロギーとしてのイノシシの祭りは、本州では弥生文化のなかで途絶し、一方、北海道では毛皮の商品化によって主役がヒグマに転換しつつ、イオマンテに受け継がれてきたとみられる。

イオマンテは、多数の客人を招いて催す社会的にきわめて重要な祭りである。その起源が縄文時代にさかのぼるとすれば、動物を飼養・共食する送りが一万年のあいだ北海道の祭祀の根幹をなしてきたことになる。つまりアイヌは縄文イデオロギーの正統な継承者だったということになるのである。

## †物質文化から縄文伝統はたどれるか

アイヌの物質文化の起源を縄文時代にたどってみようとする研究者もいる。

たとえば、アイヌが飲酒の儀礼に用いる重要な祭具「捧《ほう》酒箸《しゅばし》」（木製のヘラ）について、続縄文時代のクマ飾りをもつ骨製スプーンに起源するという説がある（大島直行）。

アイヌの木製捧酒箸自体は、千歳市ユカンボシC15遺跡、同美々《びび》8遺跡などで出土しており、擦文時代の九世紀以降に出現した。酒造りの原料であるコメ（麹）が出土し、飲酒が一般的になるのも擦文時代である。当時の北海道と本州の交易拠点であった秋田城では斎串《いぐし》と呼ばれるヘラ状祭具が出土しており、これは捧酒箸とよく似ている。つまりアイヌの飲酒儀礼は古代日本の飲酒儀礼に起源をもち、擦文時代に酒造り用のコメや麹とともに本州から導入され、その際伝わった祭具の箸が捧酒箸の起源ではなかったかとおもわれる。

麹を指すアイヌ語の「カムタチ」は古代日本語の「麹」（かむたち）の借用語、捧酒箸を指すアイヌ語の「イクパスイ」の「パスイ」も古代日本語の「箸」（ぱすぃ）の借用語である（平安時代初期まで日本語のハ行の発音はP音のため「はし」はpafiとなる）。捧酒箸の起源は、古代日本の祭具に求めるのが妥当であろう。

日本では、アイヌの捧酒箸がそうであるように、箸は霊力が天からくだって寄り集まる依り代であり、神事に欠かせない祭具であった。さらに古代の日本語では、霊力が強いことをあらわす「生」（いく・い）が「生太刀」「生弓」など器物に霊力を与える修飾語として用いられた。アイヌ語の「イク」は酒を飲むの意であるが、古代の日本でも祭具の箸が「生箸」（いくぱすぃ）と呼ばれることがあり、これが擦文時代に伝わった可能性も考えてみたい。

アイヌの毒矢文化についても縄文起源とみなされることが多い。アイヌはトリカブト類の根やアカエイ類の毒針などから毒矢を製した。中世にはこの毒矢記事が散見され、平安時代後期の歌人、藤原顕輔《あきすけ》の歌にもエゾ（アイヌ）の毒矢が詠まれている（『夫木和歌抄』）。したがってアイヌの毒矢文化は擦文時代後期までさかのぼれるが、それ以前については明らかでない。

一方、古代東北地方のエミシが毒矢文化をもち、これがアイヌに伝わったとする説もある。

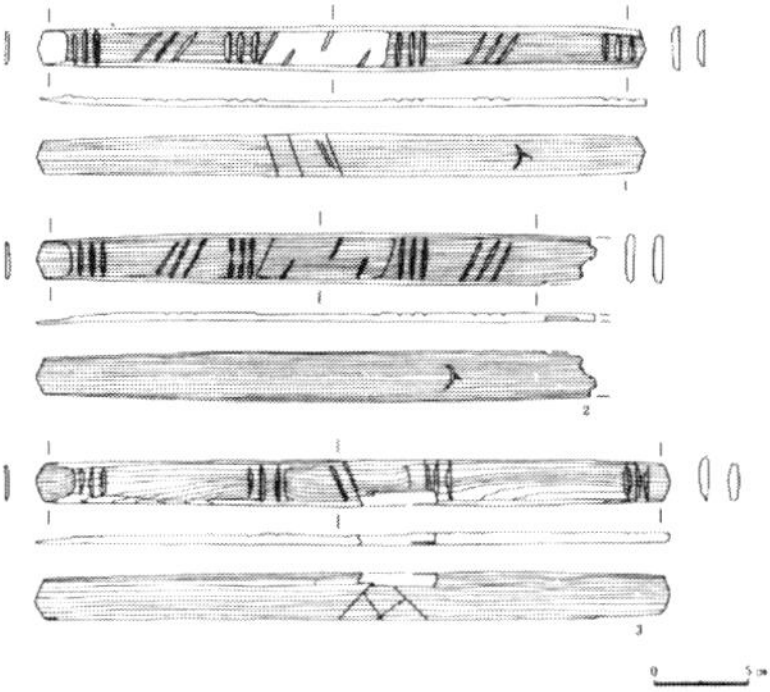

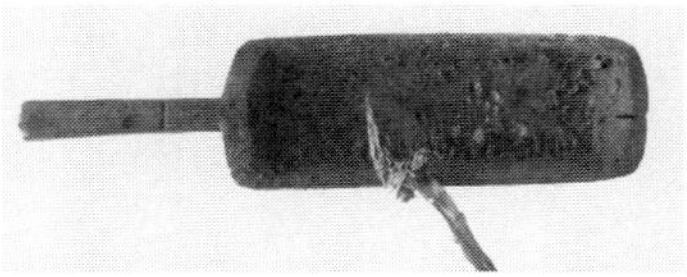

中世アイヌのイクパスィ（上：上ノ国町勝山館出土）と矢毒調合皿（下：旭川市博物館蔵）

しかし、エミシの毒矢に触れた記事は一切確認できず、エミシが毒矢を髪に刺すという有名な『性霊集《しょうりょうしゅう》』の空海の歌（八一五年）についても、かれらの異俗性をきわだたせるため、エミシが矢を髪に刺すという『日本書紀』景《けい》行《こう》天皇の記事を下敷きとし、そこに中国東北部諸民族の毒矢文化の知識を投影したものとする意見もある（関口明）。

日本列島周辺の毒矢文化は、ロシアの環オホーツク海沿岸を中心に分布する。そこでアイヌの毒矢文化は「東北アジア海岸（毒矢）文化圏」に属すると評価される（石川元助）。その場合、サハリンのアイヌや、オホーツク人の末裔とされるサハリンのニヴフに毒矢文化が知られていないのは奇妙だが、中世のサハリンアイヌについては毒矢記事がある（『遼東志』）。北東アジア世界と交流が深かった中世のニヴフや古代のオホーツク人についても、かつては毒矢文化があったと考えられそうである。

北海道に南下したオホーツク人は、一〇世紀から一二世紀にかけて擦文人に同化していった。史料からは一二世紀以前にさかのぼることができないアイヌの毒矢文化は、オホーツク人から伝わった比較的新しい伝統だったのかもしれない。

## †核DNAからみた縄文語とアイヌ語

北海道の人びとの時代を超えた文化的求心性の核は、縄文語＝アイヌ語という独自の言語だったのではないか。縄文語とアイヌ語の関係について考えてみたい。

ユーラシア大陸で話されている二五〇〇以上もの言語は、インド・ヨーロッパ系言語など一〇あまりの大きな語族にまとめられる。そのなかで同系関係がたどれない孤立的な言語はわずか九つにすぎず、うち約半数の四つが日本列島の周辺に集中している。アイヌ語、日本語、朝鮮語、サハリンのニヴフ語である。言語学者の松本克己は、これらを「出アフリカ古層A型」

と呼び、旧石器時代にさかのぼる「古層」の言語の特徴をとどめるものと考えている。

人類学者の斎藤成也《なるや》によれば、縄文人の遺伝子的な特徴はアイヌ、沖縄人、本土人の順に強く認められ、わずかながら朝鮮半島の人びとにもみられる。さらにシカゴ大学の分析では、アムール川河口周辺に暮らすウリチにも認められるという。このウリチは「ツングース語化したニヴフ」あるいは「ニヴフ文化を受け入れたツングース」とされるニヴフと近縁の人びとである。つまり日本列島周辺の孤立言語をもつ人びとは、いずれも縄文人の遺伝子的特徴をとどめていることになる。

このことは、日本列島周辺の孤立言語の祖語が、かつて朝鮮半島・日本列島・サハリン・アムール川河口域といったアジアの東端に暮らしていた、縄文人の遺伝子的特徴をもつ人びとの言語であった可能性を示唆する。つまり縄文人の特徴をもつ集団が、旧石器時代には日本列島だけでなく朝鮮半島やサハリンなどにも分布し、共通言語を話していた可能性である。

アイヌが、縄文人の形質的・遺伝子的特徴を強く残す「古層」の人びとであることからすれば、アイヌ語が縄文時代以前の古層の言語の特徴、すなわち東アジアの周縁における縄文人「的」集団の言語・祖語にもっとも近い特徴を残しているとしても不思議ではない。

アイヌ語と縄文語の関係をめぐっては、日本列島のアイヌ語地名についても積極的に検討すべき課題といえる。アイヌと縄文文化の関係の探求には、考古学を中心とする学際的な研究が求められているのである。

## †アイデンティティとしての縄文

アイヌ文化と縄文文化の関係についてみてきたが、ではアイヌの縄文伝統は、かれらが日本文化の影響を被る以前の「純粋」で「固有」な文化というべきなのであろうか。

国学者の本居宣長《もとおりのりなが》は、『古事記』の分析によって漢字・漢文という中国文化の影響を受ける以前の固有で純粋な日本語を復元し、周縁の民である日本人固有の精神世界、日本人のアイデンティティを明らかにしようとした。それは「純粋な日本語」を話す「純粋な日本人」という概念を学問的な言説のうえに創り出す作業であり、中国とのあいだに文化的同一性を認めないことで成立する「自己防衛的言説」であった（山泰幸）。

アイヌの固有文化を明らかにしようとする本講の試みもまた、同じそしりを免れない。しかし、アイヌが近代における「民族」として自己を定義しようとする以上、かれらもまた、近代を迎えた日本人がそうであったように、文化的なアイデンティティを学問的言説のうえに創造する作業を避けて通るわけにはいかないであろう。問題はその言説を、排他的な自民族中心主義に容易に回収されないものとして示すことである。

アイヌはたしかに縄文の精神文化をとどめてきた。しかしアイヌ文化を遡ったさきに横たわるこの縄文は、アイヌ固有の文化というわけではなかった。それは北海道から沖縄まで日本列島の全域に展開した、日本文化や南島文化の起源でもあったのである。では、縄文をめぐる日本人とアイヌの起源の「同一性」は、アイヌを日本に同化し、文化的に支配することの正当性となるものなのであろうか。

この「同一性」は縄文時代には存在した。しかし文化は不変のものではない。弥生時代以降、本土人は大陸から多くのヒトと文化を受け入れ大きく変容してきた。日本人のアイデンティティでもある縄文はむしろアイヌのなかに色濃くうかがえるものなのであり、したがってアイヌこそがいわば「敷島のやまとごころ／やまとことば」を伝える人びとにほかならない。縄文をめぐる「正統性」はアイヌの側にあり、日本文化への同化の正当性はこの論理によって破綻する。

もちろんアイヌの文化も縄文時代から変わらなかったわけではない。かれらは日本文化や大陸の文化をどん欲に吸収してきた。かれらもまた「敷島のやまとごころ／やまとことば」を純粋に伝えてきたのではなかった。この複雑な関係性のなかにアイヌの、また日本人のアイデンティティがある。そのことを踏まえて彼我のアイデンティティは語られなければならない。アイヌをめぐる考古学研究は、そのことを指し示しつつある。

## さらに詳しく知るための参考文献

蓑島栄紀「古代北海道地域論」／中村和之「中世・近世アイヌ論」『岩波講座日本歴史』第二〇巻（岩波書店、二〇一四）……日本・朝鮮半島・中国・北東アジアと連動する、グローバルな交易者としてのアイヌについて論じる。

松本建速『つくられたエミシ』（同成社、二〇一八）……東北北部のエミシはアイヌだったのか。本土の移民としての実態を示した新たなエミシ論。

菊池俊彦『オホーツクの古代史』（平凡社新書、二〇〇九）……北海道へ南下したオホーツク人とは何者か。古代環オホーツク海域の知られざる民族的世界を明らかにする。

木村英明・本田優子編『アイヌのクマ送りの世界』（同成社、二〇〇七）……クマ送りの起源にはオホーツク文化説など諸説ある。動物祭儀からみえてくる複雑なアイヌの歴史。

# Ⅱ 弥生時代

第5講

# 弥生文化はいつ始まったのか

宮地聡一郎

## †弥生時代の開始時期

弥生時代を通説のように「日本で食糧生産を基礎とする生活が開始された時代」、また「日本列島で稲作米食が始まってから前方後円墳が出現するまで」とするならば、その開始時期は刻目突帯文土器期《きざみめとつたいもんどきき》の中に求められる。

かつて縄文農耕論が議論されたり、縄文時代のイネの存在が定説化したこともあったが、縄文時代のイネのプラントオパールとされたものは混入の可能性が指摘され、近年のレプリカ法による種子圧痕《あっこん》の同定研究によれば、イネの圧痕のみならずアワやキビの圧痕も刻目突帯文土器期を遡るものは存在しない。壺などの新しい土器や水田、石庖丁、定型化した木製農耕具のほか、環濠集落といった居住形態、そして支石墓をはじめとする新しい墓制、それらが朝鮮半島からの影響によって新たに出現するのが、まさに刻目突帯文土器期なのである。

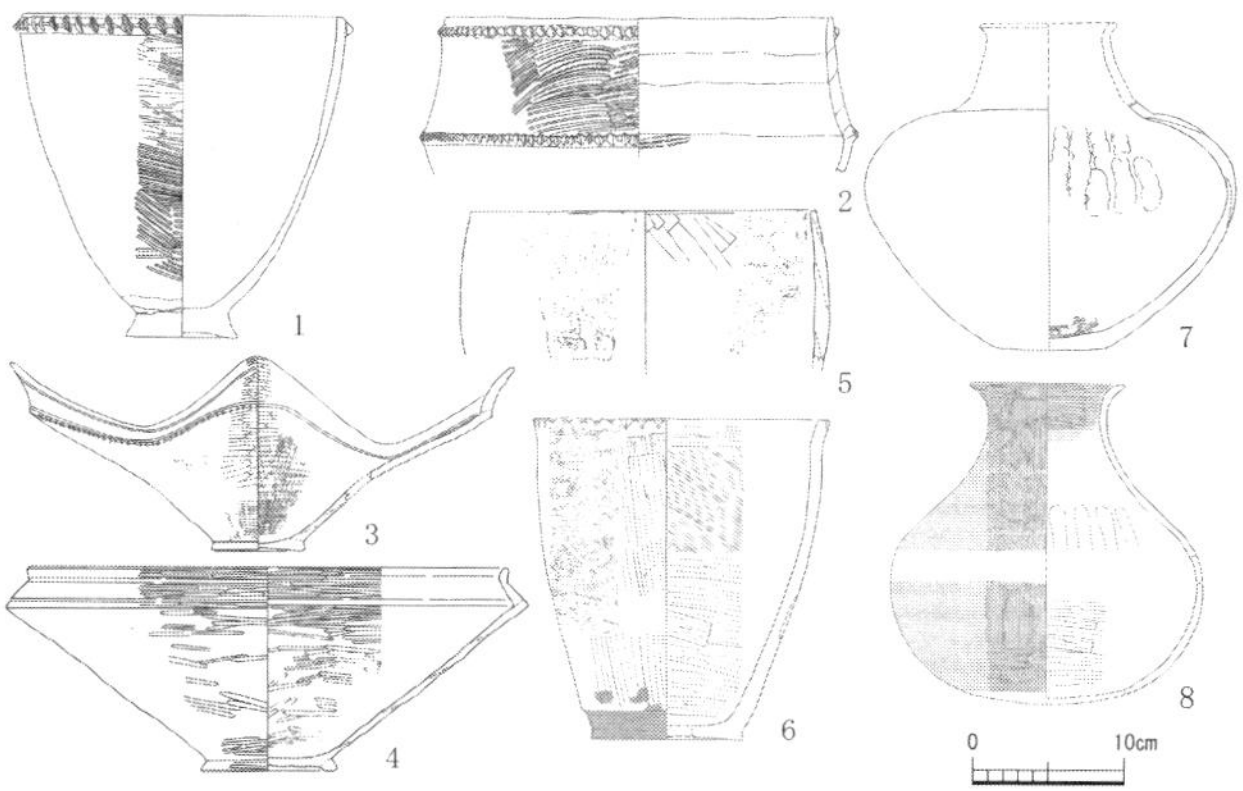

図１　弥生早期の土器
１：砲弾形深鉢、２：屈曲形深鉢、３・４：浅鉢、５・６：無文土器系甕、７・８：壺

ただこの刻目突帯文土器は系譜的には縄文土器の深鉢そのものであり、また九州〜東海地方に広がる刻目突帯文土器圏のうち、右記の現象が見られる地域は九州北部に限定される点には注意が必要である。長らく弥生時代の開始を象徴するものと認識されてきた遠賀川式土器を遡るこの段階を、「弥生早期」とする見解が定着してきているが、この弥生早期の設定が可能なのは、九州北部の刻目突帯文土器期でも、ある段階以降であり、その他は縄文時代晩期後葉として理解するのが賢明である。

そのある段階とは、佐賀県菜畑遺跡や福岡県板付遺跡が示す、山ノ寺式の一部や夜臼Ⅰ式の段階であり、その直前の刻目突帯文土器出現期（瀬戸内の前池式併行）は、壺や朝鮮半島無文土器系の甕、石庖丁等の新しい文化要素は明確ではない。ただ、

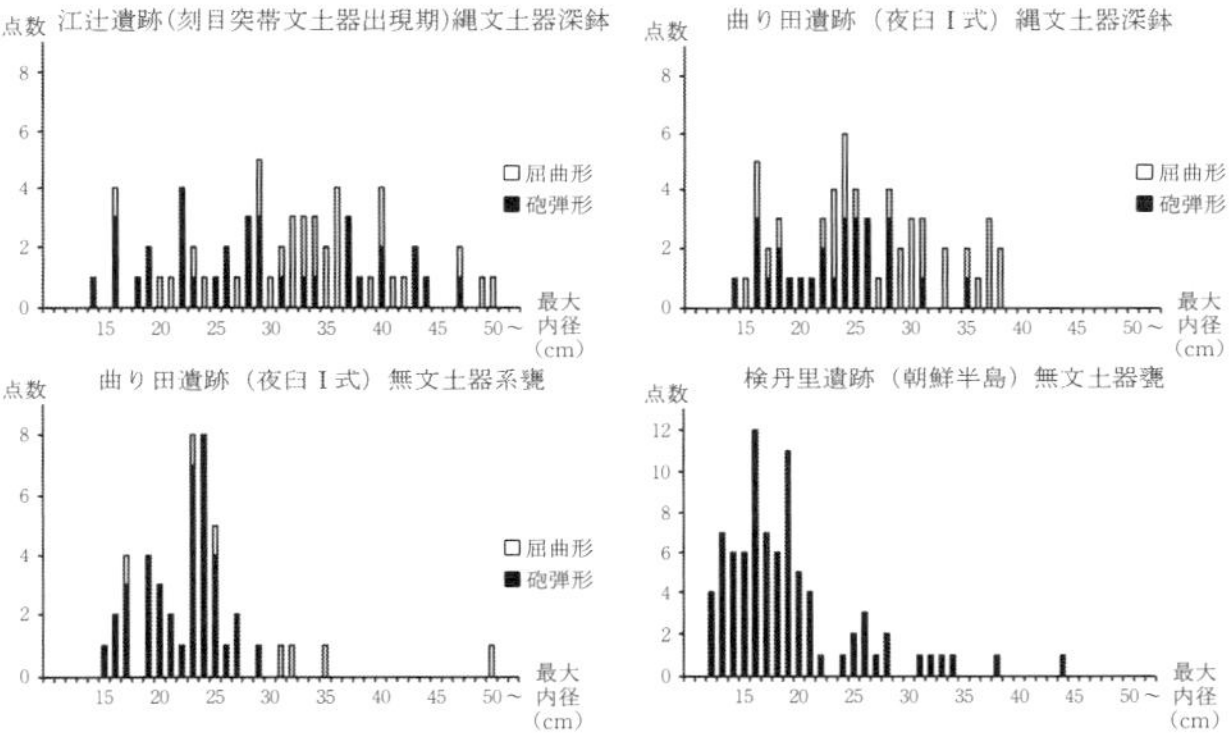


図2　土器の大きさ

この刻目突帯文土器出現期の土器にわずかだがイネやアワの圧痕が見られる点から、朝鮮半島からの最初のイネの渡来はこの時期に遡る可能性がある。詳細は今後の課題だが、現在の知見では水稲耕作の開始を示し、弥生文化の特徴を示す複数の要素がセットで見られるようになる夜臼Ⅰ式を弥生時代の開始時期と見なすべきであろう。

弥生早期の設定当初、土器では縄文時代と弥生時代を区別できない点が問題にされたが、土器の器種構成では夜臼Ⅰ式に大きな変化が見られる。それは朝鮮半島の無文土器に由来する壺や、積み上げ粘土の接合面が外側に傾斜する外傾接合手法、加えてハケ調整による無文土器系甕が組成に加わることであり（図1）、それらが後の遠賀川式土器の母体となる点からもその出現は大きな画期と評価される。また煮沸用土器の大きさにも変化が見られ、刻目突帯文土器出現期には内径

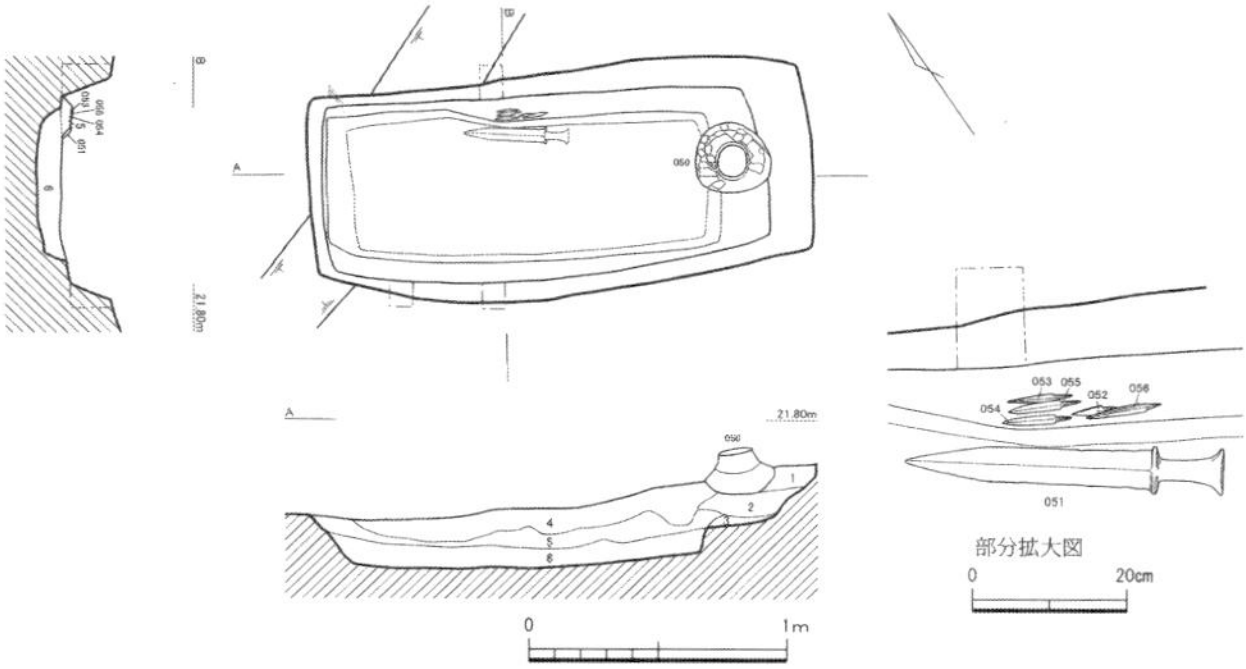


図３　雑餉隈遺跡の弥生早期の副葬墓
（福岡市教育委員会 2005『雑餉隈遺跡 5』より）

三五センチ以上の大きなものも多かったが、夜臼Ⅰ式にそれらが激減することも注目される。これを器種ごとに見るならば、特に朝鮮半島無文土器系の甕に顕著であり、朝鮮半島からの影響が土器の規格性にも及んでいたことがわかる（図2、宮地聡一郎「刻目突帯文土器と無文土器系土器――異系統土器共存の実態」『古代文化』第六一巻第二号、二〇〇九）。

さらに、この時期には墓制の変化が見られ、磨製石剣や磨製石鏃、玉類、壺の副葬・供献習俗もはじまることから（図3）、単に水稲耕作がはじまっただけでなく、精神面で朝鮮半島の無文土器文化に由来する観念形態への転換が起こっていたと考えられる。

この点、民俗事例に見られるイネ・コメの再生観念としての象徴性を鑑みると、当時の人々が縄文時代に発達した再生観念を強化できる、水稲耕作に付随する観念形態に価値を見出したと考えれば理解しやすい。

これらのことから九州北部での縄文から弥生への変化は、この観念形態を組み込んだ朝鮮半島無文土器文化を手本として起こった、複合的な変化であったと評価することが可能である。加えて遺跡立地の点でも変化が見られ、福岡平野ではこの時期にそれまで遺跡がほとんど展開しなかった沖積地に多くの遺跡が見られるようになることも水稲耕作の開始と深い関係があると思われる。

## ✝弥生時代の開始年代をめぐって

では、弥生時代は何年頃にはじまったのか。考古学では資料の相対的な編年はできてもその年代を具体的に示すことは難しい。だが手掛かりが全くないわけではない。これまでも年代が推定できる中国系遺物の搬入品を手掛かりに、弥生中期後半については、甕棺に副葬された前漢鏡から紀元前一世紀と推定されてきた。問題はそれより古い時期の年代であり、土器型式数から推算するも明確な年代を示すことはできず、また朝鮮半島の青銅器を手掛かりにするもその推定年代に幅があったり、それらが日本列島に流入するまでのタイムラグの問題もあったりと、難しさがつきまとってきた。

そのような状況から、年代の一端を知るため、実は一九六〇年代から弥生時代初頭頃を対象とした炭素一四年代測定もおこなわれており、貝や木炭を測定することで、夜臼式に二二三七〇

BP（西暦一九五〇年から炭素年代で二三七〇年前）、前期初頭の板付Ⅰ式に二一四〇BPという数値が一応得られていた。また、弥生時代がはじまるきっかけとして、紀元前三〇〇年頃に起きた燕国の東方進出の影響が考えられていたこともあり、そのあたりの年代が妥当なものと認識されていた。このようにして弥生前期は紀元前三世紀頃、早期はそれをさかのぼる紀元前五〜四世紀頃といった年代が推定されてきたのである。

ところが二〇〇三年以降、国立歴史民俗博物館（以下歴博）が、弥生時代の開始年代について紀元前一〇世紀後半（紀元前九三〇年頃）にまでさかのぼるという研究成果を発表していったことで、その是非をめぐって論争が繰り広げられることとなった。これはそれまで考えられてきた年代よりも約五〇〇年さかのぼるものであったため、衝撃的なニュースとしてマスコミでも大々的に取り上げられたところである。

歴博がおこなった研究は、世界的に技術開発がおこなわれていたAMS法（加速器質量分析法）による炭素一四年代測定である。AMS法とは加速器によって炭素資料の同位体濃度を直接測定するもので、従来のβ線計数法に比べて、微量の炭素資料から炭素一四濃度を測定できる利点がある。この方法によって、考古学で時期決定をおこなう際に重要な土器そのものを対象に、そこに付着した微量の炭素から年代測定が可能になった。それまで土器と同じ層から出土した木炭等を測定していたのと比べると格段に精度が上がり、測定数も増加したことで研究が進展

<table>
<tr><th></th><th>九州北部</th><th>瀬戸内</th><th>近畿</th><th>東海</th><th>中部高地</th><th>北陸北部</th><th>東北</th><th></th></tr>
<tr><td rowspan="2">縄文晩期</td><td>（長行遺跡）</td><td rowspan="2">前池式</td><td rowspan="2">滋賀里Ⅳ式</td><td rowspan="2">西ノ山式</td><td rowspan="3">佐野Ⅱ式</td><td rowspan="2"></td><td rowspan="2">大洞C2式前半</td><td rowspan="8">縄文晩期</td></tr>
<tr><td>（江辻遺跡第4地点）</td></tr>
<tr><td rowspan="2">弥生早期</td><td>山ノ寺・夜臼Ⅰ式</td><td>（阿方遺跡・窪木遺跡）</td><td>口酒井期</td><td>五貫森式（古）</td><td>上野原式</td><td>大洞C2式後半</td></tr>
<tr><td>夜臼Ⅱa式</td><td rowspan="2">沢田式</td><td rowspan="2">船橋式</td><td rowspan="2">五貫森式（新）</td><td>女鳥羽川式</td><td>鳥屋1式</td><td>大洞A1式</td></tr>
<tr><td rowspan="5">弥生前期</td><td>板付Ⅰa式</td><td>離山式</td><td rowspan="2">鳥屋2a式</td><td rowspan="2">大洞A2式</td></tr>
<tr><td>板付Ⅰb式</td><td rowspan="2">津島式</td><td>長原式</td><td>馬見塚式</td><td>氷Ⅰ式（古）</td></tr>
<tr><td>板付Ⅱa式</td><td rowspan="2">第Ⅰ様式（古・中）</td><td rowspan="2">樫王式</td><td>氷Ⅰ式（中）</td><td rowspan="2">鳥屋2b式</td><td rowspan="2">大洞A'式</td></tr>
<tr><td>板付Ⅱb式</td><td>高尾式</td><td>氷Ⅰ式（新）</td></tr>
<tr><td>板付Ⅱc式</td><td>門田式</td><td>第Ⅰ様式（新）</td><td>水神平式</td><td>氷Ⅱ式</td><td>緒立式</td><td>砂沢式</td><td>弥生前期</td></tr>
</table>

表1　広域土器編年表

したのである。

この新しく提示された年代を巡っては様々な批判が巻き起こったが、中でも弥生早・前期の鉄器が中国や朝鮮半島と比べて古くなりすぎるという指摘は、それまでの考古学の成果と最も相容れないものとして大きく立ちはだかった。その他、弥生前期土器の一型式あたりの存続年数の問題、同時期の中国や朝鮮半島の青銅器の年代の問題等、それまで考古学で考えてきた年代では理解できない問題もあったが、これを機に今一度、それら問題に対して再点検がおこなわれる機運が高まったことは重要である。件の鉄器の問題については出土状況の点検から、弥生早期〜前期後半の鉄器は存在しない点が指摘されている。

## †炭素一四年代測定の限界

炭素一四年代測定は資料の炭素一四濃度から年代を推定するものだが、測定値を左右するものとして代表的なものに、海洋リザーバー効果や古木効果が指摘されている。海洋リザーバー効果は海水中の炭素一四濃度が低いことが関係し、海産物を煮炊きした際に付着したススを測定した場合、土器の年代より古い測定値が出ることが想定されるものである。この点は資料の炭素同位体比や、炭素・窒素の濃度比からその影響の有無を判断できるとされるが、それらの比率で単純に炭素の由来がわかるものでなく、総合的な判断が求められる。また古木効果は煮炊きする際の燃料に古い木材を利用した場合、古い炭素が測定値に影響してしまうもので、これらの懸念から土器付着炭化物を測定する是非について議論されている。

また測定値は実際の年代をそのまま示すわけではない。それは大気中の炭素一四濃度が変化していることが大きく関係しており、測定値の炭素一四年代はモデル年代にしかすぎず、実際の年代に変換するには暦年較正が必要となる。この際必要になるのが暦年較正曲線であり、現在も改訂がおこなわれている。実際には測定値と暦年較正曲線の重なり具合を積算し、確率密度分布が示されるが、確率の高い年代値でも幅があるとともに、その幅に入る確率として示されるため、年代を絞り込むには限界がある。これは、測定値自体に誤差の幅があることと、暦年較正曲線が凹凸のある複雑な曲線であることが関係し、両者の接点が複数生じる結果、いくつもの年代幅が候補となるためである（図4）。特に較正曲線の勾配が緩やかになる時期の資料では何百年もの幅になり、炭素一四年代の二四〇〇年前後はそれが顕著である。これがいわゆる「二四〇〇年問題」であり、これまで弥生時代開始年代がこの年代付近に考えられてきたため、炭素一四年代測定では年代の絞り込みは困難と考えられてきたのである。

歴博の研究により、弥生時代開始期の炭素一四年代はこの二四〇〇年前よりも古くなることが示されたが、それでも算出される較正年代には幅と確率があることは認識する必要がある。例えば、ある幅の較正年代の確

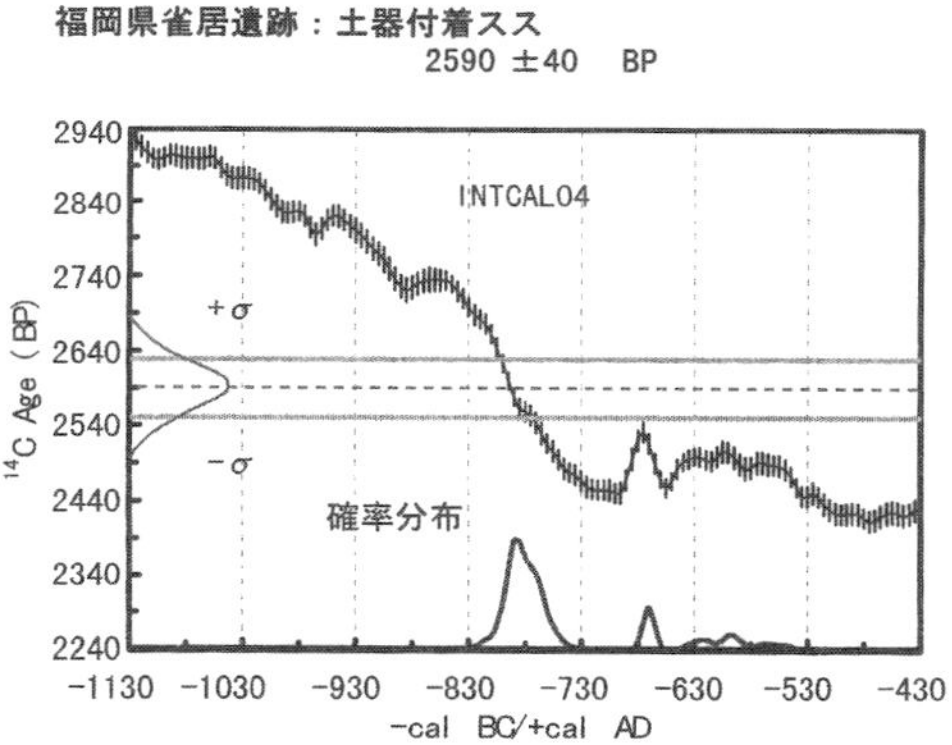


解析結果

| | | | |
|---|---|---|---|
| $t_{median}$ = | 780 cal BC | | |
| 88.8% range | | | |
| 825 cal BC ～ | 750 cal BC | (71.2%) | |
| 685 cal BC ～ | 665 cal BC | (9.4%) | |
| 635 cal BC ～ | 620 cal BC | (3.3%) | |
| 615 cal BC ～ | 590 cal BC | (4.9%) | |
| − | − | | |
| − | − | | |

図4　暦年較正曲線と年代推定の具体例
（今村 2006〔西本編 2006 所収〕より）

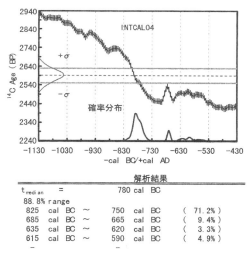

率が六五％の場合、逆説的に考えればその年代幅以外の確率が三分の一もあることになる。

以上を考えれば、炭素一四年代測定で年代を考えていくには、測定値を左右する要因の研究とともに、質の良い資料の測定数の増加、またより正確な暦年較正曲線の確立が求められることは言うまでもない。

では現在、どこまでその年代を推定することができるのか。歴博の最初の発表以降も測定資料は蓄積され続けているが、夜臼Ⅰ式だけでなくその前後時期の年代、そして九州北部以外の併行時期の年代との整合性にも注意を払う必要がある。この点、歴博が夜臼Ⅱa式として提示した測定資料の中には、かなりの数の夜臼Ⅰ式の測定資料が含まれていることから、実際の夜臼Ⅰ式の測定値は炭素一四年代で一〇〇年程新しい年代値が多くなること、また他地域の測定資料との比較からは歴博の九州北部の弥生時代開始期の年代は二〇〇年程古い年代値であることなどの問題もある（宮地聡一郎「弥生時代開始年代をめぐる炭素一四年代測定土器の検討」『考古学研究』第五五巻第四号、二〇〇九）。その後、朝鮮半島の測定資料の整理も進み、夜臼Ⅰ式併行期の年代が紀元前八〇〇年を遡らないことが示され（端野晋平「朝鮮半島南部無文土器時代前・中期炭素一四年代の検討――歴博弥生時代開始年代に対する検討もかねて」『古文化談叢』第六五集（二）、二〇一〇）、歴博が当初発表した紀元前一〇世紀という年代は古すぎることが明らかになってきた。

土器付着炭化物以外の資料としては、最近測定された宇木汲田貝塚出土の夜臼Ⅰ式の炭化米が注目され、暦年較正の結果、紀元前九世紀後半の年代が得られている（宮本一夫「弥生時代開始期の実年代再論」『考古学雑誌』第一〇〇巻第二号、二〇一八）。やはり紀元前一〇世紀には届かないが、他地域で示された年代観との整合性といった点では若干古すぎる問題もあり、この点は今後の課題と言える。

また前期初頭の年代をめぐっては、新潟県青田遺跡の掘立柱建物跡の柱根の年輪が注目される（新潟県教育委員会・新潟県埋蔵文化財調査事業団『青田遺跡』二〇〇四）。残念ながら木材が針葉樹ではないため、年輪年代法によって年代を知ることはできないが、分析した多数の柱根の年輪パターンから、建物群が大きく二つの時期に分かれること、またその変遷についての詳細が判明している。その中の建物一つを構成する柱根について、複数年輪の炭素一四年代を測定し、その測定値群を暦年較正曲線の凹凸と最も適合する箇所を求めるウィグルマッチングによって、いわゆる「二四〇〇年問題」にかかる測定値ながら、柱痕の伐採年代が紀元前六世紀頃であることが推定されている。

この建物の時期は北陸北部の縄文晩期終末にあたる鳥屋2a式であり（表1）、土器編年研究では九州北部の板付Ⅰ式にほぼ併行すると考えられるため、九州北部の弥生前期初頭が紀元前六世紀頃である可能性が出てきた。これは歴博が紀元前八世紀としていた年代よりもかなり新しくなる。木材の年輪年代研究については近年、酸素同位体比による年代測定の研究が急速に進んでおり、今後の研究の進展が期待される。

## †考古資料から見た弥生時代の開始年代

先述したように歴博発表後、中国や朝鮮半島の青銅器の年代についても再点検がなされるようになった。その中でも遼寧式銅剣は朝鮮半島で出土し、日本でも弥生前期初頭にその再加工品が見られる点から、弥生時代開始年代を考える上で鍵となるものであり、その出現や展開に関する年代研究は大変重要なものである（図5）。

歴博の発表後、大貫静夫氏は、それまで考えてきた遼寧式銅剣の年代は従前の年代観を考慮し、上限年代からだいぶ遅らせていた点を批判するとともに、上限年代をとったとしても歴博の発表年代は古くなりすぎると指摘した（大貫静夫「最近の弥生時代年代論について」『Anthropological Science』Vol. 113、二〇〇五）。遼寧式銅剣の年代を推定できる中国製青銅器が伴う遼西地方の小黒石溝八五〇一号墓を紀元前九世紀、そして朝鮮半島南部最古の遼寧式銅剣が出土した比来洞一号支石墓を紀元前九世紀や紀元前八世紀とする以上、比来洞一号支石墓が弥生時代開始期よりも古い土器や石鏃を伴っている関係から、弥生時代の開始はそれよりも新しい年代となるのは当然と言える。

この点、遼寧式銅剣の出現地を遼東地方と考え、その出現年代を紀元前一一世紀に遡らせると同時に、比来洞の年代も遡らせることで、弥生時代開始年代紀元前一〇世紀説に矛盾がないとする見解も出てきた（春成秀爾「弥生時代の年代問題」『新弥生時代のはじまり第一巻　弥生時代の新年代』雄山閣、二〇〇六）。確かに遼寧式銅剣の出現年代については遡る可能性はあるものの、そこまで年代を引き上げる根拠はまだ弱いようである。現在のところ型式学的に最も古い遼寧式銅剣とされる遼東地方の双房M6石棺墓出土のものを考えてみても、この時期の銅鏃の比較から西周中期であり（大貫静夫「上馬石上層文化の土器編年」『遼寧を中心とする東北アジア古代史の再編成』二〇〇七）、遡っても紀元前一〇世紀までが限界のようである。当然弥生時代の開始年代はそれより遅くなる。

以上をまとめると、弥生時代の開始年代について考古資料からは、従前の紀元前五世紀よりは遡るが、歴博の示す紀元前一〇世紀までは到底遡らないとする見解が妥当である。

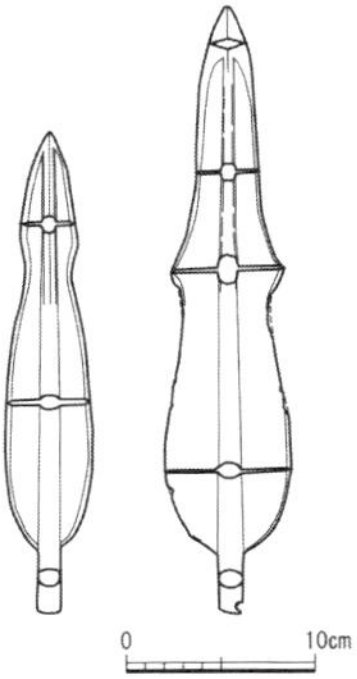

図５　遼寧式銅剣
左：双房M6石棺墓（中国）、右：松菊里石棺墓（韓国）

## †気候変動からの手掛かり

そのほか、温暖化や寒冷化等の気候変動を手掛かりに弥生時代の開始年代に迫る研究も注目される。これはかつて山内清男氏が縄文時代の年代を考える際に注目した方法であり、貝塚等の情報から気候変動を読み取り、それを世界的な気候変動の状況と比較することで年代を推定しようとするものである。日本では縄文晩期に寒冷化した時期があったことが知られており、その詳細な年代を知ることで弥生時代開始年代を知る手掛かりとなる。

九州地方では甲元眞之氏が海退期に形成された砂丘に注目し、これが縄文晩期の黒川式と弥生早期の夜臼Ⅰ式との間に形成されたものとし、その年代を中国との比較から紀元前九世紀中頃〜八世紀末とした(甲元眞之『日本の初期農耕文化と社会』同成社、二〇〇四)。海退期の開始時期については田崎博之氏が晩期前半からとし、上限時期が若干異なるものの、夜臼Ⅰ式の前に寒冷化の時期があったことでは見解が一致する(田崎博之「発掘調査データからみた土地環境とその利用——北部九州玄界灘沿岸における検討」『地域の考古学』下條信行先生退任記念事業会、二〇〇八)。また関東地方等でも貝塚の形成状況から晩期中葉に寒冷化が進行したこと、またその後に暖の戻り現象が存在したことが明らかとなっており(鈴木正博「「荒海海進」と較正曲線——縄紋式終末における環境(気候)変動と年代推定」『法政考古学』第三二集、二〇〇六)、これら気候変動が局地的な現象ではないことがわかっている。

問題はその年代であり、例えば福沢仁之氏は福井県水月湖の湖底に堆積した年稿堆積物に含まれる方解石量の変動で海面変動を示し(福沢仁之「稲作の拡大と気候変動」『季刊考古学』第五六号、雄山閣、一九九六)、宮本一夫氏はそのデータから紀元前八〇〇年頃の海面低下期を弥生文化成立の契機となった時期と考えた（宮本一夫「中国・朝鮮半島の稲作文化と弥生のはじまり」『歴博フォーラム　弥生時代はどう変わるのか――炭素一四年代と新しい古代像を求めて』学生社、二〇〇七）。また、大気中の炭素一四生成率の変化から過去の太陽活動の変動（気候の変動）を知る試みもある。これは、太陽活動が活発な時は太陽系の外からの宇宙線が減少する点に着目したもので、宇宙線が減少し炭素一四生成率が低い時期は、太陽活動が活発な状況で温暖化となり、その逆は寒冷化と理解するものである。今村峯雄氏は暦年較正曲線を解析し、炭素一四生成率の変動を計算することで、紀元前九〇〇年頃の他、紀元前八二〇年前後から始まる長い太陽活動停滞期に寒冷化現象を読みとる（今村峯雄・藤尾慎一郎「炭素一四の記録から見た自然環境変動――弥生文化成立期」『弥生時代の考古学2　弥生文化誕生』同成社、二〇〇九）。

以上、おおむね晩期中葉に寒冷化した時期が存在したことについては共通の理解が得られているが、その開始時期やピーク、終焉時期の詳細については微妙な見解の差が見られ、砂丘の形成や安定化の過程、海水面の高低の変動過程については、遺跡の状況からさらなる検討が必要であろう。また理科学的研究から導いた寒冷期の年代についても、それをどの考古学的事象と関連付けるかは慎重に判断していかねばならず、今後もより精緻な研究が期待される。

## †弥生文化の定義とその開始時期の時間差

ここまで弥生時代の開始年代について考えてきたが、おおむね紀元前八世紀頃を中心とした議論が多くなってきているのが実情と言えよう。

ただ、弥生時代が北海道や南西諸島を除く日本列島各地で一斉にはじまるわけではないことには注意する必要がある。弥生早期が認められるのは先述したとおり九州北部のみであり、西日本で広く弥生時代の開始と認めうるのはやはり遠賀川式土器の展開と連動しており、大きく見ると瀬戸内地方では板付Ⅰｂ式併行、近畿地方では板付Ⅱａ式併行と、西から東へと遅くなる。

先述の青田遺跡も含め東日本では更に遅くなるが、西日本と同じ基準では弥生時代の開始を捉えられない点には注意が必要である。例えば関東地方では、弥生前期にイネは存在するが、土器や石器の組成、また集落や墓制の大きな変化が見られるのは中期中葉まで待たねばならず、イネの出現と社会の変化が起こる時期に大きな乖離が見られ問題が複雑である。また変化の仕方も大局的に見れば、東に向かうにつれて朝鮮半島無文土器文化の要素が少なくなり、画期を見出しにくい傾向がある。

これは弥生文化と一口に言ってもその内容は一つではなく、設楽博己氏が「大陸系弥生文化」と「縄文系弥生文化」を設定したように（設楽博己「縄文系弥生文化の着想」『考古学研究』第四七号第一号、二〇〇〇）、弥生文化の内実は日本列島に展開した稲作を伴う複数の異なる文化の総称とも捉えられる。

それでも何をもって「弥生」とするかは難しい。例えば九州北部以外の西日本の刻目突帯文土器期は、新しい文化要素がほとんど見られないにもかかわらず、わずかながらイネは出現している。この時期に近畿地方で見られる粗製大型壺を、九州北部からの影響で出現したと考える向きもあるが、この壺の系譜はむしろ東日本に辿ることができ、類似したものは東北南部や北陸等にも見られる（豆谷和之「弥生壺成立以前――馬見塚F地点型壺形土器について」『古代文化』第四六巻第七号、一九九四）。

また、東北南部～関東の「弥生再葬墓」と呼ばれる大型壺を用いた墓制は、その成立時期が遅くとも大洞A′式併行期に遡り、この地方でイネが出現する時期よりも古い。その系譜としては縄文時代の再葬習俗や壺に求められ（設楽博己『弥生再葬墓と社会』塙書房、二〇〇八）、弥生の名を冠することには戸惑いも覚える。

その他、東北北部では弥生前～中期に水田が営まれるものの、その後は狩猟採集生活に戻ったとし、この地域の文化を弥生文化から外す見解も出され（藤尾慎一郎「弥生文化の輪郭――灌漑式水田稲作は弥生文化の指標なのか」『国立歴史民俗博物館研究報告』第一七八集、二〇一三）、弥生文化の定義に関わる議論は現在も活発におこなわれている。

## さらに詳しく知るための参考文献

春成秀爾・今村峯雄編『弥生時代の実年代』(学生社、二〇〇四)……AMS法の原理やその成果の解説の他、年代に関係する土器や鉄器、青銅器研究等の現状について、各研究者が執筆。それぞれの視点からの問題点がわかりやすく整理されている。

西本豊弘編『新弥生時代のはじまり』第一~四巻(雄山閣、二〇〇六~二〇〇九)……歴博の学術創世研究『弥生農耕の起源と東アジア』の研究プロジェクトの成果を毎年公表していったもの。年代研究の成果や問題点の他、弥生時代のはじまりに関わる諸研究の成果も網羅。測定データ一覧も収録されている。

高倉洋彰・田中良之編『AMS年代と考古学』(学生社、二〇一一)……歴博が示した新しい年代に対して、複数の考古学研究者による検証成果をまとめたもの。年代研究の問題点等が整理されている。

宮本一夫『東北アジアの初期農耕と弥生の起源』(同成社、二〇一七)……広く東北アジア史的観点から、土器や石器、墓制の変化を手掛かりに文化動態を描き出し、弥生時代のはじまりについて検討している。あわせて弥生時代の開始年代についても主に青銅器を手掛かりに考察している。

設楽博己ほか『季刊考古学　特集:弥生文化のはじまり』一三八号(雄山閣、二〇一七)……植物考古学や形質人類学、同位体分析や土器研究、その他環境変動等の多岐にわたる視点から、年代論も含め、弥生時代のはじまりをめぐる研究の現状がまとめられている。

第6講

# 弥生時代の世界観

設楽博己

## †弥生時代の男女の位相

弥生時代に形成された世界観を、埋葬の仕方、銅鐸《どうたく》や土器に描かれた絵画などを手掛かりに推測していく。世界観は人間や動物などの生物界、地上や空などの現世の空間世界、あの世という観念世界にまたがるので、この三者に関して述べる。

まずは生物界の対人関係、男女に対する世界観を問題にしたい。

大阪府瓜生堂《うりゅうどう》遺跡は、大阪平野にある弥生時代の集落遺跡である。遺跡からは比較的規模の大きな方形周溝墓《ほうけいしゅうこうぼ》を含む墓域が発掘調査されて、そのうちの二号方形周溝墓から、木棺《もっかん》に埋葬された人骨が出土した。

墳丘《ふんきゅう》上の木棺は全部で六基であり、成人男女を三組並べて埋葬している。五号木棺に葬られていたのは女性だったが、この木棺は他と異なる型式であることから、嫁いできた人物とみなされた。墳丘に埋められた死産児や乳幼児用であろう土器棺にはよその地方でつくられた土器もあり、嫁いだ人がたずさえてきたものとされている。

こうしたことから、男女のペアは夫婦であろうとされており、田代克己は瓜生堂二号墓を夫婦三世代の墓ととらえた（田代克己「方形周溝墓に関する一覚書」『森貞次郎博士古稀記念古文化論集』森貞次郎博士古稀記念論文集刊行会、一九八二）。

この意見については、土器棺にさしたる時間差はないことに加えて成人埋葬と時期が異なることから、被葬者は世代をそれほど違えていない数組のペアと理解したほうがよいとの意見がつよい。ただ、いずれにしても夫婦の並葬と見なすことにさしたる異論はなかった。縄文時代に顕著《けんちょ》ではなかった男女並葬が弥生時代には目立つようになるが、それは大陸の墓制の影響を受けたからであり、日本古代社会では上位の階層に渡来集団の系譜を引いた集団の比重が高く、それは父系原理の強い親族組織を有していたからだというのが都出比呂志《つでひろし》の考えである（都出一九八九）。

これに対して形質人類学的な方法を応用した埋葬人骨の分析結果から、その考えに批判が提出された。その方法とは、歯冠計測《しかんけいそく》分析である。歯の特徴は遺伝しやすいので、その形や大きさを計測して人骨どうしの血縁関係を推測する分析である。

田中良之は歯冠計測法を用いて、おもに古墳時代の合葬例を調べた結果、夫婦を同一の墓に埋葬するのは古墳時代後期の六世紀を待たねばならないとする（田中良之『古墳時代親族構造の研究――人骨が語る古代社会』柏書房、一九九五）。古代史の理解と整合性をもつこの分析結果は多くの支持を集めた。

しかし、弥生時代の人骨の歯冠計測結果は、大分県の分析例が示されているにすぎない。西北部九州や近畿地方の権力の中枢における事例の分析が示されない限り、都出の考え方はまだ否定できない。また、歯冠計測自体、誤差が大きくて人類学の分野では敬遠される傾向にあるという。

それにかわる判別方法が、DNA分析である。福岡県安徳台遺跡の弥生中期の並列した甕棺からは成人男女の人骨が出土し、母系遺伝のミトコンドリアDNA分析をおこなったところ、血縁関係にないことが判明した。父系遺伝の核DNA分析には至っていないため夫婦だと確定したわけではないが、DNA分析がこの問題を解く鍵を握っているのは間違いない。この研究が進むまでは、都出らの考え方も全否定はできないのではないだろうか。

## †男女関係の変化の背景

弥生時代前半期の中部関東地方などの東日本では、縄文時代の土偶《どぐう》を継承した土偶形容器というひとがたがつくられた。これは乳児などの子どもの骨を納めた蔵骨器である。二個一対で

図１　男女像の土偶形容器
（山梨県岡遺跡：弥生中期）
国立歴史民俗博物館編 1999『新弥生紀行』朝日新聞社

出土した例があり、男女でつくり分けていたらしい（図1）。西日本の弥生時代にあらわれた木偶は男女の祖先像であるとされ（金関恕「弥生時代の祭祀と稲作」『考古学ジャーナル』二二八、一九八四）、他にも土偶や石偶が男女一対で出土する場合が多い。土偶形容器が西日本弥生文化の影響のもとに男女像として登場する理由は何だろうか。

縄文時代の土偶が女性像を基本とするのに対して、弥生時代の偶像が男女像であることの背景には、採集狩猟社会から農耕社会への転換がある。これは採集狩猟社会の生業が男女別分業を基本としているのに対して、農耕が男女協業を基本とすることからの推定であり、民族誌からもそれは支持できる（設楽二〇一四）。

銅鐸の絵画には、弥生時代の男女の関係性をうかがえる資料がある。弥生中期後半の兵庫県桜ヶ丘神岡《かみか》遺跡の袈裟襷《けさだすき》文銅鐸に描かれた男女は、真ん中に男性を大きく描き、両側の女性は小さく虐げられたように描く。この銅鐸と似た伝香川銅鐸などの絵画に登場する人物や動物の関係から、弱肉強食の世界を描いたと考えたのは小林行雄であった（小林一九五九）。それを受けて都出は、動物を含めた生物界の関係性を分析して、生き物よりも人間を、女性よりも男性

図２　シカを捕まえる男性（左）と争う男女を描いた銅鐸絵画（右）
（兵庫県桜ヶ丘神岡５号銅鐸：弥生中期）
工楽善通編 1989『古代史復元』5、講談社（左）、佐原真 1982「三十四のキャンパス」『考古学論考』平凡社（右）

を優位に描いていること（図2）を見出した（都出一九八九）。安藤広道は都出説を継承して銅鐸の絵画を構造論的に分析し、これらの絵画のテーマが人間対自然、水辺・水田対野山・大地、男性対女性といった二項対立であり、それぞれ前者が後者より優位である世界観を見出した（安藤広道「弥生時代「絵画」の構造」『原始絵画の研究 論考編』六一書房、二〇〇六）。

埋葬からそのことは追認できる。佐賀県吉野ヶ里遺跡ST1001号墳丘墓は中央の大型の墓坑の甕棺に青銅製の武器を供えた男性が埋葬されていた。それを甕棺墓《かめかんぼ》が取り巻くが、その半数が青銅製の武器を副葬しており、それ以外は副葬品《ふくそうひん》をもたない。青銅製の武器を副葬したのは男性であるから、副葬品をもたないのは女性の甕棺の可能性がある。北部九州では、弥生中期前半にはやくも男性優位の傾向が生じていたことを示す。

ただし、弥生時代終末近くになっても卑弥呼《ひみこ》や壱与《いよ》が王位についたように、男性ばかりが権力を握ったわけではない。卑弥呼姉弟のように宗教的な権威は女性が、政治の実権は男性が握る二重王権の母体が弥生時代に存在していたことも留意しておかなくてはならない。溝口孝司は、レヴィ＝ストロースの神話分析の方法を導入して先に述べた一連の銅鐸絵画を読み解き、これらを神話として捉えなおした。その結果、最終局面が伝香川銅鐸の高床倉庫《たかゆか》であり、その直前に杵《きね》で臼をつく女性が置かれていることから、男女の均衡によって神話が完結しているとした（溝口孝司「弥生時代の〈神話〉――いわゆる「連作四銅鐸」の分析から」『考古学研究』六四―四、二〇一八）。この新たな解釈も、弥生時代の男女の位相を理解するうえで重要である。

## †シカと鳥の信仰

人間同士の世界観に続き、対動物の世界観に触れる。

縄文時代の遺跡からは、粘土で動物をつくり焼いた土製品が数多く出土している。なかでもイノシシ像がさかんにつくられた。縄文時代に狩猟された動物の数の上位二者は、イノシシとシカである。イノシシの土製品が狩猟祈願《きがん》を目的としていたならば、シカの土製品がもっとあってもよいのに、ほんのわずかに過ぎない。

イノシシとシカは生態が大きく異なる。イノシシは一度に一〇頭も子を産むことがあるのに対して、シカは少産である。またシカはイノシシよりも虚弱《きよじやく》な動物である。縄文文化の墓を調べると、死産児や早世の乳幼児の割合が非常に高いことがわかる。出産は重要な問題であり、多産で生命力にあふれたイノシシが産育のシンボルとして造形の対象に選ばれたのだろう。

弥生時代の絵画は、逆にシカが圧倒的になる。縄文時代の造形で影をひそめていたシカが弥生時代になるとにわかにクローズアップされるようになる背景に稲作儀礼が存在していることは、何人もの方が述べていて定説化している。

井上洋一は、播磨国風土記《はりまのくにふどき》など古典にみえるシカやイノシシの記述とその解釈を参考に、シカは古代に稲作にかかわる動物として意識されており、弥生時代にさかのぼって田の神の象徴として位置づけられたと考えた（井上洋一「イノシシからシカへ――動物意匠からみた縄文社会から弥生社会への変化」『國學院大學考古学資料館紀要』六、一九九〇）。春成秀爾《はるなりひでじ》はさらに詳細なデータにもとづいてこのことを論じた。春成によると銅鐸や土器の絵画の画題の数は、シカが第二位の鳥を大きく引き離している（春成二〇一一）。シカの角が春に生えて秋に落ち、来春に再び生え替わることに稲の成長と同一の神聖性を見出した古代史の岡田精司の考えをも参考にして、春成は弥生時代にシカが土地の精霊としてまつられたと考えた。

鳥も縄文時代には造形の主役動物ではなかったが、弥生土器や銅鐸に盛んに描かれたように、重要な動物に昇格した。

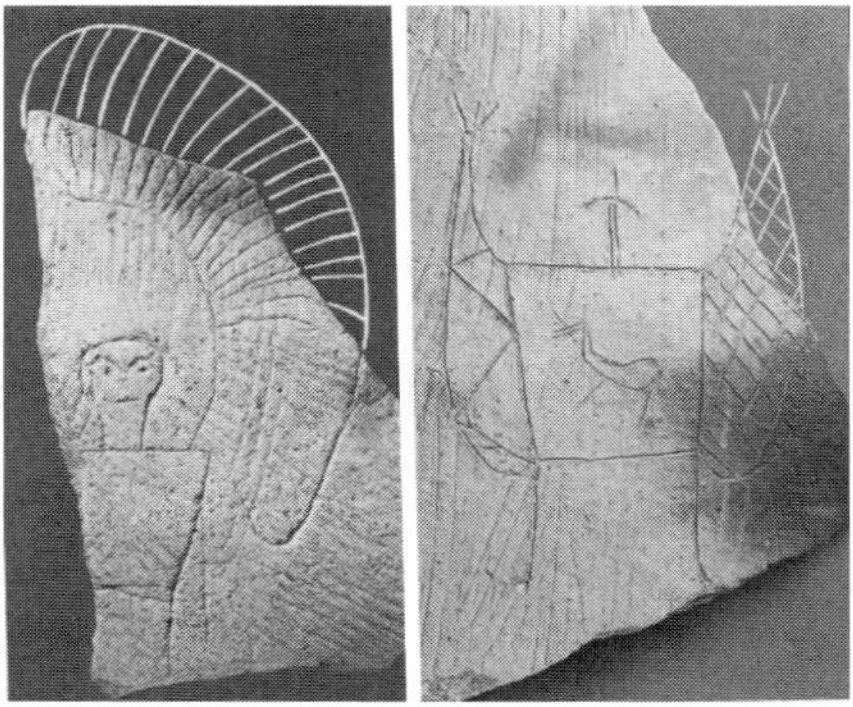

図３　鳥装の人物絵画のある土器
（奈良県坪井遺跡（左）と清水風遺跡（右）：弥生中期）
春成秀爾 1997『古代の装い』歴史発掘 4、講談社

金関恕《かなせきひろし》は一九八二年の論文で、大阪府池上曽根《いけがみそね》遺跡より出土した鳥形木製品から弥生時代に鳥に対する信仰があったことを推測し、『古事記《こじき》』の記載を援用して弥生時代には鳥装の司祭者《しさいしゃ》が存在していた可能性を説いた（金関二〇一七）。その後、奈良県坪井遺跡や清水風遺跡で鳥装の人物を描いた絵画のある土器が相次いで出土し、金関の豊かな発想が実証された。

清水風遺跡の鳥装の人物の頭は弧状に描かれており、アンテナのような縦線がある（図3）。春成は想像をたくましくしてくちばしのついた仮面を表現している可能性を示唆したが（春成秀爾「銅鐸のまつり」『国立歴史民俗博物館研究報告』一二、一九八七）、岡山県新庄尾上《しんじょうおのえ》遺跡からくちばしを表現した人物絵画土器が出土して立証された。

金関は弥生時代に鳥は穀霊《こくれい》の運搬者と考えられていたと説き（金関、一九八四）、春成は民族学者の大林太良《おおばやしたりょう》が集めた稲作の起源説話としての穂落し神がツルであることなども踏まえながら、金関説を補強した（春成二〇一一）。清水風例の人物の胸にはシカが描かれており、鳥はシ力と並んで重要な農耕儀礼にかかわる動物であったことがわかる。

## †銅鐸・銅矛の埋納と境界の意識

次に空間的世界観についてである。銅鐸と銅矛《どうほこ》という青銅器からせまってみたい。

銅鐸は、釣鐘《つりがね》状の青銅器である。揺らすことで中に吊るした舌《ぜつ》という棒を内面の突帯《とったい》に打ち当てて音響を発した。小林行雄は銅鐸の身に描かれた絵画を分析し、描かれているのは農耕の叙事詩《じょじし》であるとした（小林一九五九）。小林が推測したように、銅鐸が農耕儀礼の道具だという解釈は一般化している。

銅鐸は朝鮮半島で使われていた銅鈴《どうれい》が起源である。しかし、朝鮮半島では銅鈴が副葬品として墓から出土するのに対して、銅鐸はいっさい墓からは出ない。銅鈴にはほとんど文様がないのに対して、銅鐸は文様で飾られる。初期の銅鐸の文様はそのほとんどが横帯文《おうたいもん》であり、有軸羽状文《ゆうじくうじょうもん》や流水文《りゅうすいもん》といった土器の文様と共通している。さらにその起源を探ると、流水文が工字文《こうじもん》から生まれたように縄文土器の文様を手本にしている。

このように、大陸起源の青銅器とはいえ縄文文化の残影を見て取るができる。銅鐸をめぐる世界観の形成を考古学的に読み解くと、必ずしも大陸一辺倒ではないことに気づくのである。

一方で、銅鐸の文様のなかには縄文土器や弥生土器の系譜では説明できないものがあるのも重要だ。その筆頭は鋸歯文《きょしもん》である（図4）。小林青樹《せいじ》によると、のこぎりの歯のような鋭いギザギザ文のルーツは中国東北地方など大陸の剣の鞘《さや》に施された文様に求められるという（小林二〇一七）。武器にルーツをもつ文様表現が採用されたのは、どのような理由が考えられるだろうか。

図4　外周に鋸歯文を描いた銅鐸
（和歌山県有本銅鐸：弥生中期）
佐原真 1996『祭りのカネ銅鐸』歴史発掘 8、講談社

酒井龍一は銅鐸の鋸歯文が後漢《ごかん》の画文帯神獣鏡《がもんたいしんじゅうきょう》や方格規矩四神鏡《ほうかくきくししんきょう》の神獣世界を取り巻く結界文と同じ機能を果たすと考えた（酒井龍一「銅鐸・そのうちなる世界」『摂河泉文化資料』三―二、北村文庫会、一九七八）。銅鐸が多量に埋納された桜ヶ丘神岡遺跡や滋賀県大岩山遺跡などは、いずれも大型集落をともなうような地域の文化的な中枢ではなく、辺鄙《へんぴ》な山の斜面など勢力同士の境界域である。鋸歯文のもつ意味とも関連して、春成は悪神が侵入するのを防ぐための、言ってみれば塞《さい》の神のような境界の儀礼の役割を銅鐸の大量埋納《まいのう》に求めた（春成秀爾「銅鐸の埋納と分布の意味」『歴史公論』四―三、一九七八）。

銅鐸の文様や埋納に境界に対する辟邪《へきじゃ》的な機能を推測したのだが、それは銅鐸だけの問題、あるいは弥生文化の中の地域間の問題ばかりではない。玄界灘《げんかいなだ》の対馬《つしま》からは山腹や丘陵から埋

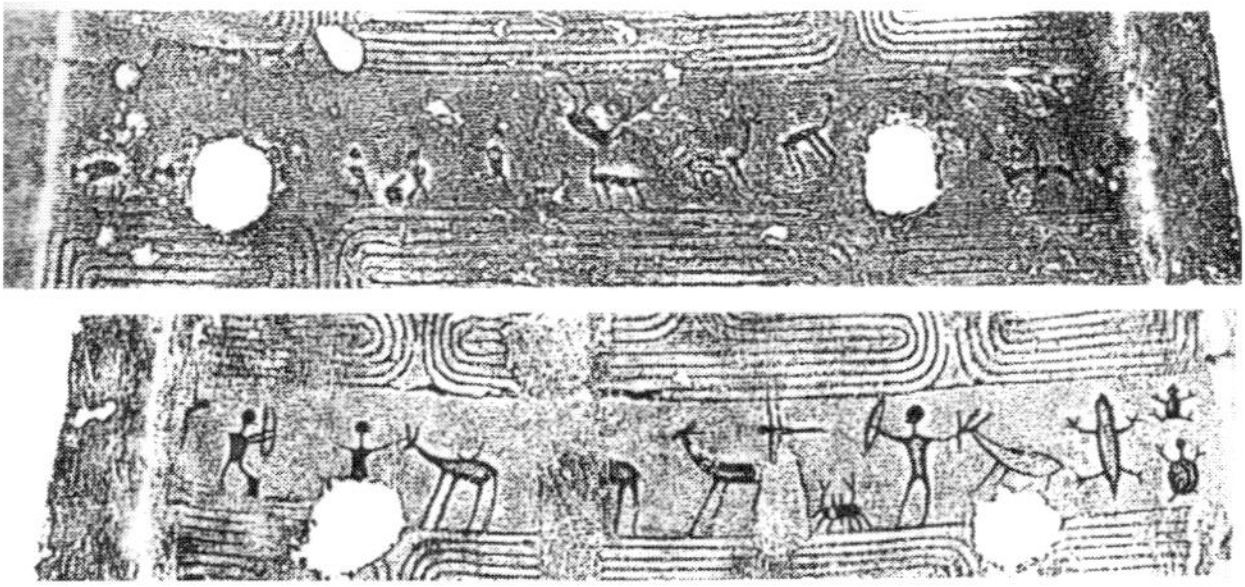

図５　絵巻物風の銅鐸絵画
（兵庫県桜ヶ丘神岡１号銅鐸（上）と滋賀県新庄銅鐸（下）：弥生中期）
国立歴史民俗博物館編 1995『銅鐸の美』朝日新聞社

納された銅矛が多数見つかっており、総数は数十本に及ぶ。南に位置する壱岐《いき》から出土したのはわずか数本にすぎない。対馬が日本列島で最も銅矛が集中して出土する場所であることと日本列島と朝鮮半島を区切る境界にある点を重視した春成は、弥生時代の世界の端にも銅鐸と同じ儀礼行為があると考えたのである（春成一九七八）。

　これまで述べてきたのは、境界領域という水平的な世界観であったが、垂直的世界観も興味が深い。

### †空の表現の形成とその意味

　桜ヶ丘神岡1号鐸と滋賀県新庄銅鐸は同じ鋳型《いがた》からつくられた流水文銅鐸であり、身の両面の上位に横方向に絵画を配する（図5）。この絵画で注目したいのは、絵の下部の流水文の上縁を地上の線に見立てていることである。人、カニ、シカ、臼など地上を歩き、置かれる動物や物はその通りに表現される。そしてトンボや木の枝にぶら下がったサルは最上位に描かれる。トカゲやスッポンなど水棲《すいせい》の生物はその中間に描く。それぞれ地上、空、水の世界という垂直空間をあらわしているのではないだろうか。安藤や溝口も伝香川銅鐸など袈裟襷文銅鐸の区画の画題から、空、水、地上という垂直的な空間認識の存在を論じている（安藤二〇〇六、溝口二〇一八）。

桜ヶ丘神岡1号銅鐸で注目したいのは、シカである。地上を歩いているシカの群れが、上方へと移動しているのである。佐原真はこれを別の方向に逃げるシカと解し（佐原真・春成秀爾『原始絵画』歴史発掘5、講談社、一九九七）、春成は遠近法を用いて遠ざかるシカを描いたとする（春成二〇一一）。しかし、遠近法であれば、小さく描くであろう。生物界の空間表現の解釈にもとづけば、空へと歩みを進めているとみなさざるを得ない。先に触れたように、清水風遺跡の鳥人絵画の胸に描かれたのはシカであり、儀礼の際にシカと鳥はともに天空の生物と理解されていたことを物語っている。古墳時代に下るが狩猟文鏡《しゅりょうもんきょう》の内区《ないく》に表現された神仙界にシカが描かれている。共通した儀礼的な物語が、時代を超えて広まっていた可能性も考えなくてはならない。

空を意識した弥生絵画は銅鐸ばかりではない。鳥取県稲吉角田《いなよしすみだ》遺跡の絵画は右から左へ、絵巻物風に展開する（図6）。舟にのった人物が左に向かってこぎ進む絵を右端に配す。人物の頭には羽冠の表現があり、舟のこぎ手は鳥の化身《けしん》とされる。近づく先にあるのは二棟の建物だが、

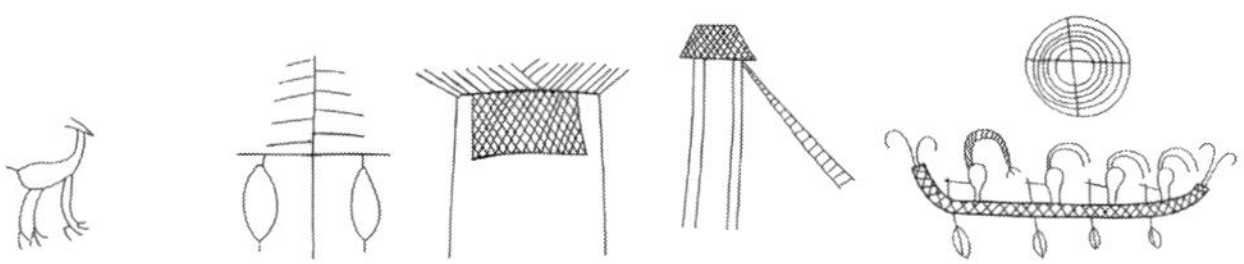

図６　絵巻物風の土器絵画
（鳥取県稲吉角田遺跡：弥生中期）
佐原真・春成秀爾 1997『原始絵画』歴史発掘 5、講談社

左の建物は高床倉庫である。樹木に吊るされたのは銅鐸とされる。高床倉庫は穀倉《こくそう》であり、シカも描いていることから、絵画全体が農耕儀礼のシーンであるのは疑いない。

問題は柱と梯子《はしご》が異常に高い建物である。イネの魂を抱いて空を飛んでくる鳥を、銅鐸の音色によってできるだけ早く招くため、天に近づけて建物を描いたとするのが妥当な読み解きであろう。シカと鳥がともに天空に存在していた意味は、いずれも農耕儀礼の重要な動物であり、イネの憩《いこ》いの場が天にあった思想にもとづくのであろう。

古代史の三品彰英《みしなしょうえい》は、三世紀ころに銅鐸から鏡へと儀礼の道具立てが変化するのは、地的宗儀から天的宗儀への祭儀スタイルの変化が背後にあり、天的な宗儀は高天原《たかまがはら》信仰の導入に根ざしているとした（三品彰英「銅鐸小考」『朝鮮学報』四九、一九六八）。しかし、稲吉角田遺跡の土器は紀元前一世紀、桜ヶ丘神岡1号銅鐸にいたっては紀元前三世紀にさかのぼる可能性があるので、天的な信仰はもっと古い。

動物をまじえた人間界自然界の構成をパノラマ風の絵画で示し、一種の神話仕立てにしているのは、中国にも朝鮮半島にもない。稲作儀礼の起源は大陸に求められるが、日本的な世界観の表現方法にアレンジしている点も指摘しておきたい。

### †再葬と祖先祭祀

最後に、空想上の世界観に触れる。まずは他界観《たかいかん》、そのなかでも弥生時代の祖先に対する意識について述べることにしよう。その際、縄文的、固有、大陸的という三種の類型が設定できるので、その順にみていくことにする。

文化人類学によると、祖先祭祀の要件として、以下の五点があげられる。①死を媒介にした儀礼であること、②祖先祭祀の挙行《きょこう》は親族組織であること、③ある程度の世代の深度、④記念碑や記念物などのモニュメントの存在、⑤供養されることである。このうちのいくつかの条件を兼ね備えた発掘調査例があり、祖先祭祀の存在をうかがわせる。

弥生時代前半期の中部地方〜南東北地方では、再葬墓《さいそうぼ》が多数営まれた。再葬とは遺体を骨にして再度埋葬する葬法である。弥生再葬墓の墓域の周辺や付近の岩陰から焼けた人骨や、再葬された肉親の遺骨からつくったのであろう指の骨と歯に穿孔《せんこう》したペンダントが出土する。墓域はいくつかの再葬墓のまとまりから成り立っているが、それぞれの墓群は古い墓坑《ぼこう》から新しい墓坑まである。墓域は土器数型式に及ぶのが普通であり、世代を重ねて形成されたことがわかる。周りに住居などがなく、墓域自体がモニュメントとしての機能をもつ。

このように祖先祭祀の要件をほぼ整えた弥生再葬の意義は、通過儀礼と祖先祭祀である（設楽二〇一四）。弥生再葬墓は、墓域構成や焼人骨葬《しょうじんこつそう》など種々の点で縄文時代晩期の墓制の延長線上にある。縄文晩期という時代は寒冷期であり、中部地方や関東地方などでは極端に人口が減少した。そうした社会では規範を守る厳格な儀礼が発達する。祖先祭祀も死霊《しりょう》への集合という究極の通過儀礼であり、弥生再葬はますますそれを強めたのである。

弥生中期中葉になると、関東地方まで方形周溝墓という墓制に塗り替えられた。集落に溝をめぐらす環濠集落《かんごうしゅうらく》とともに西日本から伝来した文化が浸透した結果である。大型の農耕集落が出現するようになるが、神奈川県中里遺跡もその一つである。

西日本の方形周溝墓は祖先祭祀の様子をうかがうのがむずかしいが、それは中里遺跡でも同じことである。では、祖先祭祀はおこなわなかったかと言えば、そうではないだろう。

小林青樹は中里遺跡の集落のなかにある独立棟持柱建物《どくりつむなもちばしらたてもの》が、その役割を果たしていたのではないかと考えている（小林青樹「縄文から弥生への祭祀と墓制の変容」『第4回大学合同シンポジウム　縄文と弥生――多様な東アジア世界のなかで』大学合同考古学シンポジウム実行委員会、二〇〇三）。それ以前のこの地域では台地の縁に小さなムラが点在し、共通の祖先祭祀施設である再葬墓をもつ集落を中心に暮らしていた。水田稲作のためにムラムラが低地へ進出して共同生活をおこなうようになったのが中里ムラであった。居住域はいくつかのグループからなっており、そのいくつかは、縄文文化の集落に一般的な環状をなしている。血縁的な同族関係に根差した、まさに縄文的な祖先を中心とする生活を引き継いだ結果であり、祖先祭祀は再葬墓にかわって居住域の建物でおこなうようになった。

独立棟持柱建物は近畿地方を中心に広がる。祖先祭祀を居住域の建物でおこなうようになるのは、近畿地方独自の発想によるとみられる。それは稲作がはじまり、稲の魂の宿る祖先の世界が居住域にもたらされた結果ではないだろうか。

## †中国思想の影響

大型の建物で祖先祭祀をおこなうのは北部九州で始まるが、そもそもそれは中国に起源が求められる。畿内地方との差は、大型建物が墓と結合している点である。

佐賀県吉野《よしの》ヶ里《がり》遺跡は有数の弥生集落である。遺跡の北のはずれに築かれた墳丘墓は弥生中期前半の大型の墓であり、南には中期前半から後半の甕棺墓が二列になって延々と伸びる。その先には内郭《ないかく》と呼ばれる環濠があり、墳丘墓―甕棺墓列の軸線を延長すると、内郭の中のひときわ大きな建物に行き当たる(図7左)。この建物は弥生後期だから、祖先一族を顕彰するように甕棺墓がつくられ建物が立てられたのだろう。

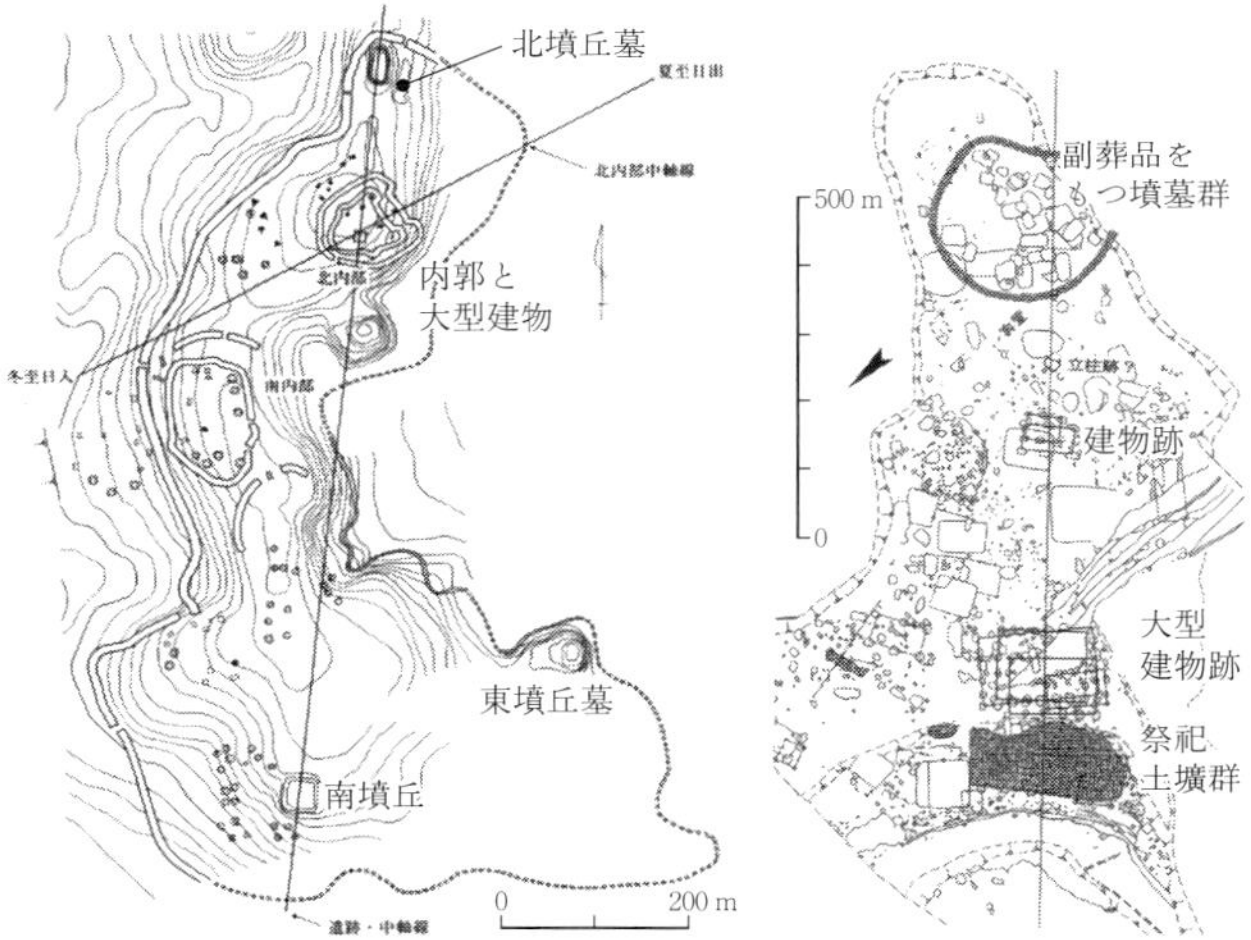


図7　軸線上に配置された施設
（左：佐賀県吉野ヶ里遺跡、右：佐賀県柚比本村遺跡：弥生中期〜後期）
広瀬和雄・伊庭功編 2006『弥生の大型建物とその展開』サンライズ出版

この遺跡を発掘した七田《しちだ》忠昭《ただあき》は、これらの施設が軸線上にあることを中国の影響と見なした（七田忠昭「吉野ヶ里遺跡の大型建物」『考古学ジャーナル』三七九、一九九四）。おなじように建物と墓域が軸線上に並ぶのは、佐賀県柚比本《ゆびほん》村《むら》遺跡であり（図7右）、金関恕も注目している（金関恕「弥生時代集落分析の視点」『弥生時代の集落』学生社、二〇〇一）。南から北に向かって、弥生中期を中心とした甕棺墓群、掘立柱《ほったてばしら》建物、弥生後期の大型の掘立柱建物と祭祀土坑《どこう》が軸線上に配置された。軸線上に建物などの施設を設けるのは日本列島になく、朝鮮半島にも認められないので、金関や七田が言うように中国からの影響である可能性は高い。
中国では青銅器時代以来、宗廟《そうびょう》という大型の建物で祖先のまつりが盛大におこなわれた。文化人類学の成果によれば、祖先祭祀は父系制社会で発達するというが、中国は早くから父系制を敷いている。漢代には祖先祭祀が皇帝の主権を左右するまで発達するが、それは祖先からの霊的な秩序によって主権の正統性が保証される儒教的な世界観にもとづく礼制《れいせい》が徹底していたからにほかならない。宗廟では酒宴《しゅえん》が盛大に催されたが、酒などの飲食儀礼が礼制を支えていた。

柚比本村遺跡の大型建物の背後にあった祭祀遺構から、真っ赤に塗られた土器が多量に出土した。そうした土器はしばしば甕棺墓に伴う、葬送儀礼の土器群である。大型建物で真っ赤な土器を用いた飲食儀礼が催された可能性と、中国の宗廟とそれに伴う儀礼や思想も導入された可能性を考えたい。

福岡県吉武高木《よしたけたかぎ》遺跡からは弥生中期前半にさかのぼる大型建物が検出されており、大陸との外交窓口になった北部九州には弥生時代中期という早い段階から中国の文物や思想が入ってきた。それによって大陸的な空間配置と思想にもとづく祖先祭祀が挙行されたのである。その思想が弥生中期中葉以降近畿地方に及んだ結果が、居住域の建物でおこなった祖先祭祀であった。さらに東に行くと独立棟持柱建物は縄文的な世界観と融合していたことも見逃せない。このように、大陸からの距離や縄文文化の濃度の差などによって生じた大陸的―固有―縄文的という文化三要素とその強弱によって、弥生文化の世界観の色は塗り分けられていったのである。

## †辟邪思想と戦争

弥生時代における中国思想の導入について、近年注目されている方相氏《ほうそうし》について述べて締めくくりとする。方相氏とは、『周礼《しゅらい》』や『漢旧儀《かんきゅうぎ》』など戦国〜漢代の書物にあらわれる邪霊を払う役割を帯びた人物である。黄金の四つ目仮面をかぶり、手には戈《ほこ》と盾《たて》を持ち、墓で魍魎《もうりょう》を追い払い、宮室で子どもを従え、赤丸《せきがん》（小豆か）五穀《ごこく》をまくなどして鬼を追い払うとある。言ってみれば漢代のエクソシストであり、節分の豆まきの起源でもある。子どもの病魔退散の呪いとしての豆まきは、ここにルーツがある。

方相氏の記述は日本では八世紀の『養老令《ようろうりょう》』や九世紀の『内裏式《だいりしき》』に見ることができるが、漢代の記述をほぼそのまま写している。塩谷修は、古墳に樹立された盾持人埴輪《たてもちびとはにわ》を分析し、五〜六世紀の古墳時代に方相氏の思想が及んでいた可能性を説いた（塩谷修「盾持人埴輪の特質とその意義」『茨城大学考古学研究室20周年記念論文集　日本考古学の基礎研究』二〇一〇）。

さらに三世紀にさかのぼって方相氏とそれにまつわる思想が北部九州にまで及んでいたことは次の資料から知られる。福岡県城野遺跡から出土した石棺墓《せっかんぼ》は小児の歯が出土した子どもの

図８　石棺と銅鐸形土製品の人物絵画
（福岡県城野遺跡〔左２点〕：弥生後期、佐賀県川寄吉原遺跡：弥生中期）設楽博己 2010「弥生絵画と方相氏」『史学雑誌』119-9（左２点）、高島忠平 1980「佐賀県川寄吉原遺跡出土の銅鐸形土製品の人物絵画」『考古学雑誌』66-1（右）

墓であるが、枕もとの真っ赤に塗られた小口石《こぐちいし》に人物の絵が描かれていた。それは右手に武器を左手に盾を持つ人物絵画であった。弥生時代の人物絵画は一定のパターンがあるが、それに当てはまる（図8）。墓で子どもを見守るように描かれたこの人物は方相氏と考えるのが妥当である。それは、邪悪なものを払ういわゆる辟邪の思想が大陸から及んできたことを意味する。

奈良県纒向《まきむく》遺跡では、木製仮面と戈の柄と盾の破片が一つの土坑から出土しており、春成らはこれを方相氏が持つ三点セットだと推測している（図9）。三世紀に畿内地方にまで方相氏が到来したのは、魏《ぎ》と外交関係を結んだ史実を反映していよう。

このように、三世紀には中国の辟邪思想を広い範囲で捉えることができるが、土着的な辟邪も継承されている。それはイレズミである。三世紀に力をもっていた吉備地方と濃尾地方を中心に、土器や石棺の蓋《ふた》などに黥面《げいめん》すなわち顔にイレズミのある人物の絵画が描かれた。描かれたものや出土した場所を分析すると、黥面絵画には辟邪の役割のあったことがわかる。

縄文時代を含む日本先史・古代におけるイレズミ実在論は他書（設楽二〇一四）に譲るが、縄文時代の抜歯《ばつし》は男女ともになされたので、イレズミもまた男女共通の通過儀礼であったろう。それが、「魏志倭人伝《ぎしわじんでん》」によると三世紀に男性だけの装身へと変化している。その理由を解いたのが古代史の吉田晶であり、戦士の仲間入りの儀礼だと考えた（吉田晶『卑弥呼の時代』新日本出版社、一九九五）。

図９　方相氏の３点セット―仮面・戈の柄・盾
（奈良県纒向遺跡：弥生後期）
特別展「新・奴国展」実行委員会編 2015『新・奴国展』152頁

縄文時代に戦争は不活発である。それが弥生時代に盛んになったのは、水田稲作など新しい生活への移行に伴い生じた土地水争いなど矛盾の解決策として、あらたな文化として大陸から導入されたというのが有力な説である（藤尾慎一郎「倭国乱に先立つ戦い」『倭国乱る』朝日新聞社、一九九六）。大陸由来の文化的な影響によって縄文時代以来の儀礼行為の意味変換がなされたのであり、弥生時代の世界観の変容を知る好例と言ってよい。戦争で活躍したのは男性であり、男女の世界観のコーナーで述べた世俗的政治の分野で男権が成長したのもそうした理由があってのことだろう。

## †おわりに

弥生時代の世界観の形成に、農耕が大きな役割を果たし、弥生文化に固有の世界観が形成されたことをみてきた。農耕もそうだが、青銅器など金属器がまつりの主役になったのも弥生時代の大きな特徴である。金属器の原料、製品や製作技術などは中国に起源があり、朝鮮半島を経由してもたらされた。大陸からの思想が弥生時代の世界観の形成に大きな役割を果たしていたことは重要である。一方、弥生時代には縄文時代に築かれた世界観も維持されており、とくにそれは東日本の弥生時代前半に顕著であったことを知ることができた。

縄文系、固有、大陸系という三つの文化要素は、祖先祭祀の三類型のなかに顕著にあらわれているし、対人的、対自然界的、水平的、垂直的な世界観の形成にも、いずれかが大きな影響を及ぼしている。

先史考古学者の山内清男《やまのうちすがお》は、かつて弥生文化の構成を論じた際に、弥生文化はこの三つの要素から成り立っていることを説いた（山内清男『日本遠古の文化』一九三二＝佐藤達夫編『山内清男集』日本考古学選集21、築地書館、一九七四に再録）。さらに、弥生文化を西部文化圏と東部文化圏に区分した。

見てきたように西部文化圏は一枚岩ではなかったし、東部文化圏でも前半と後半では縄文系要素の後退と大陸系要素の進出傾向があるように、その色合いや重層の度合いは時期を追って変化することに注意を働かせなくてはならない。弥生時代の世界観は山内の複線的な弥生文化観を念頭において分析する必要があることを指摘して結びとする。

## さらに詳しく知るための参考文献

金関恕著・桑原久男編『考古学と精神文化』(雄山閣、二〇一七)……宗教考古学の金関恕の著作集。その中の「神を招く鳥」は、一九八二年論文の再録である。

小林青樹『倭人の祭祀考古学』(新泉社、二〇一七)……弥生時代の祭祀のルーツを中国東北地方にまで視野を広げて明らかにした。

小林行雄『古墳の話』(岩波新書、一九五九)……古墳文化に対する古典的名著。その前提になる弥生文化も扱い、銅鐸絵画が農耕儀礼の表現であることを明言した。

設楽博己『縄文社会と弥生社会』(敬文舎、二〇一四)……弥生文化にみられる縄文系文化の要素に力点を置いて書いた著作である。

設楽博己編著『原始絵画の研究　論考編』(六一書房、二〇〇六)……一五名の著者により、弥生時代の絵画を中心に儀礼的な問題を扱っている。

都出比呂志『日本農耕社会の成立過程』(岩波書店、一九八九)……弥生時代の政治・経済・流通など多岐にわたる考古学的分析を展開した。儀礼の背景を理解するうえで重要である。

春成秀爾『祭りと呪術の考古学』(塙書房、二〇一一)……弥生絵画や銅鐸など、著者の長年にわたる研究をまとめた著作。本講で触れられなかった龍の問題も掲載している。

第7講

# 青銅器のまつりとは何か

北島大輔

## †弥生人、金属器と出会う

日本列島で農耕社会が幕開けを告げた弥生時代は、青銅や鉄などの金属器を使い始めた時代でもあった。

金属器が発する輝きや響きは、それまでの縄文時代にはなかったものであり、鮮烈な印象を当時の人びとに与えたに違いない。これまでにないモノゴトや価値観と出会った時、人は心を揺り動かされ、祭祀や権力とも深く結びつくことがある。

銅剣・銅矛《どうほこ》・銅戈《どうか》・銅鐸《どうたく》などに代表される弥生時代の青銅器（以下、弥生青銅器と呼ぶ）は、本来の武器や音響具としての用途から離れ、必要以上に大型化し、非実用的な祭器へと変化していった。技術革新によって本来の機能が向上することを良しとする現代人にとって、本末転倒のようにも思える。

しかし、こうした現象にこそ、弥生社会を理解するカギは隠されている。本講では、弥生青銅器を取り上げ、当時の社会に果たした役割について考えたい。

## 弥生青銅器のルーツ

弥生文化は、①海外から伝来した要素（外来系）・②縄文以来の伝統的要素（在来系）・③弥生時代になって現れる要素（新出系）という、三つの要素が複合して構成される（石川日出志「弥生時代をどう描くか」『国府台』第六号、和洋女子大学、一九九六）。

弥生青銅器の多くは、日本列島で自生したものではない。そのカタチや鋳造技法は、朝鮮半島や中国大陸などにルーツを求められる。後で述べるように、原材料もまた海外からの輸入に頼らなくてはならなかった。

このような考えのもと、弥生青銅器の外来系要素だけに注目するならば、それは一面的にすぎる。日本列島での定着とほぼ同時に、独自の発展を遂げたことも忘れてはならないからである。

たとえば、銅鐸に飾られた流水文（図1）は、工字文《こうじもん》とよばれる東日本の縄文時代の文様に由来することはよく知られている（佐原真「流水紋」『日本の文様』第八巻、光琳社、一九七二）。斜格子文《しゃこうしもん》や有軸羽状文《ゆうじくうじょうもん》・重菱形文《じゅうひしがたもん》などの起源も縄文系文様に由来するとした見解（設楽博己「銅鐸文様の起源」『東京大学考古学研究室研究紀要』第二八号、二〇一四）がある。さらに、銅鐸の埋納風習の背景に、石棒祭祀など縄文伝統の遺風とみなす研究者（中村豊「結晶片岩製石棒と有柄式磨製石剣」『季刊考古学』第八六号、雄山閣、二〇〇四）もいる。

一方、スイジガイを模倣した巴形銅器《ともえがたどうき》や、ゴホウラを模倣した有鉤銅釧《ゆうこうどうくしろ》のように、北部九州の弥生人が好んで入手した南海産の貝をモチーフとした小型青銅器がある。さらには、弥生青銅器がほとんど分布せず、その模倣品とみられる有《ゆう》角石器《かくせっき》（大阪湾型銅戈がモデルとされる）などを発達させた東日本のような地域も存在した。

外部からもたらされた金属器文化を、それぞれの在来伝統のなかで受け止め、新たな

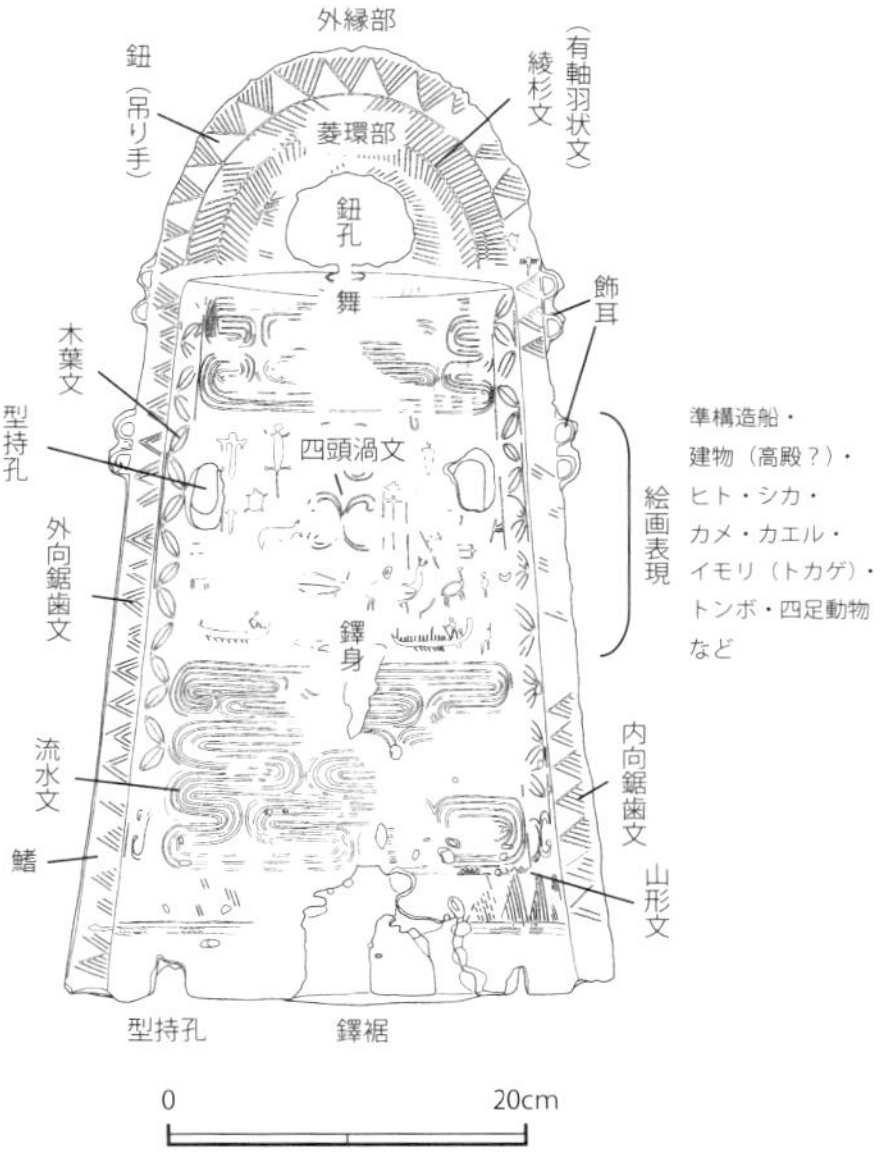

図１　銅鐸の文様と部位名称
井向１号銅鐸Ｂ面（辰馬考古資料館『考古学研究紀要 5』2003 をもとに作図）

ものへとつくり替える。①〜③の要素が織りなし〝綾〟となる姿にこそ目を向ける必要がある。複合的かつ多様な実態が弥生青銅器の本質であることをまずは確認しておきたい。

## 原材料をどう手に入れたか

### ①鉛同位体比分析

青銅は、銅・スズ・鉛《なまり》を主成分とする合金である。このうち鉛には四種類の同位体（$^{204}Pb$・$^{206}Pb$・$^{207}Pb$・$^{208}Pb$）があることが知られ、その混合比（鉛同位体比）は各地の鉱脈によって異なる。この原理を応用して東アジアの鉛鉱石や青銅製品の鉛同位体比を調べれば、鉛原料の採れた場所を推定できるはずである（平尾良光ほか『古代青銅の流通と鋳造』鶴山堂、一九九九）。

その成果（図2）によれば、弥生時代のなかでも弥生青銅器の鉛原料が変化したことがわかっている。しかも、鉛同位体比の領域変化は、北部九州と本州とで大きな時期差がなかったようである（北島大輔「青銅器の発達と終焉」『弥生時代の考古学』第四巻、同成社、二〇一一）。

すなわち、弥生時代をⅠ〜Ⅵ期の六期区分（弥生土器編年に対応。Ⅵ期は庄内式）で表すと、弥生Ⅲ期までの青銅器は、朝鮮半島産の青銅器と共通したD領域鉛を示す。また、弥生Ⅳ期になると、前漢時代の華北産青銅器と共通したA領域鉛が普及する。そして、弥生Ⅴ期の中頃になると、A領域のなかでもさらに限定されたa領域鉛が使われるようになる。さらに、古墳時代を目前にひかえた弥生Ⅵ期後半には、後漢時代の華南産青銅器と共通したB領域鉛が出現する。和《わ》同《どう》開《かい》弥《ちん》など皇朝十二銭と共通する日本列島原産のC領域鉛の採掘は、弥生時代にはまだ始まっていなかったようである。

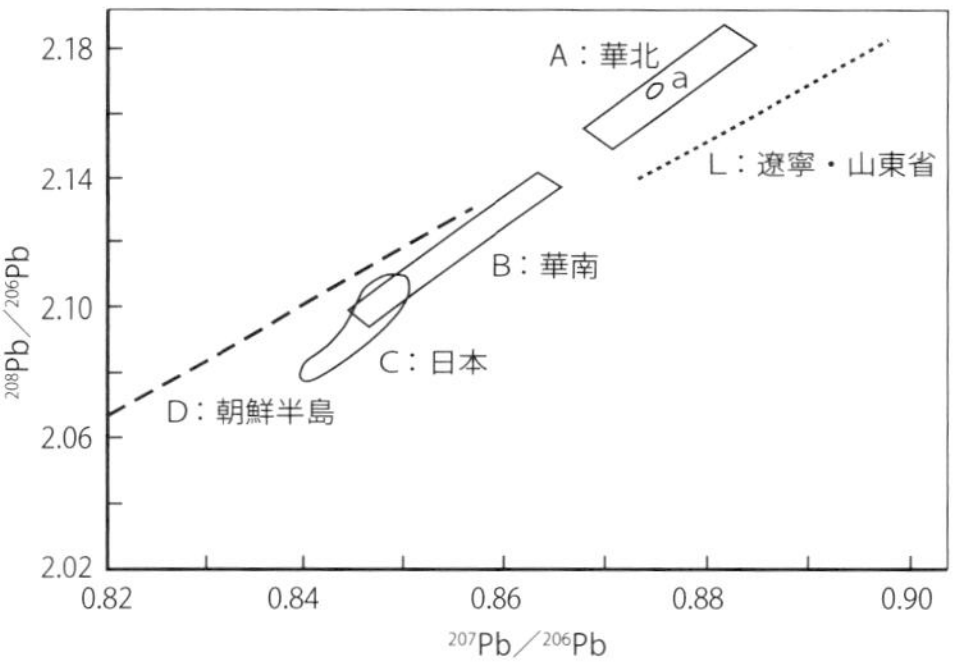


図２　鉛同位体比の領域
平尾良光「青銅器の鉛同位体比」『考古資料大観』6（小学館、2003）をもとに作図

## ②鋳潰し説・国産銅説の行方

一方、鉛同位体比分析の成果には、懐疑的な意見もある。

ひとつには、相異なる鉛領域の青銅原料を混ぜて鋳《い》溶《と》かしてしまえば、本来の鉛同位体比を示さなくなるとする意見である。

しかし、弥生時代の時期ごとに鉛同位体比が変化する状況からすれば、各時期をまたいでの鋳《い》潰《つぶ》しはほとんどなかったと考えたい。ＩＣＰ分析による高精度な成分分析でも、銅・スズ・鉛や微量元素の配合比は、海外の青銅製品の成分と連動することが近年あきらかとなっている。弥生Ⅲ期までの古い青銅器には、微量元素のアンチモンやヒ素を比較的多く含むが、弥生Ⅳ期以降の青銅器には引き継がれない。鋳潰し説には不利な結果である。鉛原料が単体としてではなく、青銅合金として日本列島にもたらされたとする説（難波洋三「弥生時代の青銅器の鉛同位体比とICP分析」『同位体比分析と産地推定に関する最近の動向』奈良文化財研究所保存科学研究集会、二〇一八）に私も賛同したい。

もうひとつの批判は、これまでの見解が青銅製品の分析結果を中心に導き出されたもので、方鉛鉱《ほうえんこう》などの鉱石の分析データが十分でないとする指摘である。朝鮮半島や中国で製作された青銅器の鉛領域と一致するからといって、その原料が同地で採掘されたとは限らない。日本産鉛説（久野雄一郎「荒神谷青銅器はどこで作られたか」『荒神谷遺跡と青銅器』同朋舍、一九九五）や、雲《うん》南《なん》・遼寧《りようねい》産鉛説（新井宏「鉛同位体比による青銅器の鉛産地推定をめぐって」『考古学雑誌』第八五巻第二号、二〇〇〇）など、別な解釈の可能性もあるという意見がある。

このうち、日本産鉛説については、実験データの数値誤植に基づく立論であったとする再反論があるが、決着をみていない。一方、D領域鉛が雲南産、A領域鉛が遼寧産とする見解は、方鉛鉱の分析結果に基づくものであり、あながち否定できないと私は考えている。

ただし、弥生Ⅲ期以前は、細形銅剣や多鈕細文鏡《たちゆうさいもんきよう》など朝鮮半島産の青銅器そのものが北部九州へと多くもたらされた時期でもある。D領域鉛もまた朝鮮半島を経由して入ってきた可能性は依然として高かろう。

また、『漢書』食貨志によれば、遼寧産の鉛が貢物として献上されたとある。中国鏡の流入が本格化する弥生Ⅳ期以降のA領域やa領域の鉛もまた、華北や楽浪郡《らくろうぐん》を介してもたらされたのではないか。今後、方鉛鉱などの分析データを蓄積し、再検証する必要がある。

**③青銅器原料の対価**

では、青銅器やその原材料を海外に求めた場合、弥生人は何を元手にそれらを入手したのか。近年、興味深い研究（難波洋三「銅鐸の価格」『季刊考古学』第一三五号、雄山閣、二〇一六）があるので、紹介しよう。

銘文に価格を記した漢代青銅器や、『史記』貨殖列伝などの記述をもとに当時の物価を検討したところ、前漢武帝の頃の青銅の価格は一キログラムあたり五銖銭《ごしゅせん》三〇〇銭程度に換算できるという。一方、脱穀していない穀物一リットルの価格は、平時で五銖銭二銭程度とされる。その場合、青銅一キログラムは籾《もみ》一五〇リットルとほぼ等価ということになる。

あくまでもこれは、漢王朝の国内での換算レートである。日本列島での青銅器の値段は、原料運搬や鋳造・搬出の手間などを加えると、はるかに高く、数十倍となる可能性がある。

青銅原料と交換する対価として、穀物・布・海産物・木材・奴隷（生口）などが候補とされ、とりわけ奴隷一人は、中国国内で五銖銭一万五〇〇〇銭〜二万銭で取引されていたという。つまり、奴隷一人を連れていけば、五〇〜六〇キログラムの青銅が入手できたことになる。ちなみに、三〇センチメートルの小型銅鐸であれば二キログラム前後であるが、日本最大の銅鐸（滋賀県大岩山I―1号銅鐸）は、高さ一三四・七センチメートル、四五・五キログラムにまで達する。

現代の人権擁護の観点からすれば、人身売買はあるまじきことで、まことに理解しがたい。しかし、『魏志』倭人伝や『後漢書』東夷伝が記すように、弥生人が中国王朝に遣使する際、多数の「生口」を献じていたのは事実であろう。

とはいえ、穀物や布・奴隷にしても、中国大陸や朝鮮半島でも入手しようと思えばできたはずである。交易において、希少性の原理が働く商品ほど高値で取引される。時代こそ異なるが、安土桃山時代の南蛮貿易で珍重されたフィリピン近海のルソン壺や香辛料などはその一例である。現地では低廉な日用品にすぎなかった。そうした交易品の候補として、翡翠《ひすい》や碧玉など本州原産の玉に着目した説（小林行雄『女王国の出現』文英社、一九六七）がかつてあり、私はこれを高く評価したい。漢代において、銅はすでに安価な金属であったが、玉器は金に匹敵する価値があった。しかも、腐らず、逃げず、軽量で、しかも美しい。この問題は次節でも触れる。

## †青銅器分布圏の成立

### ①分布圏は祭祀圏か

近畿地方を中心に分布する銅鐸と、北部九州を中心に分布する銅剣・銅矛など武器形青銅器。弥生青銅器が相異なる分布を示す背景として、政治的・宗教的な対立をみてとるべきか否か。古墳時代に至る前史として、これまで長年に及ぶ論争があったことはよく知られている。

一方、これまで弥生青銅器がほとんど出土していなかった地域で大量発見されることがある。島根県神庭《かんば》荒神谷《こうじんだに》遺跡（銅鐸六個・銅矛一六本・銅剣三五八本）や加茂岩倉遺跡（銅鐸三九個）、長野県柳沢遺跡（銅鐸五個・銅戈八本）などがまさにそれで、古代史上の一大発見として教科書にもよく取り上げられる。近年では、兵庫県淡路島松帆地区の採土集積場で銅鐸七個が発見されたことを御存知の読者もあるだろう。

青銅器の分布圏は、人間を介した物質文化の広がりを示すものである。ただ、これをすぐさま製作地や祭祀圏と読み替えてよいかは、慎重を要する。原材料採取地（原産地）・製作地・使用地・埋納地がそれぞれ異なることが、弥生青銅器にはよくあるからである。

**②最古銅鐸の広域分布**

たとえば、銅鐸は近畿地方で生み出され、次第に各地へと分布を広げていったとかつて考えられてきた。しかし実際には、菱環鈕式《りょうかんちゅうしき》とよばれる最古型式の銅鐸は、島根から近畿・北陸・東海までの広い範囲に分布する。これに類似した銅鐸鋳型もまた近畿・東海・北陸など広域に分散している（図3）。とりわけ、愛知県朝日遺跡での菱環鈕式鋳型の発見は衝撃的であった。

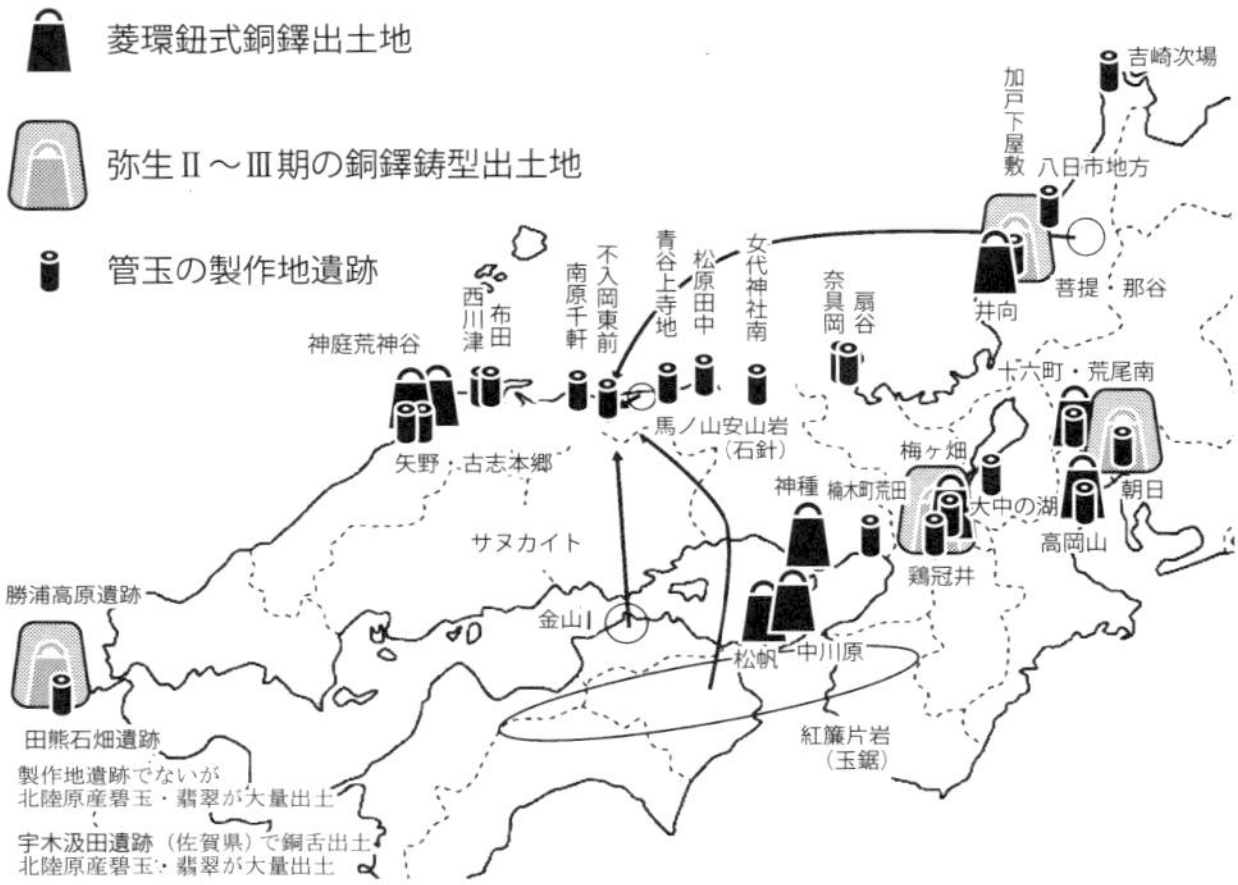


図３　弥生Ⅱ～Ⅲ期における管玉製作遺跡と菱環鈕式銅鐸の分布

こうしたこともあり、銅鐸の出現当初は、鋳造工房が特定地域に限定されておらず、工人が各地をめぐって鋳造活動をおこなったとする説（吉田広ほか「青銅祭器の対立構造」『弥生時代の考古学』第七巻、同成社、二〇〇八）が近年有力視されつつある。

### ③石棒分布圏説

この問題に関して注目を浴びているのは、石棒分布圏説（中村豊、前出）である。縄文晩期の石棒は、近畿地方を中心に広く分布する。これを生命のシンボルとして崇《あが》め祀《まつ》る文化的なまとまりが、後に銅鐸分布圏の素地となったという。そして、北部九州から四国西半部に分布する朝鮮系の有柄式《ゆうへいしき》磨製石剣との対立構造を読み取った。

そこで示されたのは、縄文晩期末から弥生

Ⅰ期初頭の分布模式図であって、菱環鈕式銅鐸が成立する弥生Ⅱ期とは百年以上もの年代差がある。また、扁平鈕式《へんぺいちゅうしき》から突線鈕《とっせんちゅう》1式銅鐸など、弥生Ⅳ期末〜Ⅴ期初頭の分布とむしろ類似するものであり、菱環鈕式や、これに続く外縁付鈕《がいえんつきちゅう》式銅鐸など古式銅鐸の分布図とはややズレがある。基層文化としての石棒祭祀の意義を私は否定するつもりはない。しかし、石棒以外の考古遺物の動向に着目し、古手の銅鐸が広域分布を示すに至る、より直接的な原因を探りたい。

**④玉作りへの注目**

すでに表明したように、私が注目するのは玉作りとの関連である。

たとえば、最古級の銅鐸鋳型が出土した愛知県朝日遺跡、京都府鶏冠井《かいで》遺跡、福井県加戸下屋敷《かどしもやしき》遺跡では、いずれも北陸原産の碧玉で管玉作りをおこなったことが判明している。関連遺物の出土地点は、同じ遺跡内でも近接し、年代も重複する。銅鐸鋳型そのものもまた玉砥石《たまといし》として転用されていた。銅鐸鋳造と玉作りの間には、何らかの接点があると考えざるをえない。

菱環鈕式銅鐸そのものの分布にも、玉作り遺跡との親和性がみてとれる。三重県高岡山遺跡岐阜県荒尾南遺跡と十六町銅鐸の近接出土などはその好例である。

本書の第8講で詳しく論じられることだと思うが、朝鮮半島の技術系譜を引く弥生系の玉作りは、弥生Ⅰ期の鳥取・島根県域でまず成立した後（長瀬高浜技法［X技法］・西川津技法［A技法］）、弥生Ⅱ〜Ⅲ期には琵琶湖沿岸や近畿・北陸・東海地方にも及ぶ（大中の湖技法［B技法］）。

玉素材として好んで使われたのは、新潟県糸魚川《いといがわ》原産の翡翠や、石川県菩提《ぼだい》・那谷《なだに》産の碧玉（女代南《めしろみなみ》B群碧玉）である。しかも、玉素材を加工する道具にも特定の石材が使用された。たとえば、玉鋸《たまのこ》は徳島〜和歌山県域にまたがる紅簾片岩《こうれんへんがん》。玉に紐通しの小穴を穿つ玉錐《たまきり》には、金山産サヌカイトや鳥取原産の馬ノ山安山岩などを使ったことが判明している（藁科哲男「石材等の原産地分析」『青谷上寺地《あおやかみじち》遺跡出土品研究報告』第九号、鳥取県埋蔵文化財センター、二〇一三）。いうなれば、玉作りは外部資源依存型の複合産業であり、遠隔地間から各種石材を持ち寄らないと成立しない。それは青銅器鋳造においても相通じるところがある。

菱環鈕式・外縁付鈕式といった古式銅鐸は、近畿地方を含みつつ、日本海沿岸に濃密に分布しており、こうした玉作りの広域ネットワークとほぼ重複する。同じ鋳型で鋳造された兄弟銅鐸（同笵《どうはん》銅鐸）の分布動向もまた同様である。弥生中期の青銅器動向における日本海沿岸ルートの重要性をここで指摘しておきたい。

孤立的に分布する長野県柳沢遺跡の銅鐸・銅戈についても、北陸沿岸部の玉作りネットワークを介して日本海経由で流入したとする説（石川日出志「栗林式土器の編年・系譜と青銅器文化の受容」『柳沢遺跡』長野県埋蔵文化財センター、二〇一二）が有力である。礫床木棺墓《れきしょうもつかんぼ》における北陸原産碧玉管玉の大量副葬がこれを物語る。

また、銅鐸形土製品や銅剣形石製品など、本州での青銅器模倣現象は、瀬戸内海沿岸よりも日本海沿岸が先行する（埋蔵文化財研究会『青銅器の模倣Ⅰ』二〇一四）。しかも、玉作り遺跡での出土が目立つ。膨大な碧玉素材が出土した石川県八日市《ようかいちじ》地方《かた》遺跡で、銅鐸形土製品が多数発見されているのは、その好例である。弥生Ⅱ〜Ⅲ期において、山陰から北陸へと連なる青銅器模倣現象が顕在化し、その流れのなかに近畿地方が位置づけられる。

本州での銅剣形石剣には、本物の銅剣と見間違うほど精巧なつくりのものがある。弥生青銅器の石製鋳型が大型化できたのは、こうした石工技術の裏打ちがあってのことだろう。

## ⑤細形銅剣の分布

ここで、細形の銅剣・銅矛・銅戈が出土する北部九州に目を向けよう。同地方は、朝鮮半島とは一衣《いちい》帯水《たいすい》の地理環境にあり、対外交渉において有利な立場にあった。細形段階の武器形青銅器は、有力者の墓に副葬されることが多く、特定個人の権力を象徴づける威信財として始まったと考えられる。朝鮮半島から製品を輸入していたが、やがて北部九州でも中細形や中広形の武器形青銅器を鋳造するようになり、一部は本州へも流入する。

武器形青銅器が卓越する北部九州から四国西部の地域には、天河石《てんがいし》や未定C群碧玉など朝鮮半島産と推定される玉素材が流通した（藁科、前出）。こうした広域流通圏の違いが、日本列島を二分する青銅器文化圏が形成される下地となったのではないか。

ただし、北部九州の武器形青銅器文化圏と本州の銅鐸文化圏とが、全く没交渉であったとは考えにくい。むしろ、海外からの青銅原料の入手において密接な接点があったと考える。外部資源獲得のための玉作り、青銅器鋳造という側面もあったのではないか。

たとえば、細形の武器形青銅器が十五本も出土した福岡県田熊石畑《たぐまいしばたけ》遺跡では、北陸原産の碧玉製管玉を多量副葬する（大賀克彦「田熊石畑遺跡木棺墓群出土の玉類」『国史跡田熊石畑遺跡』宗像市教育委員会、二〇一四）。近隣の勝浦高原遺跡では、銅鐸鋳型（未成品？）の出土がある。佐賀県の宇木《うき》汲田《くんでん》遺跡や中原《なかばる》遺跡でも、北陸原産の碧玉・翡翠が局地的かつ大量に出土し、武器形青銅器とともに副葬される。なかでも宇木汲田遺跡では、銅鐸を鳴らす銅舌《どうぜつ》の出土が知られる。

このように考えた時、本州への青銅原料もまた、北部九州や山陰地方を介して東伝した可能性がある。北部九州の首長たちが朝鮮半島や中国大陸と交渉し、青銅器や青銅原料を入手する際に本州原産の玉素材や玉類が原資となった可能性がある。

## †青銅器文化圏の変質と解体

### ①青銅器祭祀二段階説

弥生青銅器のまつりには、大きく二段階あったとする説が有力である（近藤喬一「弥生時代青銅器の性格――島根県荒神谷の銅剣・銅矛と銅鐸」『歴史手帖』第一四巻第四号、一九八六）。これをさらに細かく段階設定する意見や例外的事例もあるが、大枠において二段階説は今なお有効と考える。

山陰にみられる中細形銅剣c類を第Ⅰ段階（近藤説では第Ⅱ段階とみる）に位置づけ直した修正案（岩永一九九七）に基づいて説明しよう。

第Ⅰ段階は、武器形青銅器と銅鐸とが共存しえた段階。弥生Ⅱ期～Ⅴ期前葉。

北部九州ではすでにこの段階で武器形青銅器が卓越するが、みずから銅鐸を鋳造したり使用することがあった。福田型と呼ばれる銅鐸は、近畿産の銅鐸とは異なる特徴をもつ。広島・岡山・島根・鳥取などで出土することが多く、中国地方で作られたとかつて考えられたことがある。しかし、佐賀県安永田《やすながた》遺跡などで石製鋳型が出土し、ついには吉野ヶ里遺跡で福田型銅鐸が出土するに至り、北部九州で作られた銅鐸であることが判明した。福田型が鋳造された弥生Ⅳ期は、北部九州と本州との相互交流が活発となる時期であり、そうした流れのなかで理解する必要がある（北島大輔「福田型銅鐸の型式学的研究」『考古学研究』第五一巻第三号、二〇〇四）。

同様に、銅鐸が卓越する本州でも、武器形青銅器と共存する例が知られる。たとえば、兵庫県神岡《かみか》桜ヶ丘遺跡や長野県柳沢遺跡では、大阪湾型銅戈（近畿型銅戈）など本州独自の武器形青銅器が卓越する。また、島根県の神庭荒神谷遺跡では、北部九州産の中細形・中広形銅矛が一六本も出土する。日本海沿岸の海上交通の要衝（日本海玉作り地帯西端の物資集積地）として出雲が特別視されたことを物語る。

第Ⅱ段階は、弥生青銅器の再編が進んだ結果、北部九州の広形銅矛、近畿地方の近畿式銅鐸、東海地方の三遠式銅鐸が成立する。弥生Ⅴ期中頃〜Ⅵ期前半。特定種類の青銅祭器に収斂され、大型化が進行する。「見て聞く銅鐸」から「見るだけの銅鐸」へと変化したのは、この段階である。それぞれの青銅器が共伴出土することはきわめて異例となり、大地域社会の境界領域に埋納される傾向が顕著となる。地域社会の統合が進む一方で、排他的となっていったことをうかがわせる。また、山陰や山陽地方では、銅鐸・武器形青銅祭器の祭祀が途絶え、大型の弥生墳丘墓の造営がいちはやく進行する。花仙山《かせんざん》原産碧玉の玉作りが始まるのはこの頃である。

こうした地域ごとの独自性や排他性が鮮明となる反面、a領域鉛という共通した原材料が使われるのは、いかなる事情によるものだろうか。

弥生Ⅴ期中頃の福岡県吉武遺跡では、北部九州の在来系土器とともに、近畿系・東海系土器が同一地点から出土する。それぞれの地域が張りあうかのように大型青銅器を作っていた最中のことである。これが対外交渉における実態なのだろう。時代こそ異なるが、中世屈指の貿易都市であった博多をめぐり覇権を争った大内氏（山口）と大友氏（大分）の関連遺物が同一地点から出土する事象とよく似る。

**②弥生青銅器の世界観**

本講を終えるにあたり、弥生青銅器にみる世界観に触れておきたい。神岡桜ヶ丘4・5号銅鐸などの銅鐸絵画を素材として、すでに多くの研究者が論じるように、自然界と人間界、漁労と農耕、男性と女性、捕える強者と捕えられる弱者、などといった対立項を見出すことができる。近年では、レヴィ＝ストロースの神話分析の方法を用いて弥生人の心に迫ろうとする研究（安藤広道「弥生時代「絵画」の構造」『原始絵画の研究　論考編』六一書房、二〇〇六、溝口孝司「弥生時代の〈神話〉いわゆる「連作四銅鐸」の分析から」『考古学研究』第六四巻第四号、二〇一八）がある。

今ここで深くは立ち入らないが、銅鐸絵画のモチーフは、当時の現実世界で目にできる身近なものが多い。自然に働きかけた人間や農耕社会を肯定する弥生人みずからの心象風景を表現したものと理解できる。一方、北部九州を中心に流入が始まった中国鏡には、想像上の神仙や霊獣・吉祥句などが鋳出されており、不老不死の神仙世界という異次元の世界観に基づくものである。銅鐸などにみる地的宗儀と、中国鏡にみる天的宗儀という構想（三品彰英「銅鐸小考」『朝鮮学報』第四九輯、一九六八）が思い起こされる。

当時の弥生人たちが、中国鏡の世界観を実際どれだけ理解していたかは定かでない。しかし、神仙世界などの道教思想は、古墳時代社会の成立に大きな役割を果たしたと考えられる。近年、三角縁神獣鏡が魔鏡《まきょう》であったとする説（村上隆「東之宮古墳出土青銅鏡のデジタル化研究によって新たに得られた知見」『史跡東之宮古墳』犬山市教育委員会、二〇一四）が公表され、最新の3Dプリンターで成形した複製品による再現実験が試みられている。暗闇のなかに映し出された神獣の姿は、新たな時代の到来を強烈に印象づけたに違いない。「衆を惑わす」女王・卑弥呼の登場である。

共同体に根ざした武器形青銅器や銅鐸などのまつりが古墳時代に引き継がれなかった理由は、こうした世界観の違いによるのではないだろうか。

以上、弥生青銅器のまつりの成立過程や変遷について述べた。どの学問もそうであろうが、考古学は日進月歩であり、新たな発見や、新たな学説にあふれている。ただ、新たなステージに立つためには、これまでの研究史の総括と、隣接学問への目配り、地道な基礎研究が欠かせない。そう自らに言い聞かせ、原点へと立ち返りたい。

## さらに詳しく知るための参考文献


井上洋一・森田稔編『考古資料大観』第六巻（小学館、二〇〇三）……鏡を除く弥生・古墳時代の青銅・ガラス製品の豊富な写真図版と論考を収録。青銅器や鋳造関連遺物の研究成果がつかめる。鉛同位体比分析の生データも収録される。

岩永省三『歴史発掘7　金属器登場』（講談社、一九九七）……弥生青銅器の研究史の流れや、現状・課題がビジュアルかつ理路整然と整理される。

大阪府立弥生文化博物館『豊饒をもたらす響き　銅鐸』（二〇一一）……同博物館が開催した展覧会の図録。銅鐸の工人集団の動向をめぐる難波洋三氏の実証的研究の到達点が示される。

佐原真『銅鐸の考古学』（東京大学出版会、二〇〇二）……戦後の銅鐸研究をリードした佐原氏の著作集。青銅器研究を基礎から学びたい人にお勧めしたい。

第8講

# 玉から弥生・古墳時代を考える

谷澤亜里

## †弥生・古墳時代研究と玉

玉とは、紐を通して綴るための孔をもつ装飾品、いわゆるビーズのことである。弥生・古墳時代の埋葬遺跡からは多くの玉が副葬品として出土しており、当時の人々がこのタイプの装飾品を好んでいたことが知られる。

玉に関する考古学的な研究は、この二〇年ほどで著しく進んだ。玉は、他の考古資料と比べて小さいうえに、どちらかといえば単純な形をしており、形態の観察だけからは、それがいつ、どこで作られたのかという情報を得るのが難しかった。しかし、理化学的分析により、玉の素材となった石材やガラスの産地推定が進んだことで、その結果を手掛かりに、玉の細部の形態の違いも検討しながら、遺跡から出土した玉の製作時期や生産地を絞り込めるようになってきた。小さなビーズの地道な観察の積み重ねによって、弥生・古墳時代における玉の流通関係の実態が明らかになりつつあるのである。その内容は、弥生・古墳時代の地域間関係、集団関係の理解に関わるものであり、ひいては同時期の社会イメージの再点検にもつながるものであった。

そこで本講では、近年の研究の進展をふまえ、玉の流通という観点から弥生・古墳時代の社会を考える。なかでも、弥生時代から古墳時代への移行過程の問題に重点を置きたい。

## †弥生時代の開始と半島系管玉の流入

弥生・古墳時代の玉には、素材や色調、形態などに様々なバリエーションがある。そのなかで、弥生時代開始期から古墳時代終末まで、一貫して主要な種類でありつづけるのが、整美な円筒形を呈し、青灰色〜緑灰色〜濃緑色で不透明な石材で作られた管玉である。

このような管玉は、縄文時代のエンタシス状の管玉とは形態も石材も異なり、弥生時代の開始期、列島における水田稲作農耕の導入に相前後して現れる。整った円筒形の管玉を多数連ねて装飾に用いる習俗は、中国東北部に源流をもち、朝鮮半島の無文土器文化を介して、水田稲作農耕とともに日本列島へと伝わったと考えられてきた（森貞次郎「管玉」『末盧國』六興出版、一九八二）。近年の研究では、石材の分析などから、このような管玉の列島での初現期の事例は、列島外で製作された搬入品であることが明らかとなっている（藁科哲男「宇木汲田遺跡出土のヒスイ製勾玉、碧玉製管玉の産地分析」『佐賀県立博物館・美術館調査研究書』第二十二集、一九九七）。大賀克彦氏が、「半島系」と呼ぶタイプの管玉である（大賀二〇一一）。ただし、対応する製作遺跡はまだ確認されておらず、今後の研究の進展が期待される。また、半島系とはいうものの、その後の消長からみて、朝鮮半島南部というより、半島北部から中国東北部にかけての地域で生産された可能性が高いと指摘されている。

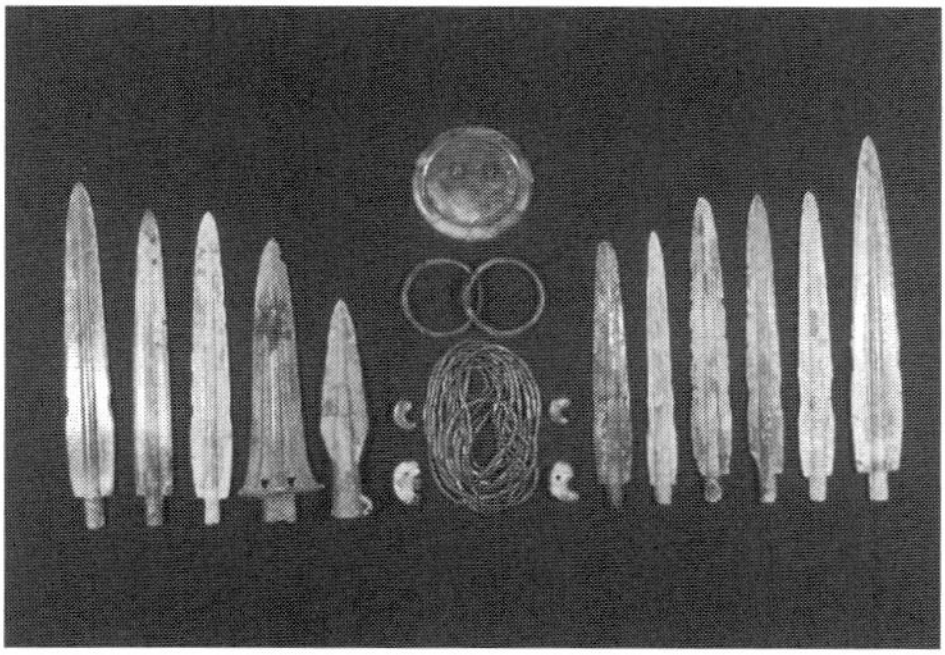

図１　福岡県吉武高木遺跡出土の青銅器と玉
中央の管玉は全て半島系管玉。両隣の四点は北部九州系の翡翠製勾玉。

弥生時代前期から中期前半にかけて、半島系管玉は、大陸に近い北部九州での出土が多く、本州以東でも出土がみられる。弥生時代前期後半までの事例は散発的で、各遺跡から出土する点数もそれほど多くなく、朝鮮半島東南部からの渡来人の移動に伴って流入していたと考えられる。前期末から中期初頭には、北部九州で青銅器を伴う埋葬で多量副葬される事例が目立ち、朝鮮半島西南部からの青銅器文化の導入に伴って流入したと考えられる（図1）。この時期が列島への半島系玉類流入の一度目のピークとなる。

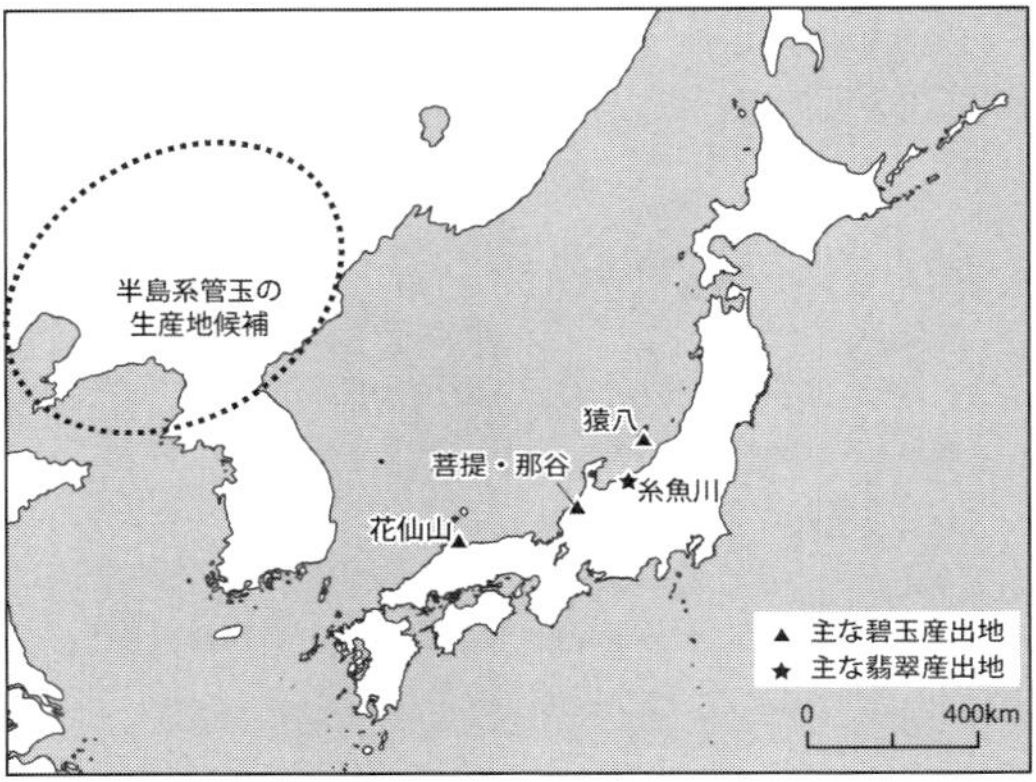


図2　碧玉・翡翠の主な産出地

## †列島内での玉生産——弥生時代前期後半〜中期

整美な円筒形の管玉は列島の人々に装飾品として広く受け入れられたようで、弥生時代前期後半以降には、列島内でも生産がおこなわれるようになる。このとき素材として用いられたのが、山陰から北陸にかけての地域に産出する緑色凝灰岩《りょくしょくぎょうかいがん》（グリーンタフ）と碧玉《へきぎょく》である。

弥生時代に用いられた碧玉の原石産地は、島根県松江市玉湯町の花仙山《かせんざん》、石川県小松市の菩提《ぼだい》・那谷《なた》、新潟県佐渡島の猿八《さるはち》などが代表的である（図2）。近年、藁科哲男氏らの研究により、遺跡出土の管玉や未成品にどの産地の碧玉が用いられたのかを、蛍光X線分析法などを用いて判別できるようになってきた。原石産地から管玉生産遺跡への素材の供給や、管玉生産遺跡からの製品の流通を考えるにあたり、極めて重要な情報である。

なかでも注目されるのが、藁科氏が「女代南《めしろみなみ》B群」とよぶ石材で、弥生時代中期中葉から使用が増加し、菩提・那谷の近隣に想定される原石産地から、近畿北部や山陰東部、琵琶湖沿岸から淀川流域にかけての広域に、素材原石が供給されたことが明らかとなっている（藁科哲男『玉類の原材産地分析から考察する玉類の分布圏の研究』京都大学、一九九四）。女代南B群を素材とし、石製の穿孔具《せんこうぐ》で穿孔された管玉は、弥生時代中期を特徴づける玉である（大賀前掲）。

また、勾玉も、管玉と同様に弥生・古墳時代に特徴的な玉である。弥生社会に半島系管玉をもたらした朝鮮半島の無文土器文化では、管玉と組み合う玉として、天河石《てんがせき》（アマゾナイト）製の勾玉が用いられていた。弥生時代開始期には管玉に伴って少量が列島に流入しているが、管玉とは異なり、類似した玉を製作する動きは起きない。対照的に、縄文時代からの製作伝統をもつ翡翠製勾玉のリバイバルが弥生時代前期末〜中期初頭に生じる。

弥生・古墳時代の勾玉の素材となった翡翠《ひすい》は、基本的に新潟県糸魚川《いといがわ》に産出するものと考えられている。弥生時代中期には様々な形態やサイズの翡翠製勾玉がみられるが、製作地の観点から、大きく二つのグループにまとめられる。大賀克彦氏のいう「北部九州系」と「北陸系」である（大賀前掲）。

北部九州系には、大型で、「獣形」「緒締形」などと呼ばれるような複雑な形状のものが含まれる。このようなデザインは縄文時代の勾玉に系譜がたどれ、そのモチーフは「鉤《かぎ》」「結縛《けつばく》」

であったと考えられる（森貞次郎「弥生勾玉考」『鏡山猛先生古稀記念古文化論攷』、一九八〇、木下尚子「弥生定形勾玉考」『東アジアの考古と歴史』同朋舎出版、一九八七）。丸く作った頭部に三〜四条の線を刻む「定形丁字頭勾玉《ていけいちょうじがしら》」と呼ばれる形態も、北部九州系の勾玉のなかから出現したものであった。これらの勾玉を生産したと考えられる遺跡は現状では見つかっていないが、北部九州に製品の出土が集中するため、原石素材が日本海を経由して北部九州へと運ばれて製作されたと考えられている。

一方、原石産地を擁する北陸地域では、多くの管玉生産遺跡で、併せて翡翠製勾玉も製作していることが確認されている。残された未成品からは、小型で断面が多角形をなし、平面形はドーナツを半裁したような形態をなす、いわゆる「半玦形勾玉《はんけつがた》」が製作されたことが明らかになっており、このような翡翠製勾玉を北陸系としている。北陸系勾玉の分布は比較的広く、南は北部九州から北は北海道南部まで達しているが、特に中部高地への集中が目立つ。

以上、弥生時代前期から中期にかけての代表的な玉である碧玉製管玉と翡翠製勾玉の生産・流通動向をみてきた。この時期は、日本列島へと水稲農耕が本格的に導入され、これに伴う人口の増加と拡散、地域社会の形成をみたと考えられている。弥生時代中期には、このような地域社会を横断する原石素材の流通ネットワークが形成され、各地で玉生産がおこなわれるようになっていたことがわかる。とはいえ、生産遺跡の分布や内容からみると、地域間のヨコのつながりが連鎖することで素材が広域流通したというのが実態だろう。特定の地域集団による技術の独占もみられない。

### †ガラス製玉類の出現

列島内で玉生産が展開する一方、舶載品である半島系管玉の流入は弥生時代前期末〜中期初頭のピークの後に一度途絶えてしまう。半島系管玉に後続して、舶載のガラス製玉類の流入がみられるが、弥生時代中期後半までは基本的には北部九州地域での流通に留まり、本州以東へまとまった量が流入することはない。以下では、このようなガラス製玉類の流通状況をみていきたい。

玉に使用されるガラスは、珪砂《けいさ》に融剤《ゆうざい》を加えて溶かした人工の素材である。ガラスの起源は紀元前二〇〇〇年頃のメソポタミアに遡り、弥生・古墳時代に併行する時期では、地中海沿岸やメソポタミア、南インドや東南アジア、中国などが製造の中心地であったと考えられている。地域によってガラスを作るための原材料とその調合レシピが異なることから、その材質を分析してガラスの産地を特定する研究が、世界規模で現在も進められている。

日本列島でのガラスの製造開始は七世紀後半に下る。山崎一雄氏、肥塚隆保氏、田村朋美氏らによって進められてきた材質分析からも、弥生・古墳時代のガラス玉が列島外で製造されたガラスを素材としていることが確実である。

弥生・古墳時代には膨大な量のガラス製玉類がみられるので、かつては、ガラス素材を輸入して列島内で玉への加工がおこなわれていたとみる見解が主流であった。しかし現在では、製作技法の通時的検討から、多くはすでに玉へと加工された状態で船載されていることが明らかとなっている。

ガラス製玉類が初めて列島に現れるのは弥生時代前期末だが、出土は数点にとどまり、安定した流入とは言い難い。また、弥生時代中期前半には、中国に特有のガラス材質（鉛バリウムガラス）で、棒状の素材を巻き上げて作った大型のガラス管玉が、佐賀県吉野ヶ里遺跡をはじめとする北部九州のいくつかの遺跡で確認されている。このようなガラス管玉は、中国東北部で製作されたものと考えられ、弥生時代前期末〜中期初頭の半島系管玉に連続して朝鮮半島西南部から流入したらしいが、弥生時代中期後半へは継続しない。

## †漢文化との接触

弥生時代中期後半に、上記のものとは異なる系統のガラス製玉類が北部九州に多量に流入する。これも鉛バリウムガラスを素材とする中国系のガラス玉であるが、直径四ミリ程度と小型で、中空のガラス管を捩じりながら伸ばしたものを管状に切断して製作されている。また、玉以外にも、髪飾りに用いられた可能性のあるガラス製品（塞杆状製品）（藤田等『弥生時代ガラスの研究』名著出版、一九九四）や、中国で葬具として用いられた「璧《へき》」なども確認されている。さらに、鋳型で作られたガラス製の勾玉や、璧を分割・研磨して作った円盤状の製品などから、ガラス製品の一部は列島内での加工もおこなわれていたと考えられている。

　これらのガラス製品を伴う埋葬は北部九州における甕棺墓制の分布域で顕著にみられ、その多くが前漢鏡などの漢系の遺物を伴う。これらの流入の背景として、前漢の武帝が朝鮮半島北部に直接支配のための朝鮮四郡を設置した（紀元前一〇八年）ことが重視されている。このうちの一つである楽浪郡《らくろうぐん》を介して、紀元前一世紀には列島から中国への朝貢《ちょうこう》がおこなわれていたことが、『漢書』地理志の記事から知られる。漢系の遺物のなかでも、前漢鏡や金銅製四葉座金《こんどうせいしようざかな》具《ぐ》などは前漢王朝からの下賜品とみる見解が有力である（町田章「三雲遺跡の金銅製四葉座金具について」『古文化談叢』第二〇集上、一九八八／岡村秀典『三角縁神獣鏡の時代』吉川弘文館、一九九九）。ガラス製品も同様の経路で入手されたと考えられてきたが、近年では、ガラス璧やガラス製玉類の出土が中国中原《ちゅうげん》地域や楽浪郡域で少ないことから、製作地の有力候補である長江中流域との直接的な交渉によりもたらされたとする見解も示されている（大賀克彦「ルリを纏った貴人——連鎖なき遠距離交易と「首長」の誕生」『小羽山墳墓群の研究』福井市立郷土歴史博物館、二〇一〇）。しかし、ガラス製品以外に長江中流域との交渉を示すような遺物はみられないことなどから、日本列島

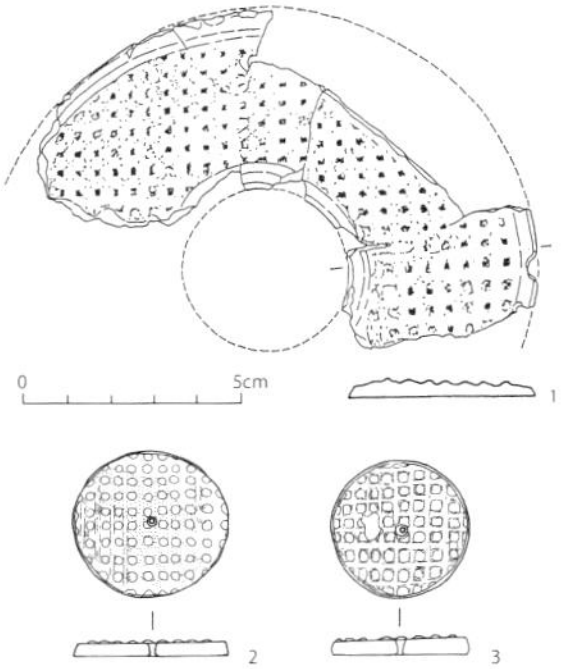


図３　三雲南小路遺跡出土のガラス璧（1）と東小田峯遺跡出土の円盤状ガラス製品（2・3）〔実測図は藤田等1994『弥生時代ガラスの研究』名著出版より〕

への流入の大陸側の窓口は、やはり楽浪郡域であったと考えたい。

　また、これらのガラス製品や前漢鏡の保有状況には、福岡県三雲南小路《みくもみなみしょうじ》遺跡、同須玖《すぐ》岡本《おかもと》遺跡D地点を頂点とする階層性が認められる。これは、両遺跡の集団が、これらの漢系遺物の入手主体であり、そこから周辺の遺跡へと格差をつけながら分配した結果と考えられている。ガラス製品では特に璧にその傾向が顕著で、三雲と須玖岡本では複数枚を保有するが、周辺の福岡県東小田《ひがしおだ》峯《みね》遺跡ではミニチュアの再加工品がみられる（図3）。

　以上の現象から、この時期の北部九州に、須玖岡本遺跡と三雲南小路遺跡に埋葬された「王」を頂点とするピラミッド的な集団序列を想定する見解がある（下條信行「北部九州弥生中期の「国」家間構造と立岩遺跡」『古文化論叢児嶋隆人先生喜寿記念論集』一九九一など）。一方で、副葬品にみられる集団序列は、漢系のアイテムの戦略的贈与を通じ、まさにこの時期に形成されつつあったものとする見解もある（溝口孝司「墓地と埋葬行為の変遷――古墳時代の開始の社会背景の理解のために」『古墳時代像を見なおす』青木書店、二〇〇〇）。後述するように、この時期の様相が弥生時代後期へそのまま連続するわけではないため、地域における首長制社会形成の過渡期として理解しておきたい。

さて、以上で述べたようなガラス製品の流通範囲は北部九州にとどまり、本州以東へのまとまった流入はみられない。ただし、弥生時代中期後半の本州以東では、後述するインド・パシフィックビーズが少量認められ、京都府奈具岡《なぐおか》遺跡では、製品を分割・穿孔して玉を増やしたり、ガラス勾玉を製作するなどの加工も確認できる。上で述べた北部九州のガラス製品とは流入の経緯が異なると考えられ、時間的にやや後出する可能性もあるが、本州以東にみられる独自の動きとして注目される。

## †弥生時代中期から後期へ

弥生時代後期初頭には、以上でみてきた漢系の遺物の流入は一度途絶え、船載玉類の流入も減少する。このことは、漢王朝を簒奪した王莽《おうもう》が華夷《かい》思想に偏った対外政策をとるようになった（西嶋一九八五）こととも関連すると考えられている。

この時期、列島では集落や墓地にも大きな変化が認められる。まず集落においては、弥生時代中期末～後期初頭に、列島の広域で既存集落の廃絶や特定集落への集住などの集落動態の画期が確認されている。墓地においても、多くの地域で集団墓地が解体する傾向がみられ、北部九州では甕棺墓制が衰退する。以上の現象の直接の要因は不明だが、古墳時代まで継続する世界規模の寒冷化が、この時期から始まることを重視する見解もある（松木武彦『列島創世記』小学館、二〇〇七）。いずれにせよ、以上の諸現象からは、この時期に集団関係の再編成が進んだことがうかがえる。

弥生時代中期におこなわれていた碧玉製管玉生産や翡翠製勾玉の生産も多くの遺跡で途絶えるが、これも上述の動きと連動したものであろう。これらの玉と入れ替わるようにして、弥生時代後期前半には列島広域に船載のガラス玉類が普及する。

### †船載ガラスビーズの広域流通――弥生時代後期前半

弥生時代後期前半から中頃にかけての時期に、列島への中国系文物の流入は再び顕著になる。具体的には、福岡県井《い》原鑓溝《わらやりみぞ》遺跡や佐賀県桜馬場《さくらのばば》遺跡などで後漢鏡を伴う豊富な副葬品を持つ埋葬が確認されている。これらは、『後漢書』東夷伝にみられる、建武中元二年（紀元後五七年）の「倭奴国王」の遺使や、永初元年（一〇七年）の「倭国王帥升等」の遺使を背景とするものと考えられる。志賀島発見の「漢委奴国王」金印からも、建武中元二年の遺使が、光武《こうぶ》帝《てい》から印綬を賜ったことが裏付けられる。

以上の動きと連動し、日本列島へは大量のガラス小玉が流入するようになる（図4）。このガラス小玉は、インド・パシフィックビーズと呼ばれる小型のガラス小玉で、ガラス管を長く引き伸ばし、金太郎アメのように切断して大量生産する引き伸ばし技法で製作されたものである(Francis, P. 1990. Glass beads in Asia Part 2. Indo-Pacific beads. *Asian Perspectives*, 29-1)。材質分析と製品の分布から、製作の本場は南インドから東南アジアを経て中国南部にかけての地域と目されており、「海のシルクロード」を通じて盛んに流通していたと考えられている(図5)。コバルト着色の青紺色や、銅着色の淡青色をはじめとして多様な色調が認められ、用いられる基礎ガラスにもいくつかの種類がある。

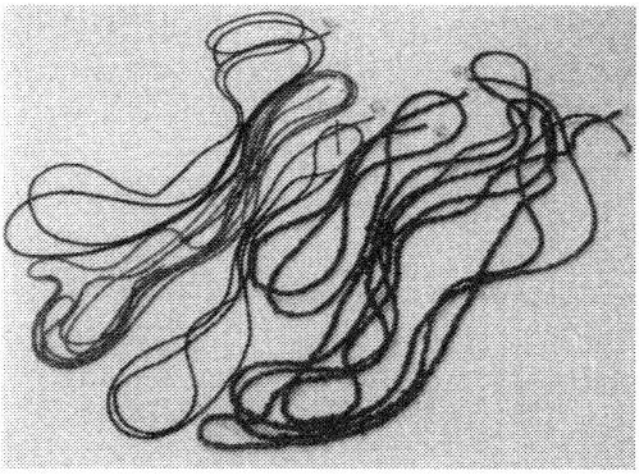

図4 弥生時代後期のインド・パシフィックビーズ 福岡県井原ヤリミゾ遺跡出土

これらの列島への流入ルートについても、生産地近辺との直接交渉を想定する見解(大賀前掲)と、中国や朝鮮半島との交渉を介したものとみる見解がある。しかし、やはりガラス製品以外に中国南部以南とのつながりを示すような遺物はこの時期に確認されないことから、海のシルクロードを経て中国へと至ったガラス小玉が、楽浪郡域や朝鮮半島を経て列島へともたらされていると考えたい。

この時期の舶載ガラス製玉類も、大陸に近い北部九州への分布が顕著である。しかし、それ以前の時期と異なり、本州以東

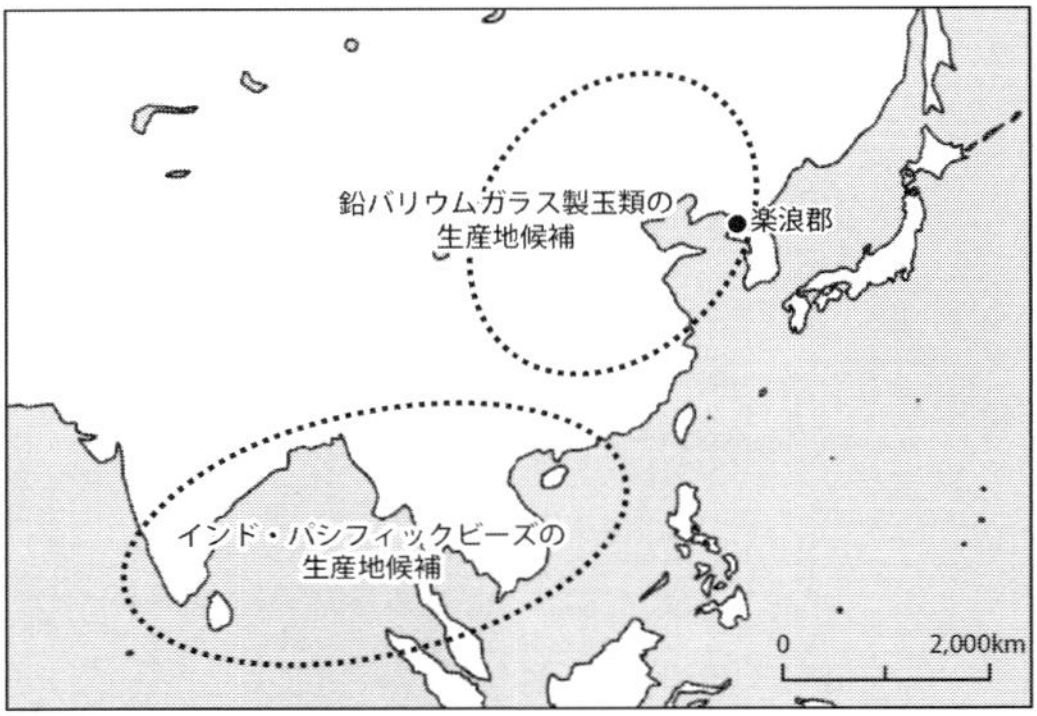

図５　舶載ガラス製玉類の生産地

の広域にも一定量が流通し、東は関東地方まで安定した分布がみられる。西日本では瀬戸内海側よりも日本海側に偏った分布を示し、特に、近畿北部の丹後《たんご》・但《たじ》馬《ま》地域への集中が著しい。また、北部九州と本州以東とで、ガラス製玉類の種類構成比に違いが認められる。この点から、本州以東へは、北部九州の集団とは異なる独自の経路による対外交渉でガラス製玉類がもたらされたとする理解も示されている（大賀克彦「紀元3世紀のシナリオ」『風巻神山古墳群』二〇〇二）。ただし、ここで注目された地域差は、厳密には、北部九州のほうが多様な種類がみられ、本州以東では、その一部の種類に限定されるという違いである。本州以東では、限られた種類のガラス製玉類が各地域に一括でもたらされ、地域内で分配されるといったあり方が想定され、ガラス製玉類の入手機会は北部九州の諸集団に比べると限定的だったと考えられる。また、対外交渉において北部九州を通らないルートを想定する必要は必ずしもなく、北部九州の集団と本州以東の集団が連れ立って渡航するような場合も想定してよいと考える（辻田淳一郎「鏡からみた古墳時代の地域間関係とその変遷――九州出土資料を中心として」『古墳時代の地域間交流二』二〇一四）。しばしば注目されるように、永初元年の遣使記事が「倭国王帥升等」（傍点筆者）と複数形になっている点とも、整合的に理解できる。

また、西日本におけるガラス製玉類の分布が、瀬戸内海沿岸というよりも日本海沿岸で顕著な点にも注目しておきたい。第9講で述べられるような、弥生時代後期における鉄器の普及の様相とも連動した現象と考えられるためである。

## †弥生時代後期後半～終末期――不安定な地域間ネットワーク

弥生時代後期前半～中頃では、インド・パシフィックビーズのなかでも、コバルト着色の小型品と、銅着色のものが主体を占めていた。しかし、弥生時代後期後半に入ると、これらの種類の流通量が激減し、代わりにまた異なる種類の舶載玉類が流入するようになる。具体的には、インド・パシフィックビーズではコバルト着色で法量が以前とは異なるものが増加する。また、中期前半以降流入が低調化していた半島系管玉や、中期後半に特徴的にみられた中国系のガラス管玉の流入が再開する。

さらに、以上の種類の転換と連動して、列島内での舶載玉類の分布にも変動がみられる。ま

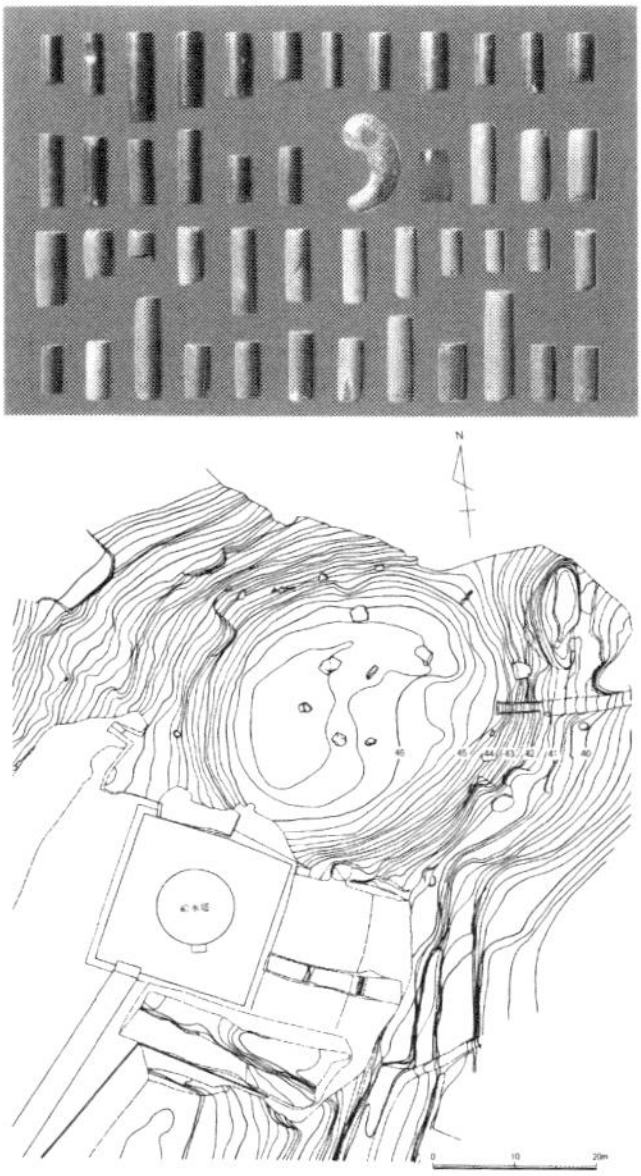

図６　楯築墳丘墓と出土玉類
管玉の半数以上は半島系管玉。勾玉は翡翠製の大型品

ず、弥生時代後期前半〜中頃にガラス小玉が集中した北部九州や近畿北部では一時的に玉の出土例が少なくなる。これと対照的に、それまでは玉の分布が希薄だった地域で、舶載玉類をまとまったセットで副葬する例が突然出現する。具体的には、岡山県楯築《たてつき》墳丘墓（図６）や島根県西谷《にしだに》三号墓が挙げられる。これらは、各地域で「首長墓」ともみなされるような大型の墳丘墓であり、古墳の成立の問題と密接な関連をもつ、弥生墳丘墓の展開と連動している点が注目される。

以上から、弥生時代後期後半にみられる変化は、列島へと流入する玉の種類の単なる時間的変化というよりも、むしろ、既存の舶載経路の動揺と、列島内での流通ネットワークの変動として理解できる。既存の舶載経路の動揺の背景には、この時期に併行すると考えられる、大陸側での後漢後期〜末期の情勢の混乱などを想定することができよう。

ただし、弥生時代終末期前半には、大量の鏡を伴う福岡県平原《ひらばる》一号墓や、大型の墳丘をもつ赤坂今井《あかさかいまい》墳丘墓などの例から、北部九州や近畿北部の集団が優位を取り戻しているようにも見える。このように、弥生時代後期から終末期において、玉類の舶載状況にみられる広域的なネットワークは、短期間で優劣関係が変動しており、不安定な様相を示すといえる。

加えて注目されるのは、古墳時代に列島の中心地となる近畿中部地域では、弥生時代終末期後半の京都府芝《しば》ヶ《が》原《はら》「古墳」が、初めてのまとまった量の舶載玉類の副葬例となる点である。古墳時代の開始直前まで、近畿中部は、舶載玉類の流通ネットワークで重要な位置を占めていたとは考え難いことがわかる。

古墳時代の開始過程の問題として、前方後円墳の分布にみられるような、近畿を中心とした広域的な地域間関係が、どのように形成されたのか、なぜ近畿が中心となったのかという論点がある。一九五〇〜六〇年代においては、農業生産力の高い奈良盆地でいち早く強固な政体が形成され、列島の他地域を支配下に置いたという見解（小林行雄『古墳の話』岩波書店、一九五九、近藤義郎「地域集団としての月の輪地域の成立と発展」『月の輪古墳』一九六〇）が主流であった。また、八〇年代以降は、弥生時代後期以降の鉄器の普及に着目し、近畿と瀬戸内中部の連合が北部九州と鉄素材の流入経路をめぐって争い、前者が覇権を握ったとする理解が有力となった（都出比呂志「日本古代の国家形成論序説——前方後円墳体制の提唱」『日本史研究』三四三、一九九一など）。

しかし、第9講でも論じられるように、実際の鉄器の流通状況や鉄生産関連資料の状況からは、弥生時代後期のうちに近畿中部の集団が鉄の流通を掌握したとする仮説は支持できないことが指摘されている。ここまでみてきた舶載玉類の流入状況からも、近畿中部の集団が弥生時代後期の段階で舶載品の流通経路を掌握していたとは言い難いことがわかったのである。

## †弥生墳丘墓と玉

弥生時代後期後半から終末期には、列島内での玉生産にも変化がみられる。弥生時代後期初頭に低調化した管玉生産は、後期後半以降に復調する。しかし、近畿北部や琵琶湖沿岸から淀川流域にかけての地域では生産が途絶えたままで、その一方、四国東部の吉野川流域で蛇紋岩を用いた勾玉生産が新たに開始されたり、山陰地域から北部九州に石材を持ち込んで玉生産がおこなわれたりするなど、弥生時代中期と異なる様相がみられる。また、舶載されたガラス素材を用いたガラス勾玉の製作も北部九州を中心に継続している。

以上のように、この時期は列島の各地で同時多発的に玉が生産されている。また、製品の分布の検討から、各生産地から独自の経路で玉が流通していることが明らかとなっている。したがって、舶載品も加味すると、この時期の玉の流通ネットワークはきわめて複雑で、各地で多様な玉が、多量に求められていたことがわかる。ここでは、その背景を考えてみたい。

ここで鍵となるのが、墓地にみられる変化である。弥生時代後期以降、列島の各地で集団墓地が解体し、人類学の専門用語で「リネージ」と呼ばれるような出自集団を単位としたとみられる墓地が顕著になる（田中良之「墓地から見た親族・家族」『古代史の論点2　女と男、家と村』小学館、二〇〇〇／溝口前掲）。これらの多くは区画や墳丘を持ち、未成人／成人や男女の区別を問わず副葬品を伴う埋葬も多く、「特別な墓地」に埋葬されるかどうかが、出自によって決定される傾向が明確になったと考えられている。また、この動きは、集落の内部における、有力集団を囲う方形区画の成立とも連動している。『魏志』倭人伝の記述における「大人」に相当するような、社会的上位層の存在が顕在化するのである。弥生時代後期以降、玉の多くはこのような上位層の埋葬の副葬品として出土しており、彼らが玉の流通・消費の主体であったことがわかる。

そして、弥生時代後期後半以降には、このような上位層の墓で格差の表現が顕在化する。「首長墓」ともいえるような大型の墳丘墓から、区画の不明瞭なものに至るバリエーションは、上位層のなかでの優劣関係を示唆する。そして、副葬される玉の種類構成や量にも、これと対応した階層性を見出せる。例えば、大型の墳丘墓の中心的な埋葬主体には、舶載品の管玉のまとまったセットがみられるのに対し、区画の不明瞭な墓地や周辺的な埋葬主体では、少量のガラス小玉・列島製の管玉がみられる傾向がある。また、前者は翡翠製またはガラス製の大型の勾玉を伴うのに対し、後者に伴う勾玉は小型品が多い。

以上から、社会的な優劣関係により入手可能な玉の種類や量が異なっていたと考えられる。そして、装飾品としての玉の性格をふまえると、それを身に着けることで、階層的な差異が可視化・再確認されることにもなっただろう。それゆえに地域社会の上位層の間で玉が競争的に求められた、というのが、この時期の玉類の需要増加の一因と考えられる。

ただし、この段階では、用いられる玉の種類に地域差が明確で、玉類の流通に集約的な中心が存在していたとは考えられない。上位層の間での玉類の使用は、特定の地域が主導して始まったというよりも、広域に錯綜する上位層間の関係を介して広がったものと考えられよう。各地の上位層がなす複雑なネットワークは、この時期の墳丘墓にみられる諸要素、例えば、中部瀬戸内における特殊器台・特殊壺や、山陰における四隅突出形の墳丘形態などが、特定の地域を分布中心としつつ、遠隔地でも点的にみられることなどからも指摘されてきたものである。

## †古墳時代へ――玉の舶載窓口の集約

古墳時代前期に入ると、以上で述べた様相は一変する。最も顕著なのはやはり舶載品にみられる変化である。弥生時代後期には、多様な舶載ガラス製玉類が地域差を見せながら分布していた。ところが、前方後円墳の出現とともに、列島へと流入するガラス製玉類は、銅着色のインド・パシフィックビーズにほぼ限定されてしまう（大賀前掲）。また、多くの地域でガラス製玉類の出土数自体が減少してしまうのに対し、近畿中部だけは出土数の増加がみられる。以上からは、地方の集団が列島外から独自にガラスビーズを入手する機会が大きく減り、ガラスビーズの船載窓口が近畿中部に集約していることがうかがえる。

列島と同じく多数のガラスビーズが流通した朝鮮半島南部や東南アジアでは、古墳時代開始期にあたる三世紀の中葉に、銅着色のインド・パシフィックビーズが特に多くなる傾向はみられないため（朴俊泳「韓國 古代琉璃구슬의 特徵과 展開樣相」『中央考古研究』第一九号、二〇一六）、以上の変化の背景には、日本列島に固有の事情が想定される。ここで注目されるのが、古墳時代前期初頭のガラスビーズのまとまったセットは、三角縁神獣鏡《さんかくぶちしんじゅうきょう》の初期の段階のセットとの共伴が目立つ点である。第10講で述べられるように、三角縁神獣鏡は、卑弥呼の魏王朝への遣使を契機に中国で生産された可能性が高く、近畿中枢の政体が独占的に入手し、各地の首長へ配布したと考えられている。玉の船載と列島内での流通のあり方も、このような鏡の流通と連動したものにシフトしていると考えられるのである。

近畿中枢による鏡の独占的な入手と各地への配布に関しては、三角縁神獣鏡に先行して弥生時代終末期にみられる画文帯神獣鏡《がもんたいしんじゅうきょう》から開始されているとみる見解もある。後漢末以降に中国遼東半島から朝鮮半島北部に独立した地方政権を築いた公孫氏政権との関係を、「邪馬台国」が独占していたとする見解である（岡村前掲）。しかし、前項で述べたように、弥生時代終末期の段階では、列島外からの玉の入手が特定の地域に独占されていたとは考え難い。対外交渉の窓口が近畿中枢に集約され、列島内の地域間関係が組み替えられる画期は、定形化した前方後円墳が出現し、三角縁神獣鏡が副葬される段階であると考えたい。

## †古墳時代前期の玉生産

古墳時代の開始とともに、列島内での玉生産にも変化が生じる。弥生時代後期後半〜終末期にみられた玉生産のうち、佐渡での管玉生産や、四国東部での蛇紋岩《じゃもんがん》製勾玉生産、北部九州でのガラス勾玉生産などは、古墳時代まで継続せず、途絶えてしまう。また、製品の出土量の減少からみて、山陰や北陸での管玉生産も低調化しているとみられる。

その後、古墳時代前期中頃〜前期後半にかけて、半島系管玉のまとまったセットと翡翠製勾玉を組み合わせた装飾品が近畿を中心とした有力古墳に副葬されるようになる。半島系管玉は、銅着色のインド・パシフィックビーズと同様に、近畿中枢が舶載の窓口となった可能性が高い（大賀克彦「東大寺山古墳出土玉類の考古学的評価——半島系管玉の出土を中心に」『東大寺山古墳の研究』東大寺山古墳研究会、二〇一〇）。一方、翡翠製勾玉は、古墳時代前期に対応する生産遺跡が確認されておらず、かつては弥生時代からの伝世品ではないかと考えられたこともあった（小林前掲）。しかし、弥生時代の北部九州系とも北陸系ともつかないような形態のものが多くみられることから、古墳時代に新たな生産体制のもとで製作されたものと考えられ、生産には近畿中枢が関与している可能性が高い。両者がセットで出土する傾向は、この二種類の玉が、近畿中枢で組み合わされて各地へと配布された可能性を示唆する（谷澤亜里「古墳時代前期における玉類副葬の論理」『考古学は科学か――田中良之先生追悼論文集』中国書店、二〇一六）。

古墳時代前期後半になると、山陰や北陸で生産されたと考えられる管玉の流通量も増加する。この現象は、管玉と同様に緑色凝灰岩や碧玉を素材とする、腕輪形をはじめとした石製品の生産増加と連動している。これらの石製品は、鏡とともに前期古墳における主要な葬送儀礼のアイテムをなしており、生産の復調には近畿中枢の関与を考えうる。しかし、山陰や北陸で生産された管玉は、半島系管玉や翡翠製勾玉とは分布傾向が異なり、近畿を介さない流通も多かったと考えられている（大賀二〇一三）。

ただし、半島系管玉と翡翠製勾玉のセットと、それ以外の玉で構成さ

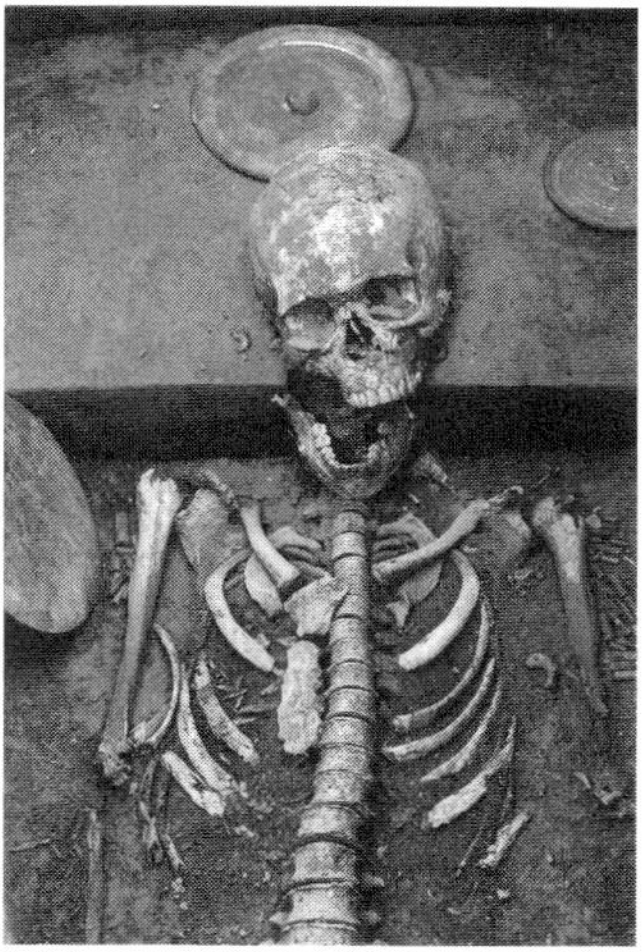

図７　前期古墳での玉の出土状況
熊本県向野田古墳。頭蓋骨の両脇から、半島系管玉と翡翠製勾玉からなる玉類のセットが出土しており、耳飾とみられる

れるセットが共伴するとき、両者は区別され、半島系管玉と翡翠製勾玉のセットが被葬者の上半身に着装される傾向がある(図7、谷澤前掲)。玉の種類による使い分けのあり方が広域で共通するようになるのであり、これも弥生時代後期〜終末期にはみられなかった現象である。

## ✝玉からみた古墳時代開始の背景

このように、古墳時代に入ると、玉の流通や消費のあり方にも、近畿を核とした広域的な「中心—周辺」関係が顕在化する。弥生時代の様相からは不連続で、地域間関係に大きな転換が生じているといえよう。しかしこれは、近畿中枢に突如現れた強大な政体が列島の他地域を支配するようになった、というイメージとはやや異なる。

玉からみると、古墳時代の初頭に列島各地で玉の生産が低調化する点が注目される。これは、石材産地を擁する地域でも確認される現象で、素材の流入停止などの外的な要因で生じたものとはいえない。また、弥生時代後期〜終末期の様相からみて、古墳時代初頭の近畿中枢が、各地での玉生産を中断させるほどの強大な権力を持っていたとも考え難い。むしろ、各地において自ら玉を調達するよりも、近畿中枢の政体を介して玉を入手することが選択されるようになったためと考えられるのである。詳細は第10講でも論じられているが、この時期に顕在化する近畿を核とした広域的な地域間関係は、近畿中枢の政体からの働きかけだけでなく、地方の上位層が積極的に近畿中枢と同盟を取り結ぼうとする動きに支えられていたと考えられるのである。

それでは、このような地域間関係の転換はなぜ生じたのだろうか。玉類の流通状況からみると、弥生時代後期〜終末期における列島各地の上位層間の関係は、大陸側の事情で対外交渉やそれに伴う物財の流入状況に変動が生じると、優劣関係に揺らぎが生じるような、不安定なものであったことがうかがえる。各地の上位層にとって、自らの優位を確保するために列島外との関係を保つことは重要だったが、リスクも大きかったと考えられるのである。

このようななかで、大陸では二三八年に公孫氏《こうそんし》政権が滅ぼされ楽浪郡・帯方郡が魏に接収される。翌二三九年、卑弥呼は速やかに魏王朝へと遣使し、「親魏倭王」へと冊封されることとなった。これにより、列島各地の上位層にとって、独自に対外交渉をおこなうよりも卑弥呼を擁する政体と同盟関係を結んだほうがリスクの少ない状況となったのではないか。そのうえで、近畿中枢が、三角縁神獣鏡をはじめとした物財の授受や、前方後円墳における葬送儀礼の共有などを通じて同盟関係を確認する戦略を取ったことから、近畿を中心とした広域的な関係が急速に形成されることとなったと考えられよう。

## †その後の玉

古墳時代中期になると、古墳副葬品としては鏡や石製品よりも、武器・武具類が重視されるようになることが知られる。これに伴い、北陸では石製品生産の衰退に連動して管玉生産も途絶えてしまう。しかし、玉の使用自体が衰えるわけではない。古墳時代中期前半には、緑色凝灰岩製の勾玉と、同じく緑色凝灰岩製で極端に細長い規格の管玉が特徴的にみられ、著名な奈良県曽我遺跡などの近畿中部の生産遺跡で作られたと考えられる。五世紀は、近畿中枢への手工業生産の集約がおこなわれた時期と考えられており、玉の生産体制にみられる変化も、その一端を示すといえよう。

また、古墳時代中期以降、列島へと舶載される玉は、前期のように銅着色のものに限られることがなくなり、種類構成としては朝鮮半島南部の様相に近くなる。倭国が朝鮮半島情勢への政治的・軍事的な介入度合いを強めていったこととも連動しているといえよう。特に五世紀後半以降、インド・パシフィックビーズとは別系統の、メソポタミアから中央アジアにかけての地域で製作されたと考えられるガラス小玉が多量に流入する。同種のガラス小玉が多い新羅地域経由での流入が想定されるとともに、大陸におけるガラス製品の流通経路が、海のシルクロードから陸のシルクロードへと切り替わったことを反映すると考えられている（田村朋美「日本列島における植物灰ガラスの出現と展開」『文化財学論集Ⅳ：奈良文化財研究所創立60周年記念論文集』二〇一二）。

朝鮮半島南部からは、垂飾付耳飾《すいしょくつきみみかざり》や冠など、金属製の煌びやかな装身具も導入された。これと連動して、舶載の玉には金属製のものも増加する。また、これとは逆に、列島からは多量の翡翠製勾玉が半島へと搬出され、彼の地の金冠を飾っている。

勾玉と同様に列島に伝統的な玉である管玉は、五世紀末に規格が一新され、出現当初は山陰から素材を搬入して、曾我《そが》遺跡で集中的に生産されたことが明らかとなっている。外来系の装飾品を導入する一方で、「倭風」の装飾品をリバイバルする動きもあったことがわかる。

さらに後の六世紀には、玉の種類が多様化し、算盤玉《そろばんだま》、棗玉《なつめだま》、平玉《ひらだま》のように、それまでは玉のなかでも脇役だった器種が一般的となる。素材には水晶、瑪瑙《めのう》、埋木《うもれぎ》、琥珀《こはく》などがみられ、生産地は列島内に複数存在するが、これらの玉も、デザイン的な起源は半島南部に求められる点が注目されている（大賀二〇一三）。また、七世紀には、百済地域で生産された鉛ガラス製の玉類や板状のガラス素材が流入することが明らかになっており、七世紀後半になると鉛ガラス自体の製法も導入される。

以上でみてきたように、古墳時代中期以降は、朝鮮半島南部との密接な関係のもと、玉の生産と流通が展開していくといえよう。しかし、前方後円墳の築造停止と連動し、玉は上位層の副葬品から姿を消していく。古代国家の位階制に基づく服飾制度への転換である。

**さらに詳しく知るための参考文献**

岩永省三『日本の美術（三七〇）　弥生時代の装身具』（至文堂、一九九七）／町田章『日本の美術（三七一）　古墳時代の装身具』（至文堂、一九九七）……玉を含めた弥生・古墳時代の装身具の概要が、豊富な写真図版とともに紹介されている。

大賀克彦「弥生時代における玉類の生産と流通」『講座日本の考古学（五）　弥生時代（上）』（青木書店、二〇一一）／大賀克彦「玉類」『古墳時代の考古学4　副葬品の型式と編年』（同成社、二〇一三）……弥生・古墳時代の玉の種類とその生産地、時期変遷についての最新の理解がまとめられている。

西嶋定生『日本歴史の国際環境』（東京大学出版会、一九八五）……日本列島が置かれていた東アジア情勢について通時的に解説している。舶載品流入の背景を理解するのに役立つ。

文化庁文化財部監修『月刊文化財』五六六号（第一法規、二〇一〇）……「古代ガラスと考古科学」の特集号。近年のガラス製玉類の分析的研究の成果がまとめられている。

北條芳隆・溝口孝司・村上恭通『古墳時代像を見なおす』（青木書店、二〇〇〇）……本講で焦点をあてた古墳時代開始過程の問題について、近畿地域の主導性を批判的に検討した重要文献。

第9講

# 鉄から弥生・古墳時代を考える

村上恭通

## †東アジア周辺文化における鉄の価値

漢帝国から金印「滇王之印」を授かり、銅鼓を象徴化した中国西南夷《せいなんい》の滇《てん》は、「漢倭奴国王」金印を授受し、銅鐸を祭器とした東夷の倭としばしば比較されてきた。その滇は前漢代には青銅による金属器化した社会を実現し、実用利器のほとんどは青銅器であった。しかし王墓やそれに準ずる埋葬址から出土する剣は、青銅の柄に鉄の身を備え、鞘や柄はしばしば金で飾られた。また斧、鑿《のみ》、鉇《やりがんな》といった工具も一般に普及した青銅器とは異なり、刃部のみに鉄を採用した銅柄《どうへい》鉄器が稀少品であった。この金属器のありようは金＞鉄＞青銅という滇人の金属に対する価値観を表現している。さらに遡った時代の漢民族社会でも同様の現象がある。鉄器出現期である西周代や春秋時代の黄河流域においては玉柄鉄剣や金柄鉄剣、そして銅柄鉄剣が厚葬墓に副葬される。当時の玉器、青銅器の盛行と鉄の稀少性を考慮するならば鉄≧玉＞青銅あるいは鉄＞金＞青銅という価値観が垣間見える。鉄器文化の後進地であるユーラシア大陸の東縁では鉄が極めて価値の高い貴重品であったことがわかる。こういった価値の序列は単純にいえば、鉄が入手しやすかったかどうかにかかっている。

弥生時代の鉄器は前期末・中期初頭に舶載スクラップの再加工品として出現した。その当初から実用利器であり、銹《さび》にまみれて旧状が判別できないほどに変形した状態で生活址より出土する。一方、わずかに遅れて登場する青銅器は故地である韓半島青銅器群の形態を保ちながら、欠けるところなく完全な形で厚葬墓から出土する。現代のわれわれは鉄の稀少性は認めても、金属の貴重さや高い価値を見いだすのは青銅器であり、鉄器に対しては利器としての実用性以外、本質的な価値など考えもしない。まして鉄器の比較対象は機能を共有する磨製石器であり、鉄器に与えられるのは石器に対する相対的な価値でありつづけた。

ごく簡単に図式化すれば、弥生時代に舶載される鉄製品はスクラップ→スクラップ＋完形鉄器→完形鉄器＋鉄素材へと段階的に変遷する。この変遷は中国遼寧地方や韓半島における鉄器の普及を前提とはしているものの、それ以上に倭人の鉄に対する獲得欲の増大を読みとらなければならない。重要なことは鉄が日常的な消費財である点であり、ひとたび鉄の機能性と効果に触れた倭人がその入手のために、意図的な対外交易をはかる必要に迫られるようになった点である。つまり鉄との接触は、大陸内での程度とは差があるものの東アジアの経済体制への参入を意味する。前代よりもいい鉄器を獲得したいという質の向上を指向する意図が上述の図式に導いたのである。

このように考えると、鉄器普及や利器の鉄器化が社会に、次代に何をもたらしたのかということを議論する以前に、鉄という極めて価値の高い物資がいかに獲得されたのか、より具体的には鉄とどのような物資を交換し、その物資調達にいかなる労働力の投入がおこなわれたのかということが問われなければならない。この点に関しては、柄谷行人氏の交換様式論を積極的に取り入れ、貨幣論や交換論を展開する北條芳隆氏の研究に共感をもつ（北條芳隆「稲束と水稲農耕民」『日本史の方法』一一、奈良女子大学、二〇一四）。鉄の価値を問う研究は、これまでも文化人類学や理論考古学から援用して抽象的な議論が展開されているが、鉄との交換や対価を漠然と想定するこれらの議論に比較して、より現実的で、他の材質の遺物を巻き込みながら価値の交換を論ずることができそうである。

そもそも弥生時代における鉄の社会的意義、歴史的意義を問う従来の研究では、鉄のインプットよりもアウトプットを評価する傾向が強かった。この傾向は古墳時代の成因として弥生時代後期における鉄器使用の普遍化を前提とする一九六〇年代に生まれた仮説とマッチし、長い間温存されてきた。

しかし高度経済成長期以降、日本列島各地で無数の発掘を経ながら弥生時代の鉄をものがたる資料はその数を増した。二〇年前であれば憶測的な弥生鉄器論しかできなかった山陰、北陸、四国、そして東日本でも豊富な資料に基づいた議論が可能となった。また鍛冶遺構、鍛冶炉といった鉄器生産施設の調査研究も進み、生産の水準をはかる情報を提供している。さらに近年、加工対象である骨角器、木器の研究が過去の豊富な研究を基礎として進歩し、かつての石か鉄かの利器論に対して多角的な視点の必要性を迫っている。このような資料と視角に導かれれば、古墳時代にいたる鉄器使用の普遍化の過程は新たに描き出せるに違いない。

## 骨角器研究がものがたる鉄器使用の開始

韓半島や中国東北部における鉄器化を受けて、日本列島ではどのように鉄器化が始まるのであろうか？　弥生時代前期は稲作の伝来とともに伝わった大陸系磨製石器群（太形蛤刃石斧・柱状片刃石斧・扁平片刃石斧・鑿形石器）が利器の主役であった。この石器群が縄文時代以来の石器伝統と融合しながら地域的な変容を見せるなか、扁平片刃石斧などの加工斧については、同時に韓半島南部地域からの影響がうかがえ、とくに美しい縞模様をもつ層灰岩《そうかいがん》製磨製石器はその製作技術とともに北部九州に伝来している。そして弥生時代前期末・中期初頭という段階に北部九州の倭人は鉄器に触れることとなった。この鉄器は鋳造鉄器の破片であり、方形ないしは長方形を呈し、一辺に刃が研ぎ出されている。固くて脆い鋳鉄片を砥石で研いで刃を設けることができた理由は、中国ですでに脱炭という高度な表面処理が施されていたためである。このように扁平片刃石斧、鑿形石器と機能を共有しつつもはるかに強靭で機能的な工具として鉄器は登場した。

現在のところ、この段階における鋳造鉄器片の再加工品は福岡県（行橋市矢留堂ノ前遺跡など）を起点にして山口県の響灘沿岸、愛媛県の燧灘沿岸におよぶ分布域を形成する。近年、この最古級の鉄器の広がりについて新たな視点をもたらしたのが骨角器の研究である。この時期の山陰地方における鉄器使用の痕跡は加工された側の遺物にも遺されていることが判明した。河合章行氏によれば北部九州や山陰地方では弥生時代前期後葉〜中期に骨角器製作への鉄器導入が本格化し、骨や角を切断して、仕上げ調整にいたるまでの全工程に鉄製工具が使用されたという（河合章行「骨角器の製作について（補遺）」河合編二〇一一）。前期末・中期初頭における鉄器の存在を否定する立場もあるが、骨角器の加工痕からそれが傍証されたことは評価される。

一方、近畿地方以東では中期後葉までには鉄器の利用が認められるものの、その痕跡は限定的であり、旧来の石器を利用した製作技術が存続したことも明らかにした。さらに鳥取県青谷《あおや》上寺地《かみじち》遺跡では弥生時代中期中葉に鉄器が飛躍的に骨角器生産を向上させたのちも、石器の使用は継続し、石・鉄が併存したと指摘する。鉄素材の入手が限られるなか、硬質素材の切断・加工には鉄器を投入し、軟質部分の加工には石器が利用されたと冷静に評価している。時に石器から鉄器への移行期、さもなければ石器の残存状況と読み取りがちな両者の共存に対する新たな解釈といえる。

河合氏の意を汲めば弥生人が鉄の稀少価値を認識し、工程や対象物に応じて石と鉄を使い分けていたという深い意味をもつこととなる。この河合氏の研究は工具の鉄器化あるいは鉄器の普及過程に関する議論を将来的に先鋭化、複雑化させると予察できる点でとくに注目される。木器生産の諸工程に関わる石器・鉄器の組成も詳細な検討がはじまっており（田中謙「弥生時代後期における木工具の「分化」とその地域性」瀬戸内海考古学研究会編二〇一七）、その指針ともいえよう。

## †木器研究がものがたる鉄器の普及

鉄器は基本的に柄に装着して使用され、そして対象物を割り、切り、削る。その意味では木器こそ装着具としては汎用性があり、木は各種の大量の製品が知られているように骨角器よりも頻度の高い鉄器の加工対象であった。今、柄としての木器、加工痕をのこす未製品の研究が弥生時代における鉄器普及に関して多くのことを提言している。

石川県八日市《ようかいち》地方《じかた》遺跡では斧柄が大量に出土し、舶載鉄器片再加工品の使用段階に続く中期中葉に、完形の鋳造鉄斧が伐採斧（縦斧）、加工斧（横斧）の双方に使用されていたことが判明した（福海貴子編『八日市地方遺跡Ⅰ』小松市教育委員会、二〇〇三、写真1）。その痕跡は木材や未製品にのこされた鉄刃の明瞭な痕跡にも読みとることができる（林大智「北陸における農工具の鉄器化について」考古学研究会東海例会編二〇一七）。また木器の仕上げには削りの機能を有する鉄器の使用も想定され、実際に出土した韓半島産鉇や前代以来の舶載鉄器片を再加工した鉄器がそれを担っていたものと思われる。

写真1（左）八日市地方遺跡出土鋳造鉄斧の柄（小松市埋蔵文化財センター所蔵）
（右）八日市地方遺跡出土鉇（石川県埋蔵文化財センター保管資料所蔵）

ただし、この段階に舶載鉄器が磨製石器の立場を奪ったわけではない。八日市地方遺跡では鉄斧用木柄とは比較にならないほど大量の石斧用木柄が出土している。何よりも伐採から加工にいたる各工程を担う磨製石器群は主役としての存在を失っていない。河合氏の骨角器研究からの主張を受けて、鉄の価値と稀少性を反映した石と鉄の使い分けと評価する必要があろう。石川県では後期中葉～終末期の石川県塚崎遺跡で各種小型鉄器とともに扁平片刃石斧が複数伴出《はんしゅつ》している。石器使用から鉄器使用への移行が決して不可逆的なものではなく、その時期まで素材の選択に対する柔軟性が保持されていたとみられる。

さて、鉄器そのものが一定量発見されている山陰、北陸といった日本海沿岸地域に対して、その発見例が極めて少なく、石器の減少から鉄器普及の証明を負わされてきたのが近畿地方である。弥生時代後期における鉄器の普遍化こそが古墳時代社会の構築を可能とし、その動きの中心が大和であったという小林行雄氏の言説（小林行雄「古墳時代文化の成因」『古墳時代の研究』一九六一）は、直接的あるいは間接的にその証明を課するものになったとみる。しかし石器では十分に証明しきれない近畿地方における鉄器普及の証明を新たに担っているのが木器や骨角器の研究である。木器についてはそのムーブメントは東海地方から起こった。樋上昇氏が主導した木柄、木製品の研究は、鉄器生産開始以降における鉄器使用の段階性を過去にない形で示しており（考古学研究会東海例会編二〇一七）、鉄器普及に関する研究に新たな視角をもたらしている。

その研究によれば、近畿地方の一例として示された河内湾岸地域では斧の鉄器化が中期後葉に完了するという。ただし、実際には磨製石器そのものが存在するので（寺前直人「関西」下條編二〇一〇）、骨角器研究で河合氏が示した石・鉄の使い分けを少なくとも想定しておくべきであろう。東海地方の三河・尾張では中期後半に加工斧として鉄斧がみられるものの、磨製石斧を駆逐するほどではなく、後期を迎えて太形蛤刃石斧・柱状片刃石斧・扁平片刃石斧の柄は完全に消滅し、袋状斧か板状斧の柄しか認められないという。これらの地域では弥生時代終末までに伐採、製材という工程に関わる斧の鉄器化が相当に進んでいたということになる。問題はいかなる種類の鉄器がどのように石器を駆逐していったのかということになる。このことを考える前提として、弥生時代における鉄器の自給、つまり鉄器生産の動態について目を向けてみよう。

## †北部九州における鉄の需要と鉄器生産

韓半島が馬韓・弁韓・辰韓に分かれる時代を古代史では三韓時代、考古学では原三国時代と呼び、その前期は弥生時代中期後葉から後期前葉にあたる。この時期、弁韓あるいは辰韓地域では慶尚南道昌原市茶戸里《たほり》遺跡のように鉄器を大量副葬する墳墓群が現れる。一方、北部九州で鉄器副葬は中期前葉に鉇《やりがんな》、中期中葉に剣がそれぞれ始まり、原三国時代前期に併行する中期後葉には短剣、矛、鉇などの鉄器が前漢鏡、武器形青銅器とともに副葬されるようになった。同時に北部九州では鉄器生産が開始され、赤井手遺跡、須玖唐梨《とうなし》遺跡等が示すように福岡県春日市域にその中心地が形成されたとみられる（長家伸「弥生時代の鍛冶技術について」『細形銅剣文化の諸問題』九州考古学会・嶺南考古学会第五回合同考古学大会、二〇〇二）。

韓半島ではすでに生産が停止していた鉄戈《てつか》が北部九州でのみ存続した。しかもその形態は複雑化し、大型化していることから高度な技術を継承して北部九州で生産が続けられたと考えられる。その背景には鉄素材の獲得を開始しただけではなく、弁辰地域の鍛冶技術者と接触して高度な鉄器生産が開始され、同時にこの地域で鉄器生産技術の伝習がおこなわれたとみられる。杉山和徳氏が示したように韓半島と弥生時代の短剣とでは剣身・茎の規格が異なっており（杉山和徳「日本列島における鉄剣の出現とその系譜」『考古学研究』六一―四、二〇一五）、後者は当然、北部九州産の短剣である。鉄戈の生産という鍛延が極めて高度な鍛冶を経験した北部九州の鍛冶技術者にとって短剣生産は十分に可能となっていたのである。

ただし、この時期の鉄器すべてが弁韓・辰韓系かというとそうではない。そのことを端的に示すのが鉄鎌である。鉄鎌は刃部を下にしておいた場合、着柄部の折り返し部を右に作るものを甲技法、左に作るものを乙技法と呼び、鉄鎌分類の重要な視点である（都出比呂志「農具鉄器化の二つの画期」『考古学研究』一三―三、一九六七）。弁韓・辰韓地域、つまり韓半島東南部で出土する原三国時代の鉄鎌は例外なく乙技法の鎌である。それに対し、当該期の北部九州の鉄鎌は甲技法を主流として、乙技法もわずかにみられる。甲技法は中国、楽浪地域にあり、また韓半島中部地域の西海岸よりで散見されることから、西海岸ルートとの接点もあったとみるべきであろう。

ところで北部九州では副葬とは別の脈絡で埋葬址から鉄器が出土するようになる。甕棺墓であれば合せ口の目貼り粘土に差し込まれたり、墓坑内に納められたりし、土坑墓であれば棺上や墓坑上、標石近くに鉄器がおかれる例が広く見られる。これは葬送儀礼、とりわけ辟邪や封じ込めといった観念を具象化した行為である（村上恭通「弥生時代の鉄と祭祀」『平成三〇年度瀬戸内海考古学研究会第八回公開大会予稿集』二〇一八）。鉄が祭祀という場面でも消費されるようになったのである。同時期の韓半島における現象との関連性は今後の課題となる。

以上のように北部九州では前代以来、鋳造鉄斧や板状鉄斧などの舶載に加えて、鉄素材も大陸から受容し、大小の袋状鉄斧、小型板状鉄斧、刀子《とうす》、鉇、鑿などを在地生産できるようになった。そして狩猟具、武器としての鏃、戈、短剣などの武器類はもちろんのこと、方形板鋤先、鎌といった農具にまでも生産がおよぶこととなった。さらに鉄器の使用目的も生産活動のみならず、副葬、祭祀と幅が広がった。生活のあらゆる場面への鉄の投入は、北部九州の弥生社会がますます対価を備えて大陸から鉄を獲得しなければならなくなったことを暗示している。

## †鍛冶技術の伝播にみる跛行性

注目されるのは北部九州で鉄器生産が開始されるとほとんど間髪入れることなくその技術が九州外部へも伝達された点であり、中期後葉の鍛冶工房は日本海側では京都丹後地方まで、瀬戸内側では徳島県域まで確認されている。このことは舶載鉄器のみならず、各地の嗜好に合った鉄器を自ら製作したいという地域の鉄に対する期待と渇望を表している。そして後期後葉〜

終末には日本海側では石川県能登半島、太平洋側では愛知県三河地方まで確実に広がっている。

しかしながら北部九州の鍛冶技術がそのままの形で伝達されたわけではなく、鍛冶炉も鍛冶工房の形態も大きく変容している。弥生時代の鍛冶炉は深い掘り込みをもち、木炭や土でベッドを設けたⅠ類、Ⅰ類ほどには深さがなく、ボウル状の掘り込みをもつⅡ類、浅い皿状の掘り込みのⅢ類、掘り込みをもたず、工房の床をそのまま炉床とするⅣ類とに分類される（村上恭通『古代国家成立と鉄器生産』二〇〇七）。Ⅳ類炉はその構造から鉄素材に対して局所的な加熱しかできないため、大型素材の加工には不向きで、もっぱら小型鉄器への加工に適した炉であった（村上恭通「弥生時代鍛冶遺構の諸問題――鍛冶炉構造を中心に」『五斗長《ごっさ》垣内《かいと》遺跡発掘調査報告』淡路市埋蔵文化財調査報告書八、二〇一一）。

九州では当初、Ⅰ類、Ⅱ類があり、後期以降はⅡ類に収斂される一方で、九州を離れると一部の地域を除いてⅣ類鍛冶炉が主流となる。この炉をそなえる工房には、通常の竪穴住居よりも大きく、主柱穴が壁に寄って、作業空間が広いという特徴があり、工房には複数の鍛冶炉が設けられた例も少なくない。この大型工房では複数の火床を囲んだ鍛造・送風作業が想定され、それでも余る空間では砥石による鉄器の仕上げも複数箇所で可能であった。福岡県赤井手遺跡のような北部九州のⅡ類炉をもつ小型鍛冶工房とは技術レベル、生産物の質のみならず、想定される作業風景も大きく異なっていたのである。

ここに鉄器生産における技術や専業性の低下を読みとることができる。同時に、この類型の工房でおこなわれた鍛延・切断・研磨程度の技術による簡単な小型鉄器の生産が在来の石器製作工人によって担われた可能性も想定しておくべきであろう。Ⅳ類鍛冶炉をもつ鍛冶工房の急速な拡散は、各地の自立的な鉄器獲得への渇望に加えて、鍛冶技術と専業性の低さ、石器製作工人を含めた集落構成員の参画が可能といった鉄器生産の性格によって可能となったのである。

このような九州外部の状況のなかで、Ⅳ類炉のみならずⅠ類、Ⅱ類という北部九州的な鍛冶炉を中期末葉に受容し、古墳時代前期まで継続する鉄器生産を看取できるのが徳島県域である。また中国山地では広島県庄原市和田原遺跡D地点のように中期末葉、Ⅳ類鍛冶炉をもつ複数の鍛冶工房が営まれた。その前提として、同時期の山陰沿岸地域における鉄器生産も想定される。後期中葉には、Ⅰ、Ⅱ、Ⅳ類炉を備える鍛冶工房が島根県松江市上野Ⅱ遺跡において複数発見されている。この山陰における状況は北陸にも影響を与えたと考えられ、Ⅱ類、Ⅳ類炉をそれぞれもつ鍛冶工房が発掘された石川県七尾市奥原峠遺跡がそれを証明している。これらの地域はⅣ類鍛冶炉を備えた鍛冶工房のみを受容した地域に比べて鉄素材の受容量・消費量、そして鍛冶技術が相対的に高かったとみられる。

## †鉄素材・鉄器の交易とそのルート

弥生時代中期後葉における鍛冶技術の広汎な伝播は各地での鉄器生産を可能たらしめたが、その技術的な限界から単純な鍛延と鏨による切断による鉄器しか作り得なかった。必然的に製品は小型の板状鉄斧、鑿、鉇、穿孔具に限られていくこととなる。しかしながら中期末葉以降、近畿地方以東では比較的大型の伐採斧、加工斧、そして斧柄の台座をくるむような袋部をもつ斧が浸透していく様子がみられる。そうするとこれらは交易品としてもたらされたと評価するしかない。もとより数こそ限定されているものの、東海、関東地方で知られてきた中型・大型袋状鉄斧、板状鉄斧はほとんどが舶載品である（図1）。

中期中葉以降、完形舶載鉄器の受容がみられた八日市地方遺跡を擁する石川県域ではそのありようが明瞭で、後期中葉以降も鋳造鉄斧を縦斧、横斧として用い、小型の加工具としては在地産が充当された。また金沢市塚崎遺跡の出土品には端部を外側に折り返して袋部の強化をはかった九州産の有帯鉄斧も外来系鉄器として加わっている。舶載鉄器、九州産鉄器、在地産鉄器という鉄器の三重構造は鳥取県鳥取市青谷上寺地遺跡においてすでに確認されており、その様相が広範におよんでいたのである（前掲、村上二〇〇七）。ただ広域に伝わる鉄器が九州産のみかというとそうではない。素環頭刀子は北部九州から山陰地方にかけて細長い分布をみせてい

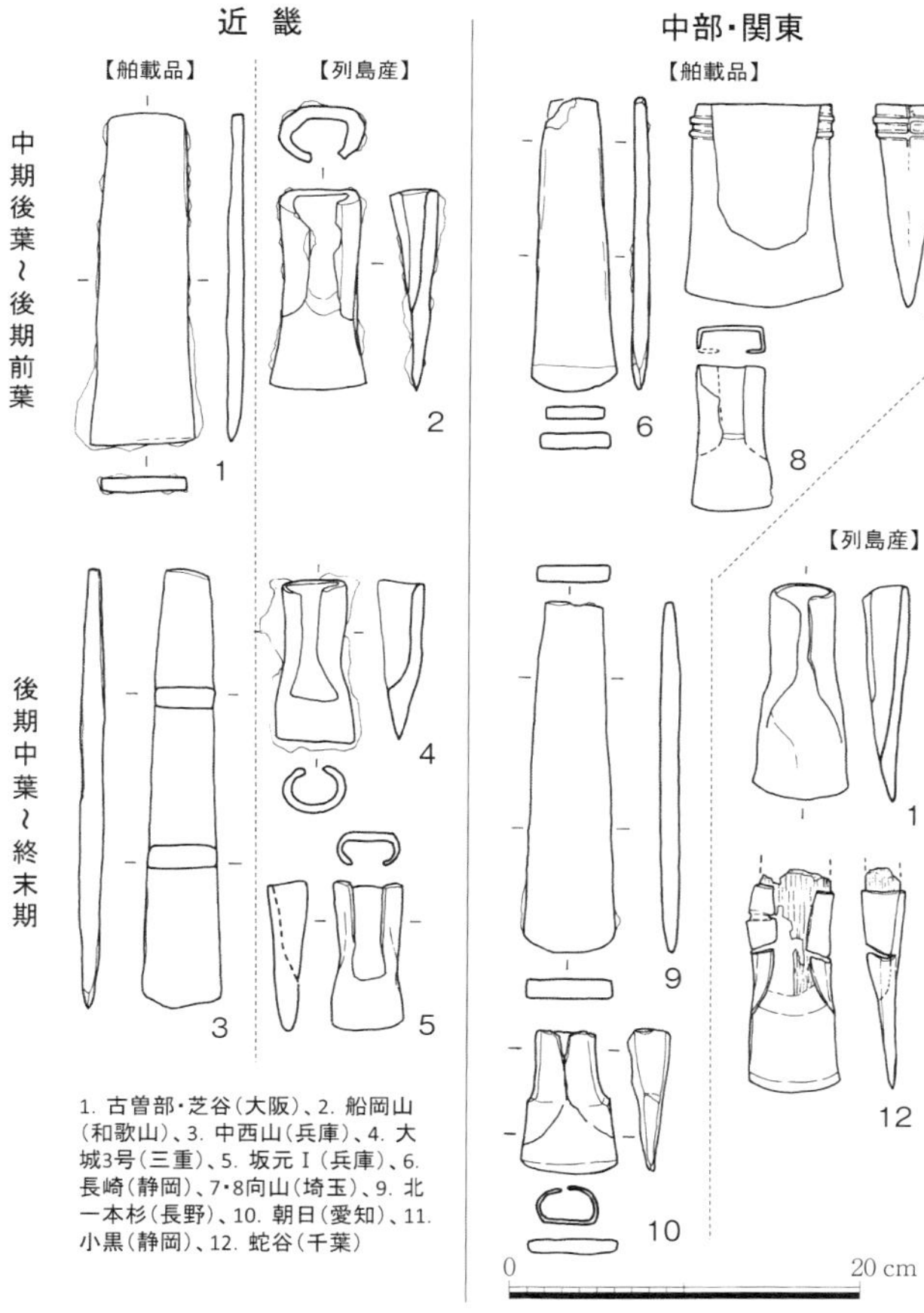


図1　中部・関東・近畿における舶載大型鉄斧と列島産大型鉄斧の比較

るが、細く鍛延した茎端部を刃部側に曲げて形成される標準的な環頭が山陰地方で棟側に巻く環頭へとなる。この環頭の製作技術が前期古墳である大阪府高槻市安満宮山《あまみややま》古墳の副葬鉄器にもみられることから、山陰起源のムーブメントが東方に広がっていた可能性が指摘できる。また九州外部における鉄器生産の先進地である徳島県域の鍛冶工房は中型・大型鉄器を生産し、東方に製品を送り出すだけの力を備えていたことも推測される。

いうまでもなく弥生社会の維持にとって木器は不可欠であり、その生産も時期を追うごとにスキルアップし、効率化したことは樋上昇氏が描出したとおりである（樋上昇『樹木と暮らす古代人――木製品が語る弥生・古代人』吉川弘文館・歴史文化ライブラリー、二〇一六）。その木器生産の根本を支えた伐採、製材具は基本的に舶載品であり、後期中葉以降は九州産ほかの列島内製品もある種のブランド品としてⅣ類鍛冶炉を主流とする地域に受容された。そこでは加工、仕上げを担った小型鉄器に限って自給が可能であった。

Ⅳ類鍛冶炉が主として分布する地域およびその外縁部では、製品はもちろんのこと小型鉄器を生産するための素材も域外からの獲得が絶えず目的化されることとなった。この獲得は眼前に流れてきた回転ベルト上の寿司をとるというような他律的なものではなく、鉄器、鉄素材の舶載を担う地域、でなければ相対的により多くの鉄を保有し、消費する地域と直接的な交渉によって獲得する、具体的にいえば各地域で産する何かと鉄とを交換する必要があったのである。

この点について、日本海沿岸地域が出土鉄器の総量とバラエティが瀬戸内地域や畿内地域よりも豊富であると評価した上で、韓半島南部の鉄素材獲得に関して北部九州のみを窓口とする必然性を否定し、鉄資源の供給ルートを多元的に捉えようとする論調がある（野島永「研究史からみた弥生時代の鉄器文化――鉄が果たした役割の実像」『国立歴史民俗博物館研究報告』一八五、二〇一四ほか）。このような見解に対し、丹後・但馬地域の弥生墓制・副葬品に関する検討から、韓半島南部の洛東江流域との関係を認めつつも、外洋を往来する沖乗り航法の可能性に疑問を呈し、恒常的な彼我の交通・交流関係を否定する冷静な見解もある（福島孝行「洛東江流域の原三国時代墓制と丹後・但馬流域の弥生時代後期墓制」『京都府埋蔵文化財論集』七、二〇一六）。

京都府与謝野町に所在する後期後葉の大風呂南1号墳はガラス釧と複数の鉄剣を出土したことで著名であるが、被葬者の頭部付近に複数の北部九州産銅釧をはさむように両端におかれていたのは南海産の貝輪であった。その被葬者が最終的な所有者であったとしても、鉄器を含めてそれらが北部九州を経由したことを否定する必要はどこにもない。

さて交易に深く関わる航法には注意が必要であり、これは内海の瀬戸内のルートについても同様である。この点については谷若倫郎氏が提示した瀬戸内航路が重要である（谷若倫郎「古墳・祭祀遺跡からみた瀬戸内海航路――芸予諸島を中心として」『瀬戸内海に関する研究』福武学術文化振興財団、二〇〇二）。弥生時代における瀬戸内の東西航路は基本的に地乗りルートの組み合わせであり、西部瀬戸内に関してはすべての海岸平野が航路に接触するわけではなく、交易の不均衡が生じた可能性が指摘されている（村上恭通「瀬戸内における弥生時代の鉄問題と鉄史観」『平成二七年度瀬戸内海考古学研究会第五回公開大会予稿集』二〇一五）。地乗り航法に慣れた各地の海民が玄界灘・対馬海峡の沖乗りを意のままにおこない得たとは考えがたい。第8講では辻田淳一郎氏の論考（辻田淳一郎「鏡からみた古墳時代の地域間関係とその変遷――九州出土資料を中心として」『古墳時代の地域間交流二』九州前方後円墳研究会、二〇一四）を引きながら、北部九州を通過しない玉の対外交渉ルートが想定される必要はないと論じられているが、鉄についても武器類の一部に下賜的な受容の可能性があることを除けば妥当と判断する。

かくして各地の鉄器消費地は北部九州の対外交易窓口と直接的あるいは間接的に交渉して舶載鉄器と素材を獲得しなければならなかった。北部九州は弁辰地域産あるいは韓半島西海岸ルートを経た鉄素材、鉄器の獲得に対する注力をますます増大させていくのである。

## †日本海沿岸地域における交易環境と鉄

文字通り一衣帯水である北部九州と日本海沿岸地域はその地勢のみならず、鉄器使用が始まるよりはるか前の縄文時代から、相対的に瀬戸内沿岸地域より密接な交渉の前史を共有していた。日本海沿岸地域は縄文時代より翡翠《ひすい》製玉類のみならず、漆、そして精神活動に関連する特殊な土偶、土器の動物装飾意匠など（山崎純男「西日本における蛇の装飾」『尖石縄文考古館一〇周年記念論文集』二〇一二）を多数伝え、地元にないものが日本海沿岸地域に存在するという意識や期待が北部九州の人々に弥生時代以前から芽生えていたとみられる。鋳造鉄器片の再加工品が九州外部へ伝わり始める頃、南海産イモガイ製貝輪が北海道伊達市有珠《うす》モシリ遺跡にまでおよんでおり、その時点で日本海沿岸地域がもの、情報を伝えるルートとしてきわめて効果的に機能していたことを読みとれる。さらに交易を担った海民の活動痕跡が顕著に残されており、九州から日本海沿岸地域に去来したことを示す証左として弥生時代中期には結合式釣針やアワビおこし（ヘラ状骨角器）、後期には九州型大型石錘（下條信行「弥生・古墳時代の九州型石錘について――玄界灘海人の動向」『九州文化史研究所紀要』二九、一九八四）がある。これら地域間の交易は、地勢、歴史性、鮮明な荷担者像などの諸要因を背景に、より安定的に執りおこなわれたのである。

ところで近年、弥生時代の鉄器文化研究では、青谷上寺地遺跡の木器生産、奈具岡遺跡の碧玉製管玉・水晶玉生産にみられるように、特殊な鉄器を用いた農耕以外の生産部門への労働力投下と貴重財、高級品生産を過大評価する傾向にある。これは農業生産力の維持・向上への鉄器の直接的関与に対する過小評価と連動している（野島氏前掲論文）。たしかに農耕具、収穫具などの鉄器化は緩慢であり、その普及には地理的な跛行性があるものの、農耕社会を維持するために必要不可欠な木器生産はますます向上が必要とされ（樋上氏前掲書）、それに対応すべく地域社会が鉄器や鉄素材を獲得したことはすでに述べたとおりである。また日本海沿岸地域における特殊な鉄器を用いた多様な手工業生産は貴重財、高級財を生み出してはいるものの生産の目的が明確であり、漠然とした余剰蓄財のためではない。この点については特産品という言葉を用い、その生産と目的についてすでに論じられている（前掲村上二〇〇〇）。新出の資料を交えると次のように整理することができるだろう。

恵まれた交易環境のもと、ひとたび鉄器の効力や情報に触れた日本海沿岸地域の地域社会は農耕社会維持のために必要不可欠な木器生産の獲得のために鉄との交換物を備えるべく、瀬戸内海沿岸地域では容易になしえない手工業部門への労働力投下がおこなわれた。それが玉であったのだ。第8講で玉生産地として詳細に論じられる北陸地方では、中期中葉の八日市地方遺跡が大規模な木器生産に完形の船載鉄器を導入していたことがうかがえるが、この遺跡で生産された碧玉製管玉は特産品として、西方地域との鉄の交易に対して交換物資の機能を果たした。この交易戦略は中期後葉、丹後地方の奈具岡遺跡における碧玉製、水晶製の玉生産にも導入され、Ⅳ類鍛冶炉を用いて製作された鉄錐、楔がその効力を発揮した。もっぱらこの炉が普及する地域の鉄器生産は、高度な技術の伝承を必要とせず、専業性が低く、石器生産工人の兼業も想定されるため、他の手工業生産に従属しやすかった。以降、この鉄器を用いた玉生産と鉄との交換戦略は山陰地方にも広がることとなる。

さらに山陰地方では木製品という特産品が加わることは青谷上寺地遺跡が示すとおりである。通常の集落遺跡では出土しない鉄製工具とその分化が巧妙なつくりの木製品生産を可能とし、その生産物は北部九州から北陸にまでおよぶ。この木製品もまた北部九州との交易原資となり得たであろう。

## †交換原資の拡張

特産物を介在した鉄との交換が日本海沿岸地域のみで執りおこなわれたとみるのは問題である。瀬戸内海沿岸地域では徳島県の吉野川流域で中期末葉から終末期まで鍛冶工房が連綿と営まれ、しかも工房の鍛冶炉はⅠ類、Ⅱ類が主体となっている。出土する鉄器も舶載品、在地生産品ともに豊富であり、それらを獲得し得た背景として注目されているのが同県阿南市若杉山遺跡から産出する辰砂を精製した朱の存在である（岡山真知子「古代における辰砂生産工程の復元」『考古学雑誌』八四―一、一九九八／栗林誠治「弥生時代・徳島における鉄器及び鍛冶技術の導入と拡散」『近畿弥生の会第二回テーマ討論会　石器から鉄器への移行期における社会の変革を考える』二〇〇六）。

北部九州は墓制における朱の消費地の一つである。その朱は硫黄同位体分析の結果、中国産であることがわかっているが（南武志・河野摩耶・古川登・高橋和也・武内章記・今津節生「硫黄同位体分析による西日本沿岸の弥生時代後期から古墳時代の墳墓における朱の産地同定の試み」『地球科学』四七、二〇一三)、香川県や徳島県に起源をもつ朱の精製具が北部九州でも出土しており、墓制と直接関わるかどうかは別として、祭祀行為を演出するアイテムとして北部九州が受容していることがわかる(大久保徹也「讃岐地方における朱関連資料――とくに内面朱付着土器について」『考古学ジャーナル』三九四、一九九五)。つまり徳島産の朱もまた特産品として北部九州を窓口に船載される鉄との交換財として想定できよう。

ここまで述べた事例は鉄器あるいは鍛冶工房の様相と特産品の生産との対応関係が説明可能であった。今後の考古資料の検討によって顕在化する特産物もあるであろうし、それを仲介とした鉄器・鉄素材との交換も検討されるであろう。しかしながら、近年のⅣ類鍛冶炉の増加状況や木器、骨角器の生産が示す鉄器の普及状況から、特産物の存否にかかわらず、より普遍的な鉄との対価交換物を想定する必要があるように思える。その候補として北條氏が主唱するコメ、稲束は魅力的である(前掲北條二〇一四)。各地での生産が可能であり、交換価値も統一しやすいという利点がある。

そもそも北部九州が弁辰鉄を獲得するために何を交換原資としなければならなかったのか?東潮氏は『三国志』魏書東夷伝弁辰条の「国出鉄韓濊皆従取之諸市買皆用鉄如中国用銭又以供給二郡」と同倭人条の「南北市糴《してき》」の解釈から倭人がコメを売買して鉄を取ったと解釈した(東潮「弁辰と加耶の鉄」『国立歴史民俗博物館研究報告一一〇』二〇〇四)。弁辰地域と推定される韓半島東南部地域における当時の稲作事情が斟酌される必要があるものの、本書の第12講でも追認されているようにこの解釈は妥当なものと考える。そうすると北部九州に集積される交換財としてコメが候補となることも想定しておくべきであろう。

また交換という視点に立つと武末純一氏が韓国と鳥取県青谷上寺地遺跡の資料を例示しながら説く権《けん》の存在が意味をもつ（武末純一「弥生時代の権――青谷上寺地遺跡例を中心に」『福岡大学考古学論集二――考古学研究室開設二五周年記念』二〇一三）。権を用いて、コメ、玉あるいはその原石と鉄を交換する様子を想起することができる。同時に島根県松江市田和山遺跡での発見以降注目されている硯も意味をもつ。硯が「文字」を書くためのものと限定する必要はなく、交換の際に取り交わす「記号」を記すものとして想定することも可能であろう。

## †古墳時代の始まりと鉄器の生産

以上、述べてきたように弥生時代終末期までは、各地での鉄器化した社会の形成にとって鉄器・鉄素材との交換をどのように実現したのかといった点が重要であり、交換原資を生み出すための労働力投下が必要であった。原資の生産に波があれば、またその生産が環境変動などによって左右されるようなものであれば、それに相応した鉄器の受容となるために、その意味では不安定な鉄器化におちいる。第8講では弥生時代後期後葉から末期までの間、玉の流通ルートが不安定であったことが述べられており、その現象と通ずるのかもしれない。

このような状況は次の時代にどのように変化するのであろうか？　鉄器生産は古墳時代の始まりとともに大きな画期を迎え、福岡県福岡市博多遺跡にみられるように定形化した蒲鉾形の鞴羽口を使用し、大量の大型鍛冶滓を生成するような高温かつ大規模な鍛冶が可能となった（村上恭通「古墳時代の鉄器生産」『考古学ジャーナル』三六六、一九九三）。精錬鍛冶も可能となり、韓半島から入手される鉄も精製素材だけではなく、不純物を含んだ粗鉄も精錬、加工できるようになり、鉄素材の生産が可能となった。

この時期に注目されるのは、この高度な鍛冶技術が日本海沿岸地域では北陸まで、太平洋沿岸地域では南関東まで規模は小さいながらも点々と伝わっている点である。近畿地方でも奈良県桜井市勝山古墳周溝や纏向《まきむく》遺跡で確認できる。この鍛冶技術の伝達は弥生時代におけるⅣ類鍛冶炉の伝播とは全く異質であり、北部九州の技術がより直接的に伝習されたとみるべきであろう。各地が目指していたより自立的な鉄器生産に一歩近づいたわけである。

ただし博多遺跡での精錬量、換言すれば鉄素材生産量には遠くおよぶものではなく、北部九州は鉄素材の舶載、生産の拠点として前方後円墳成立以降もしばらくはその地位を維持しなければならなかった。近畿地方中枢部も山陰、北陸、関東地方と同様、新しい鍛冶技術を受容し、自立的な鉄器生産への一歩を踏み出したものの、依然として舶載鉄器や鉄素材の獲得に際しては北部九州の交易の窓口との関係を維持せざるを得なかったのである。

したがって地域社会の維持・発展を支える鉄のコントロールが近畿地方に移行する様子はどこにもみられない。しかし前方後円墳とその葬制が各地に波及していくことは紛れもない事実である。むしろ北部九州を鉄の受容窓口とし、それを起点とする鉄の交換体制は維持され、それとは全く異なった形で前方後円墳にみられる地域間関係が新たに形成されるのであろう。

**さらに詳しく知るための参考文献**


下條信行編『季刊考古学　特集：石器生産と流通にみる弥生文化』一一一号（雄山閣、二〇一〇）……鉄器と共存し、鉄器に代替される磨製石器群の生産と流通に関する各地の様相が簡潔にまとめられている。

河合章行編『青谷上寺地遺跡出土品調査研究報告7　骨角器（2）』（鳥取県埋蔵文化財センター〔調査報告四一〕、二〇一二）……骨角器の製作工程に対する鉄器、石器の関与を明快に説き、新たな視点から鉄器普及の段階性・地域性を論じている。

塚本浩司・瀬尾晶太編『鉄の弥生時代——鉄器は社会を変えたのか？』（大阪府弥生文化博物館、二〇一六）……展示図録であり、豊富な写真が鉄器の質感を伝えるだけでなく、弥生鉄器に関する学史や研究の到達点が客観的に精緻にまとめられ、弥生時代の鉄器研究を概説している。

考古学研究会東海例会編『木製品からみた鉄器化の諸問題』（考古学研究会、二〇一七）……鉄斧を装着する木柄、木器の未製品にのこされた加工痕から石器と鉄器の消長に関する各地の様相が示され、新たな観点から鉄器普及を論じている。

瀬戸内海考古学研究会編『平成二九年度瀬戸内海考古学研究会第七回公開大会予稿集——弥生時代、地域の鉄器化はどこまで進んだのか』(瀬戸内海考古学研究会、二〇一七)……九州、東北を除く各地における出土鉄器が網羅され、鉄器の機能分化や在来・外来鉄器組成の地域性など今後の研究に必要な資材を提起する。

# III 古墳時代

第10講

# 鏡から古墳時代社会を考える

辻田淳一郎

## †古墳時代研究と銅鏡研究

日本の考古学において、古墳時代研究は、弥生時代と七世紀末〜八世紀初頭における律令国家成立との間をつなぐ研究領域である。三世紀半ばにおける巨大前方後円墳の出現を始まりとし、六世紀末〜七世紀初頭における前方後円墳の築造停止を経て、終末期古墳の時代(飛鳥時代)までをその研究対象とする。この時代は、墳墓モニュメントとしての古墳(前方後円墳および関連する墳墓)の造営を特徴とし、近畿地域を中心とした政治秩序が形成された時期と捉えられてきた。この古墳に副葬される様々な器物の一つに、青銅製の鏡(以下鏡、銅鏡)がある。

これらの鏡についての研究は、古墳時代研究、あるいは古墳研究と密接に関連しながら進展してきた。小林行雄氏の『古墳時代の研究』(青木書店、一九六一)は、三角縁神獣鏡の分析を基礎として、中央政権による鏡の配布という観点から古墳時代政治史を鮮やかに描き出した著作であり、以後の古墳時代研究に大きな影響を与えてきた。その後、特に一九九〇年代以降、資料の増加と調査・研究の進展により、現在進行形で時代像が更新され続けているということができる。また古墳時代を国家形成期と捉える場合も、大きくは国家成立以前の部族連合の時代と捉える説（近藤義郎氏）や初期国家と捉える説（都出比呂志氏）の両者があり、その評価については意見が分かれている。以下では、鏡の変遷という観点から古墳時代社会の実態について考えてみたい。

## †古墳時代の鏡の種類と変遷

古墳時代は、大きく前期・中期・後期・終末期に区分されている。一九八〇年代以前の教科書では、古墳時代は四世紀に始まるというのが通説的な理解とされていたが、一九九〇年代以降の鏡研究の進展などにより、現在は古墳時代の始まりは三世紀中葉の二五〇年前後とする見解が有力視されている。前期と中期の境界と実年代については議論があるが、全体としては、前期を三世紀中葉～四世紀後半、中期を四世紀末～五世紀末、後期を六世紀代、終末期を七世紀代とする理解が定着している。前期前半が三世紀中葉から末と想定され、邪馬台国時代からその後裔の時代とみられる。中期がいわゆる倭の五王の時代、終末期が飛鳥時代に該当する。中国でいえば、魏晋南北朝時代から隋唐代にかけて、朝鮮半島では三国時代にほぼ並行する。

日本では、弥生時代から古墳時代の遺跡から出土する鏡が六〇〇〇面を超えるが、中国本土や朝鮮半島西北部の楽浪郡などを除けばアジアでこのように鏡を大量に消費する地域は存在しないことから、なぜ当時の日本列島では大量の鏡が必要とされ、また消費されたのかという点を明らかにすることが大きな課題といえる。

　この時代の東アジアの鏡は、大きく鉄製の鏡（鉄鏡）と青銅鏡に分かれるが、中国において鉄鏡が普及したのに対し、日本列島ではわずかな数の出土事例しか知られておらず、流通した鏡のほとんどが青銅鏡であった。古墳時代の遺跡から出土する青銅鏡は、大きく以下の三つに分けられる。すなわち、中国鏡・三角縁神獣鏡・倭製鏡である。

　ここでいう中国鏡は、漢代から魏晋南北朝時代にかけて中国で製作され、日本列島に輸入されたもので、舶載鏡とも呼ばれる。また続く七世紀代の終末期（飛鳥時代）には、一部で初期の隋唐鏡がもたらされ、副葬されている。このうち、古墳時代の遺跡から出土するのは、主に紀元後一世紀～二世紀代の後漢鏡、三世紀代の三国鏡（主に魏鏡と呉鏡）・西晋鏡などである。また五世紀の倭の五王の時代には、中国南朝との通交によってもたらされたと想定される、同《どう》型鏡群《けいきょうぐん》と呼ばれる一群がある。

　なお後漢鏡は弥生時代後期～終末期（紀元後一世紀から三世紀前葉）の遺跡からも多数出土しているが、北部九州にやや出土が偏っており、瀬戸内以東での出土は限定的である。弥生時代終末期の福岡県糸島市の平原《ひらばる》遺跡一号墓では、面径四六・五センチの内行花文鏡五面を含む四〇面の中国鏡の副葬事例が知られており、古墳時代の鏡大量副葬の先駆をなしている。

三角縁神獣鏡は、主文様に西王母や東王公といった神仙を描き、断面三角形の縁部をもつ、面径の平均が二二〜二三センチという大型鏡である。後述するように製作地について意見が分かれているため、ここでは一般的な中国鏡の鏡式とは区別して扱う。

倭製鏡は倭鏡・仿製《ぼうせい》鏡（仿《まね》て作った鏡）・倣製鏡などとも呼ばれ、中国鏡をモデルとして日本列島で製作された鏡を指す。

全体の見取り図として示すならば、古墳時代の各時期の主立った鏡の変遷として、以下のように整理することができる。

前期——中国鏡・三角縁神獣鏡・倭製鏡
中期——中国鏡（同型鏡群）・倭製鏡
後期——中国鏡（同型鏡群）・倭製鏡

このうち、三、四世紀の前期に鏡の流通や副葬のピークがあり、多数の鏡が使用・消費された。その後、中期前半（五世紀前半）には一度生産・流通が低調となるが、中期後半（五世紀後半）以降に再び鏡の流通・副葬が活発化するという変遷がある。三角縁神獣鏡は中期・後期にも副葬される事例があるが、基本的には前期に生産・流通が集中する一群である。終末期には上述のように一部で隋唐鏡の副葬がみられるものの、数が少ないことから、鏡の流通や副葬は後期までが主体であるものとみられる。以下、前期・中期・後期の鏡と各時期の政治的動向についで検討したい。

### †古墳時代開始期における中国鏡の列島への流入

古墳時代前期は、上述のように近畿を中心とした広域的政治秩序が出現した時期であり、奈良盆地周辺で多数の大型前方後円墳が築造された。そしてそれと歩調を合わせるように、近畿を中心として鏡が分布するようになることから、大型前方後円墳の出現を大きな画期として、近畿を核とする鏡の流通がおこなわれるようになったものと考えられている。この銅鏡流通の核となった政治権力について、ここでは近畿中央政権と呼称する。またこの時期は、『魏志』倭人伝に描かれた卑弥呼の魏への遣使や「銅鏡百枚」が具体的な考古資料にどのようにあらわれるのか、といった点からも注目されてきた。この「銅鏡百枚」の有力候補とされているのが、三角縁神獣鏡である。

中国における銅鏡生産は漢代をピークとし、この時代の宇宙観や神仙思想を文様として表現した鏡が広く流通していた。三世紀代の三国・西晋時代になると、それ以前と比べ生産が低調となり、漢代の文様を復古再生した模倣鏡（倣古鏡）生産が主体となる。古墳時代前期の遺跡から出土する中国鏡はこの後漢代から三国西晋時代にかけて中国で生産された鏡が主体である。この場合も、江南地域産のものなどは少なく、華北地域で生産されたものが多いといった偏りがあることから、魏・西晋王朝への遣使や、朝鮮半島西北部に設置された楽浪郡・帯方郡などを介して日本列島に舶載されたとみられる。後述する分布状況からみると、現状では、古墳時代に列島各地に複数の鏡の入手窓口が存在した形跡はなく、近畿中央政権が独占的に中国鏡の輸入と流通を差配していた可能性が高い。弥生時代後期〜終末期までは北部九州が対外交流の窓口として大きな役割を果たしていたことからすれば、古墳時代開始期前後において、こうした対外交流の窓口や経路が近畿地域へと転換したものとみられる。この変化は、近畿を中心とした地域間関係の再編成という点で、古墳時代の始まりを示す現象の一つでもある。

### †三角縁神獣鏡と「銅鏡百枚」をめぐる諸問題

このような中で、古墳時代前期の遺跡出土鏡として出現するのが三角縁神獣鏡である。全体で五六〇面前後の事例が知られており、文様が精緻な一群が「舶載」三角縁神獣鏡、文様が粗雑化し変容が進んだ一群が「仿製」三角縁神獣鏡として区分されている（図1）。従来は前者を中国製、後者を日本列島産とみるのが一般的であった。特に「船載」三角縁神獣鏡については、銘文の用字や卑弥呼が魏に使いを送った「景初三年」(二三九)や翌年の「正始元年」(二四〇)といった紀年銘をもつ鏡が存在することから魏の時代に製作されたことが想定され、中国製説の有力な根拠となってきた。

その一方で、実際には存在しない「景初四年」銘盤龍鏡の出土事例や、三角縁神獣鏡が中国で一面も出土していないことなどから、全て日本製であるという説も提唱されている。二〇一四年に中国洛陽から三角縁神獣鏡が出土したという報告がなされたが、出土状況等が明確でな

図1　三角縁神獣鏡
上　奈良県黒塚古墳出土・「船載」三角縁神獣鏡(22.0 cm)〔『古鏡総覧』I、p. 130〕文化庁蔵・奈良県立橿原考古学研究所保管
下　奈良県新沢500号墳出土・「仿製」三角縁神獣鏡(24.4 cm)〔『古鏡総覧』I、p. 412〕奈良県立橿原考古学研究所附属博物館蔵

く、中国製説の新たな根拠となるには至っていない。さらに、製作技術の観点から従来日本列島産と考えられていた「仿製」三角縁神獣鏡も含めて全て中国製とする説も提唱されており、製作地に関しては大きく「全て中国製」「全て日本列島産」「一部中国製・一部日本列島産」という三説に分かれている。また中国での製作地については、長方形鈕孔や外周突線といった技術的な特徴から中国東北部や渤海湾沿岸に系譜を求める説が有力であり、具体的な製作地としては洛陽や山東省周辺、朝鮮半島西北部の楽浪郡・帯方郡などが想定されている。

三角縁神獣鏡については、もう一つ、製作期間の長さも問題となっている。「舶載」・「仿製」三角縁神獣鏡のいずれも、型式学的な分類・編年研究が進められた結果、それぞれ三〜五段階ずつの変遷が認められている。問題はその実年代の幅であるが、全て中国製とする立場では、「舶載」三角縁神獣鏡を魏代、「仿製」三角縁神獣鏡を西晋代の作とみて、前者の製作を二〇年前後の短期間で理解する（短期編年説）。ところが、これまでの出土事例では「舶載」三角縁神獣鏡は古墳時代前期前半の古墳から、「仿製」三角縁神獣鏡は前期後半の古墳から出土しており、この場合、前期前半を三世紀後半、前期後半を四世紀代とすると上述の短期編年の年代観とはずれが生じることになる。こうした古墳編年との対比から、「舶載」三角縁神獣鏡の製作年代を五〇年前後とみて、「仿製」三角縁神獣鏡の製作年代を四世紀代とする年代観が一方で提示されている（長期編年説）。

また三角縁神獣鏡については、同じ文様の鏡の複製品（多いものでは一〇面）が生産されており、同一の鋳型を元にした生産（同笵鏡）か、同一の原型を元に鋳型を複製して生産（同型鏡）かのいずれかの方法で、同一文様鏡の大量生産がおこなわれている。従来は「舶載」と「仿製」の間でこうした同一文様鏡の製作技法にも差があるものと考えられていたが、近年では両者の間には明確な差がなく、製作技術としては両者は連続するという可能性も指摘されている。またいわゆる倭製鏡と「仿製」三角縁神獣鏡の製作技術の共通性が低い点も問題とされてきている。

以上のように、三角縁神獣鏡については、「銅鏡百枚」の有力候補とされる一方で、製作地について意見が分かれており、さらに製作年代と製作技術をめぐる問題の相方を矛盾なく説明できる説が期待されているところである。ただいずれにしても、「景初三年」「正始元年」銘の存在や前期古墳での出土のあり方から、卑弥呼の魏への遣使を契機として生産がおこなわれた鏡であるという評価は広く古墳時代研究者の間で共通理解として共有されている点を確認しておきたい。

ところでこうした三角縁神獣鏡をめぐる議論とは別に、筆者が「銅鏡百枚」の候補として注目しているのが、古墳時代前期の遺跡から出土する後漢鏡・魏鏡などの、三角縁神獣鏡以外の中国鏡である。特に前期古墳から出土する内行花文鏡や方格規矩四神鏡などの後漢鏡は、文様からは製作年代と副葬年代の間に二〇〇年以上の開きがある場合が少なくなく、これらの鏡がどこでどのように伝世されてきたのかが問題となってきた。冒頭の小林行雄氏説では、これらの後漢鏡は弥生時代に各地にもたらされ、古墳時代になるまで各地で伝世された後、新たに配布された三角縁神獣鏡とともに副葬されるようになると想定された（伝世鏡論）。

ただその後の資料の増加や研究の結果、前述のように弥生時代の瀬戸内以東では前期古墳から出土するような大型の完形後漢鏡が多量に流入した形跡がみられず、また古墳時代前期では、より大型の後漢鏡が近畿周辺に集中して分布する傾向があることから、筆者はこれらの前期古墳出土の後漢鏡は、古墳時代に近畿地域に流入した後、近畿から各地に拡散した可能性が高いものと考えている。この点で、これらの大型後漢鏡は、卑弥呼の「銅鏡百枚」の有力候補に含まれることになり、この場合、「銅鏡百枚」はこれらの大型後漢鏡および魏鏡と、「景初三年」や「正始元年」の紀年銘鏡を含む「舶載」三角縁神獣鏡の初期型式によって構成されていた可能性も想定される。なお同時期の中国においては、より上位に格付けされていたのは鉄鏡であったものとみられ、その点では列島における鉄鏡の少なさは、東アジアの周辺地域としてのあり方を示しているともいえよう。

## †古墳時代前期の倭製鏡と鏡の序列化

また古墳時代前期の鏡としてあわせて注目されるのが倭製鏡の存在である。倭製鏡は、上述のように日本列島で製作された鏡であるが、特に前期に生産のピークがあり、文様や製作技術の限定性から、その大半が近畿中央政権の膝下で独占的に製作された可能性が高い。これらは多様な種類の系列が大小様々な大きさで製作されており、近畿中央政権が各地の有力者に贈与するために大きさの差異化をおこなって格付けを図ったとする説が有力である。これらの倭製鏡は、中国からもたらされた鏡をモデルにして製作されているが、その中でも特に重視されたのが、内行花文鏡や方格規矩四神鏡、画文帯同向式神獣鏡といった後漢鏡の中でも大型の鏡式であり、それらをもとに独自にアレンジして中国鏡には存在しない新たな構図の創案や面径の大型化がおこなわれている（図2）。

図2　福岡県沖ノ島19号遺跡出土　内行花文鏡系・倭製鏡（24.8 cm）〔『続 沖ノ島』〕宗像大社蔵

三角縁神獣鏡は大きさとしては二二センチ前後の大型鏡であるが、倭製鏡の大型鏡とは異なる意味を与えられて製作されたものとみられる。すなわち、中国から舶載された大型後漢鏡などを価値づけとしては上位とし、それをモデルとして製作した倭製鏡の中でも面径の大小や系列の違いで序列化をおこない、さらにそ

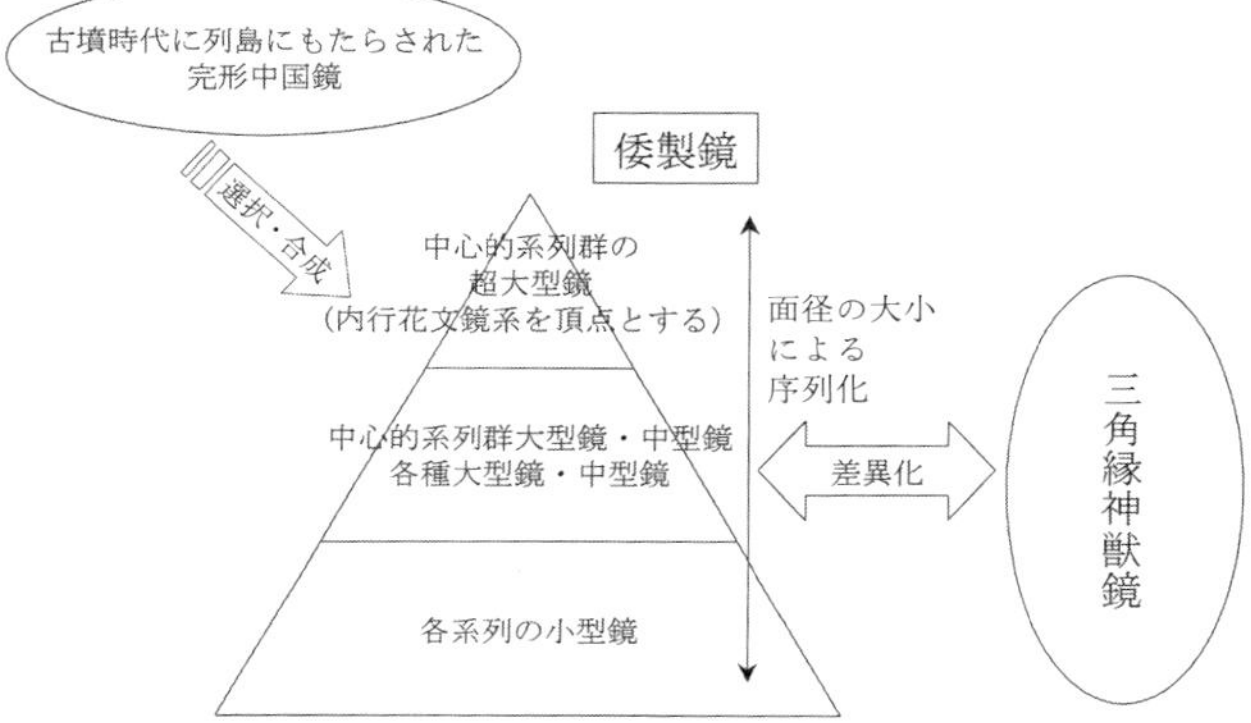


図３　古墳時代前期の鏡秩序模式図〔辻田 2007 より〕

れらとは異なる存在として三角縁神獣鏡を運用したものと想定される（図3）。一九九七、九八年に調査された奈良県黒塚古墳は前期前半（三世紀後半）に築造された一三〇メートルの前方後円墳であるが、ここでは三三面の三角縁神獣鏡と一面の小型の中国鏡（画文帯神獣鏡）が副葬されていたのに対し、ほぼ同時期に築造されたとみられる奈良県桜井茶臼山古墳（二〇〇メートルの前方後円墳）では、近年の再調査の結果、少なく見積もっても八一面という多量の鏡が副葬されていたことが判明した。

そしてこの中には三角縁神獣鏡が二六面で約三分の一しか含まれておらず、それ以外は中国鏡や内行花文鏡系の大型倭製鏡などにより構成されていた。この当時における近畿中央政権の最上位層においては、中国鏡や大型倭製鏡が高く位置づけられていたことを端的に物語っているといえよう。

## †古墳時代前期における鏡の分布と地域差——広域的政治秩序の実態

以上のようなあり方が具体的に表れるのが、先ほどもふれた前期古墳での分布・副葬状況である。前期古墳の鏡は九州南部から東北南部・北陸地域に至るまで広く分布する。このことは、小林行雄氏が指摘したように、近畿中央政権が各地の上位層に鏡を「配布」し、それによって政治的連帯を取り結ぶことを志向したことを示すと考えられており、この見解自体は現在も継承されている。小林氏は、これを近畿中央政権の勢力拡大過程と考えたが、列島各地での資料の増加とその後の研究の進展によりそれとは少し異なる理解が示されつつある。

これらの鏡の分布においては、中国鏡・三角縁神獣鏡・倭製鏡のいずれも奈良盆地周辺に集中し、近畿から遠隔地に行くほど出土量が少なくなる傾向がある。また中国鏡・倭製鏡については、面径のより大きなものが近畿周辺に集中し、小型のものほど近畿からの遠隔地において出土する。三角縁神獣鏡については、前期前半に主に流通したとみられる「舶載」三角縁神獣鏡は近畿を中心として列島の東西に広く分布するが、前期後半の古墳から出土する「仿製」三角縁神獣鏡は、九州や中部以東の地域での出土が目立ち、大型の倭製鏡が近畿周辺に集中することと対照的である。このように、前期を通じて、大型の中国鏡や倭製鏡を上位とし、三角縁神獣鏡や小型の倭製鏡を下位とする序列が、それらの流通を差配する近畿中央政権による戦略として志向され、それが分布および鏡の流通にも反映されたものと考えることができる。すなわち、近畿周辺の上位層や列島各地のより近しい関係にある上位層を厚遇するという戦略である。これは鏡に限らず、玉類・腕輪形石製品や各種鉄製品などにおいても基本的に同様である。

また各地の地域社会においても、一般的には前方後円墳を上位とする古墳の規模・形態差の序列において、大型の前方後円墳にはより大型の鏡が副葬される、という傾向が認められる。ただし、地域によっては、同等の規模の前方後円墳同士でも鏡の内容に差があったり、円墳の方が前方後円墳より鏡の内容が卓越する場合も多く見受けられることから、近畿中央政権側の戦略が地域社会においてそのまま貫徹されない場合や、地域社会内部の秩序とは別の論理で贈与がおこなわれることも多かったものとみられる。すなわち、鏡の大きさや種類の違いが示す「序列」や地域差は、仮にそれが近畿中央政権の戦略の反映であったとしても、それがそのまま近畿中央政権による地域支配を示すとはかぎらないのである。

## †鏡の授受の実態と「威信財システム」

こうした鏡は、「近畿から列島各地に拡散した」ものとみられるが、実際にはどのように流通したのであろうか。前述の三角縁神獣鏡の同一文様鏡や倭製鏡などの組み合わせが列島の東西で広く共通してみられることなどから、現在有力視されているのは、列島各地から奈良盆地に人々が参集して鏡をもらい受け、各地に持ち帰るという形である。これを「参向型」の授受と呼んでいる。この場合、各地の上位層の側に鏡に対する需要があったことになるが、これはこの時代の親族関係に要因が求められる。

古墳時代はかつては父系社会と考えられていたが、出土人骨の形質人類学的な検討から五世紀前半代までは双系的な親族関係を基礎としており、それ故に上位層の世代間継承が非常に不安定であったことが指摘されている。その結果、列島各地で上位層の代替わりに伴い、新たな鏡の入手が必要とされたものとみられ、各地で新たな古墳の築造に伴い新たな鏡が入手される(前の世代の上位層が入手した鏡はその代で古墳に副葬される)ということが繰り返されたものと想定される。このような形で、列島各地の上位層の側に継承の不安定性という点に起因する鏡に対する需要があり、一方で近畿中央政権の側にも列島各地の上位層と政治的連帯を取り結ぶという戦略があったがゆえに、その相互作用の結果として列島各地で広く前方後円墳などの古墳が築かれ、近畿地域を中核とした広域的な政治秩序が形成・維持・再生産されたものとみられるのである。前方後円墳の築造や鏡の授受は、近畿を核とする政治的ネットワークへの参加を象徴的に表示したであろう。この意味では、広域秩序が維持された原動力は中央政権の側のみならず、むしろ各地の地域社会の側にあったということができる。

こうしたあり方において、鏡はその入手・使用・消費が上位層に限定されており、またその入手・使用・消費が社会的再生産のサイクルに不可分に埋め込まれているという二点において、人類学のモデルでいう「威信財システム」の観点で理解することができる。威信財システムは、人類学では階層化が進んだ首長制社会の上位層同士が広域で政治的な同盟関係を取り結ぶ際に現れる政治形態と考えられており、古墳時代前期のあり方はそれに合致するものといえる。筆者はこのモデルを、「古墳時代前期威信財システム／求心的競合関係モデル」と呼んでいる。近畿中央政権の鏡をめぐる各地域集団同士の、そして地域社会内部での上位層同士のいわば同列的で求心的な競合関係が軸となった政治的な秩序が、この時期の地域間関係を特徴づけるものと考える。こうした求心的な競合関係という点に、この時期に鏡が大量に必要とされた要因が求められる。

このような鏡の流通・副葬は古墳時代前期を通じて継続するが、前期後半の四世紀になると、西晋王朝が滅亡して南北朝時代となる。また西晋滅亡と前後して朝鮮半島で高句麗の南下により楽浪郡・帯方郡が滅亡したことにより、中国鏡の入手が大幅に減少、もしくは停止したものと考えられ、その後は倭製鏡の生産・流通が主体となった。

## †四世紀から五世紀にかけての東アジア情勢の変化と鏡

三、四世紀代を通して、列島社会の対外交流は、朝鮮半島南部の金官加耶地域を主な窓口とした、鉄素材の入手をめぐる交易が軸となっておこなわれていた。四世紀初頭の楽浪郡・帯方郡滅亡以後はこの傾向がさらに強まることになる。また石上神宮蔵の七支刀の銘文にみられるように、四世紀後半には百済と倭国との間での政治的同盟が結ばれ、その結果、南下して勢力を拡大する高句麗と百済・倭国が四世紀末〜五世紀初めに半島南部で交戦し、倭国が大敗したことが好太王碑文に記録されている。この時期は、列島では大阪平野の百舌鳥・古市古墳群で巨大前方後円墳が造営され始めた中期初頭前後にあたるものと想定される。

この頃になると、前期に盛んに副葬されていた中国鏡や三角縁神獣鏡の副葬が大幅に減少し、また前期の倭製鏡の主立った系列の生産が終了して中期の倭製鏡生産へと再編されたものと考えられている。こうした前期の鏡と入れ替わるように活発に製作されるようになるのが、鉄製の武器・武具類である。特に帯金式甲冑《おびがねしきかっちゅう》と呼ばれる鉄製の甲・冑が大量に生産され、大型前方後円墳や周辺に営まれた陪冢などに多数納められるようになる。このように、前期に盛行した鏡の文化は、当時の東アジア情勢を背景として、中期になると鉄製の武器・武具中心の文化へと大きく転換することになるのである。

## †倭の五王の南朝遣使と同型鏡群——五世紀中葉前後における鏡文化の再興

五世紀になると、当時の倭国は東晋の後を継いだ南朝の宋に遣使して「安東大将軍」などの将軍号などを与えられたことが『宋書』倭国伝などに記録されているが、この倭の五王の遣使に伴い、中国から新たに鏡などの大陸系の文物がもたらされたことがこれまでも想定されてきた。実際には大陸系文物の流入は限定的であったものとみられるが、その中で、この時代に中国からもたらされた文物の最有力候補としてこれまで考えられてきたのが、「同型鏡（群）」と呼ばれる銅鏡である。

「同型鏡」とは、前述のように同一の原型（原鏡）をもとに複数の鋳型を複製する技法（同型技法、踏み返し技法ともいう）により、大量生産された同一文様の鏡を指す。ここでいう同型鏡群は、五世紀中頃以降に日本列島および朝鮮半島で出現し、六世紀末頃まで副葬事例がある。原型となった鏡は主に後漢代から西晋代の鏡であり、全体で約三〇種・一四〇面前後の事例が知られる。またこの同型鏡群の出現と相前後して、列島での倭製鏡生産が再び活発化することが指摘されている。この五世紀中頃の時期に、いわば前期以来の鏡文化が復興するのである。

これらの同型鏡群を中国製とする根拠は、倭製鏡とは異なる鈕孔製作技術や外区拡大などの文様改変事例の存在など、主に製作技術の違いである。また中国での遺跡出土事例は存在しないが、複製の原型（原鏡）となったと考えられる鏡が北京の故宮博物院に所蔵されており、中国製説の論拠の一つともなっている（画文帯仏獣鏡：図4上）。この同型技法については、複製生産された鏡をもとにさらに新たに鋳型を複製生産するということを繰り返すと、文様が不鮮明になるとともに数ミリ程度面径が収縮することが知られており、その結果、複製の「世代」が進むと、次第にいわばオリジナルの鏡の「美しさ」が損なわれることになる。図4（上）の鏡は、複製の「世代」がより古い（より原鏡に近い）鏡と想定される。

ここで注目されるのは、日本列島や朝鮮半島で出土している同型鏡群が、複製の「最新世代」のものばかりで、元来の文様の精緻な原鏡が全くといっていいほど含まれていない点である。この点で、川西宏幸氏や筆者は、複製鏡のもとになる原鏡が、優れた稀少品であるが故に輸出に供されなかったものと想定している。五世紀代の大陸での銅鏡生産については実態が不明であるが、こうした精緻な原鏡の存在という点から、筆者はこれらの同型鏡群は当時の倭国向けに特別に南朝の膝下で製作され、贈与された「特鋳鏡」である可能性が高いと考えている。五世紀後葉までには列島でほぼ全ての鏡種が出現していることから、前述の三角縁神獣鏡とは異なり、製作期間は極めて短期間であったものとみられ、五世紀中葉前後の遣使に伴って製作・贈与されたものと想定される。倭の五王（讃・珍・済・興・武）でいえば、倭王・済の遣使の時期が注目される。

なおこれらの同型鏡群が六世紀代の百済・武寧王陵からも出土することから、他の朝鮮半島系遺物とあわせて百済で製作され、日本列島にもたらされた可能性が想定されることもあるが、上述のような製作技術や原鏡の限定性という観点からは、南朝製の可能性が高く、それが近畿地域にもたらされた後、朝鮮半島も含め各地に拡散したものと考えることができる。

　これらの同型鏡群で特徴的なのは、一九センチ以上の大型鏡が全体の七割を占めている点である。この中には、同一文様鏡の複製鏡が多いものでは少なくとも「二八面」という鏡種（画文帯同向式神獣鏡：面径約二一センチ〔図4下〕）も含まれている。最大のものは、外区を拡大した画文帯仏獣鏡で三三センチ前後の資料が知られている。逆に中・後期の倭製鏡の多くが一七〜八センチ以下の中・小型鏡であることから（実際には一四センチ以下の小型鏡が大半）、前期とは異なり、中国鏡としての大型の同型鏡を上位に、小型の倭製鏡を下位に、というような序列を志向

図4　同型鏡群
上　北京故宮博物院蔵・画文帯仏獣鏡（22.1 cm）〔郭玉海 1996『故宮蔵鏡』紫禁城出版社、p. 71〕
下　奈良県新沢109号墳出土・画文帯同向式神獣鏡（20.9 cm）〔『古鏡総覧』Ⅱ、p. 127〕奈良県立橿原考古学研究所附属博物館蔵

し、再び各地の有力者に贈与したものとみられる。そうした点からみて、この時期の同型鏡群の輸入は、前期的な鏡文化の再興を目指して倭国・近畿中央政権側からの要望によっておこなわれた可能性が高い。いわば「伝統的」な器物を持ち出すことによる、各地の有力な上位層への懐柔策の一環と考えられる。

なお五世紀後半の時期を中心として、「鈴鏡」と呼ばれる外縁に鈴を付加した鏡が大量に生産されている。小型鏡を主体とし、この時期の馬具生産との関連が想定される。

### †同型鏡群の授受と拡散

これらの同型鏡群は、五世紀中葉〜六世紀代にかけて各地に流通する。その流通・授受の形態は、前期のそれと同様であろうか。この問題を考える上で、筆者は埼玉県稲荷山古墳や熊本県江田船山古墳などの、「杖刀人」や「奉事典曹人」といった「人制」に関わる銘文を有する刀剣が出土した古墳で同型鏡の副葬がみられる点に注目している。すなわち、列島の各地から中央政権に上番・奉仕した「個人」に対してこれらの銘文刀剣や同型鏡が贈与され、各地に持ち帰って副葬された可能性である。この点で、授受の形態としては前述の「参向型」ではあるが、中央政権に上番・奉仕した「個人」への贈与であるという点で中央政権との政治的結びつきがよりつよまった形態であると理解できる。

また前期と異なり、列島各地での副葬事例において、大型前方後円墳などだけでなく、中小規模の古墳から出土する事例も多く見受けられ、中央政権が各地域の中間層的な人々を取り込もうとした戦略の結果とみられる。

## †古墳時代後期の同型鏡群と隅田八幡神社人物画象鏡

六世紀の古墳時代後期になると鏡の副葬事例は少なくなるが、その中に上述の同型鏡群とともに、一部で大型の倭製鏡がみられるようになる。ここで注目されるのは、この時期に出現する大型の倭製鏡が、同型鏡群の一部（画文帯仏獣鏡や神人歌舞画象鏡など）を主なモデルとして新たに製作された鏡であるという点である。このことは、これらの同型鏡群の一部が近畿中央政権において長期的に管理・保有され続けていたことを示している。和歌山県の隅田八幡神社所蔵の人物画象鏡（一九・一センチ）は、「矣（癸）未年八月日十大王年孚弟王在意柴沙加宮時斯麻念長奉遣□中費直穢人今州利二人尊所白上同二百旱所（作）此竟」（山尾幸久氏による釈読）の銘文をもつ倭製鏡として著名であるが、この「癸未年」をめぐって四四三年説と五〇三年説がある。現在では、モデルが同型鏡群の神人歌舞画象鏡であることと、銘文の内容からも百済武寧王（斯麻）が孚弟王（即位前の継体か）もしくは倭王に対して贈与したものであるとする五〇三年説が有力視されている。前述の百済武寧王陵での同型鏡の出土は、こうした相互交流の所産

（武寧王への返礼など）として考えることができよう。

六世紀前葉の大王・継体の時代には、同型鏡を副葬する古墳の事例が多く、この段階で新たに同型鏡が各地の有力者に贈与されたものと考えられる。またそれとともに新たに出現する大型の倭製鏡は、それらが同型鏡群の一部をモデルとしていることから、「倭の五王の時代の鏡」を「宝器鏡」と捉えつつ、その意味を継承することを志向して製作されたものとみられる。

## †古墳時代の鏡文化の終焉

古墳時代の倭製鏡生産は、少なくとも六世紀前半（後期前半）の段階までは継続したと考えられているが、それ以降は生産が終了したか、大幅に規模が縮小したとみられる。古墳時代後期の後半段階においても群馬県綿貫観音山古墳などをはじめ、同型鏡群や倭製鏡の副葬はおこなわれているが、一部に限定される。この点で注目されるのが、六世紀後半の奈良県藤ノ木古墳における二面の同型鏡の副葬事例である。ここでは被葬者として王族層が想定されていることからみて、同型鏡群が六世紀後半に「宝器鏡」として中央政権および王族層の下で保有されていたことを示している。

他方で、六世紀中葉以降は、筑紫君磐井の乱などを契機として、ミヤケ制・国造制・部民制の成立など、国家形成が大きく進展する時期であることが知られるが、各地のそうした動向と関連して鏡が積極的に用いられた形跡は認められない。この時期は古墳の副葬品としても装飾付大刀や金銅製の馬具などが主体となることから、古墳時代の鏡は基本的にはこうした国家形成が本格化するその「前段階」に属する器物であると考えることができる。そして鏡の副葬の終了は前方後円墳の築造停止ともある程度連動していることからみて、六世紀代を通じて古墳時代的な鏡の使用は終了したものとみられる。

冒頭でも述べたように、七世紀代の飛鳥時代になると、終末期古墳に初期の隋唐鏡が副葬される事例が散見されるが、古墳時代的なあり方とは大きく様相を異にしている。この意味で古墳時代の鏡は、前方後円墳の出現とともに始まり、その終焉とともに意義が失われていく器物であったといえよう。

### さらに詳しく知るための参考文献


近藤義郎『前方後円墳の時代』(岩波書店、一九八三)／都出比呂志『前方後円墳と社会』(塙書房、二〇〇五)……古墳時代の歴史的位置づけを考える上での基本文献。国家形成に関する両氏の見解の違いに対してどう考えるかが問われ続けている。

岡村秀典『鏡が語る古代史』(岩波新書、二〇一七)……東アジアにおける鏡の出現から漢代に至る中国鏡の文様・銘文・思想の変遷を体系的に論じた著作。

車崎正彦編『考古資料大観5　弥生・古墳時代　鏡』(小学館、二〇〇二)……弥生・古墳時代の中国鏡・

倭製鏡と三角縁神獣鏡の変遷を整理し、豊富な写真図版でその全体像を示す基本文献。

福永伸哉・岡村秀典・岸本直文・車崎正彦・小山田宏一・森下章司『シンポジウム 三角縁神獣鏡』(学生社、二〇〇三)/福永伸哉『三角縁神獣鏡の研究』(大阪大学出版会、二〇〇五)/下垣仁志『三角縁神獣鏡研究事典』(吉川弘文館、二〇一〇)……三角縁神獣鏡の研究の現状と基礎資料を整理して古墳時代の始まりを論じた基本文献。

下垣仁志『古墳時代の王権構造』(吉川弘文館、二〇一一)/同『日本列島出土鏡集成』(同成社、二〇一六)/同『古墳時代銅鏡論考』(同成社、二〇一八)……列島出土の銅鏡資料および研究動向の網羅的な整理と、それにもとづく古墳時代研究の成果。

田中良之『古墳時代親族構造の研究』(柏書房、一九九五)……古墳時代の親族関係の変遷を遺跡出土人骨の形質人類学的・骨考古学的分析をもとにモデル化した著作。

森下章司『古墳の古代史』(ちくま新書、二〇一六)……東アジア各地の社会や墳墓と比較しながら、前方後円墳の出現・展開過程を論じた著作。

辻田淳一郎『鏡と初期ヤマト政権』(すいれん舎、二〇〇七)……弥生時代後期から古墳時代前期への時代の転換と古墳時代前期威信財システムの成立・展開過程を論じた著作。

川西宏幸『同型鏡とワカタケル』(同成社、二〇〇四)/辻田淳一郎『同型鏡と倭の五王の時代』(同成社、二〇一八)……五、六世紀の同型鏡群や倭製鏡、東アジア史の展開や国家形成を論じた著作。

第11講
# 海をめぐる世界／船と港

石村　智

## †日本人は海洋民なり

私たち日本人は海洋民である、と言われたなら、多くの方々は面食らった心地となるだろう。今日の多くの日本人は、自分たちは農耕民であるというイメージを強く持っているかもしれない。むしろ海は、どちらかというと縁遠い存在であると思っている人の方が多いのではないだろうか。

しかし地理的に見ると、私たちが住む日本列島はまごうことなき島である。世界的に見ても、先進国と呼ばれる国のなかで島を国土の拠点とするのはイギリスと日本だけである。世界の他の国や地域の人々と比べても、私たちは非常に海に近しい存在であることがわかる。

さらに歴史的に見ると、私たち日本人の祖先たちの多くは、海を越えて日本列島にやってきたと考えられる。日本列島に最初に人がやってきたのはおよそ三万年前、後期旧石器時代のこと考えられているが、かつては氷河期に日本列島と大陸が陸続きになっていたので、彼らは陸路で日本列島までやってきたと考えられてきた。しかし近年では、後期旧石器時代の氷河期の最も寒冷な時期においても、対馬海峡と津軽海峡は陸でつながったことはないことが明らかになった。そのため、彼らは何らかの形で海を越えてきたのである。

また沖縄県石垣市の白保竿根田原《しらほさおねたばる》洞穴遺跡からはおよそ二万年前の人骨が見つかっており、沖縄県那覇市の山下町第一洞穴遺跡からはおよそ三万二〇〇〇年前にさかのぼる可能性のある人骨が見つかっている。彼らは、当時は大陸の一部であった台湾付近から海を越えて琉球列島に到達したと考えられる。そうすると彼らは台湾と琉球列島の間に流れている黒潮を越える航海を経てやってきたことになるが、実際に彼らがどのような船を用いたかについては、残念ながら考古学的な証拠は見つかっていない。なお目下、国立科学博物館のチームが、この三万年前の航海を検証すべく、草船・イカダ・丸木舟の三種類の船を再現して実験航海をおこなうという試みに取り組んでいる。

ともあれ、日本列島に最初にやってきた人たちは、何らかの形で海を越える能力を有した、すなわち海洋民であった可能性が高い。その後も、弥生時代に稲作の技術をもたらした人々、さらに古代に様々な技術をもたらした渡来人の人々など、多くの人たちが海を越えて日本列島にやってきて、定着していくことで、今の日本人が形成されたと考えられる。そうした意味において、私たちの遺伝子には海洋民の血脈が伝えられていると考えられるのである。

### †世界最古のカヌーは日本に

かつて東京商船大学（現在の東京海洋大学）の教授をつとめた茂在寅男《もざいとらお》氏は「カヌー日本語起源説」という驚くべき説を唱えた。カヌーという言葉はもともとカリブ海の原住民が丸木舟を指す単語であったが、それをヨーロッパ人が持ち帰り、ラテン語表記でカノー、すなわち英語表記でカヌーとなった。いっぽう古代の日本には、「枯野《かれの》」＝「軽野《かるの》」と呼ばれる船が存在したことが『古事記』や『日本書紀』に記されている。「枯野」も「軽野」ももともとは「カノー」と呼ばれており、丸木舟を指していた可能性が高い。そしてカリブ海原住民のカノーという単語も、遠く古代の日本の言葉に由来をたどることができるのではないか、というのがこの説の骨子である。

この説の当否はともかく、実は世界最古のカヌーが日本で出土していると聞いたなら、多くの方は驚くのではないだろうか。しかし実際に、日本最古の丸木舟の出土例は千葉県市川市の雷下《かみなりした》遺跡のおよそ七五〇〇年前のものであり、これは世界的に見ても最古のカヌーの出土例である。そうした意味で、確かに世界最古のカヌーは日本にあるのだ。

考古学的にも、日本列島における船は丸木舟から進化し発展していった可能性が高い。他にもイカダやカゴ船、草船など異なる構造の船が存在した可能性も高いが、後の和船につながっていくのは丸木舟の系統である。

丸木舟は、文字通り一木の丸木をくりぬき、船の形に仕上げたものである。単純な構造ではあるが、ひとつの材のみで構成されているため丈夫で、かつ沈みにくい構造となっている。しかし船の大きさが丸木の長さ・太さに規定されるので、大型の船を造るのが難しい。しかし中には、大阪市浪速区いたち川出土の丸木舟のように二つの材を前後に接ぎ、全長一一メートルにおよぶという例も確認されている。

丸木舟の欠点である大きさの限界を克服すべく、複数の材を接ぎ合わせて大型化したものは、弥生時代になって登場した。それは丸木舟の側面に舷側板《げんそくばん》と呼ばれる板材を接ぎ足したもので、こうした構造の船を準構造船と呼ぶ。最古のものは滋賀県守山市赤野井浜遺跡の出土例で、弥生時代中期にさかのぼる。古墳時代になると、こうした準構造船を表現した絵画や埴輪の資料も増えてくる。このうち大阪市平野区の長原遺跡・高廻《たかまわ》り2号墳からは、二種類の船形埴輪が出土していて興味深い（写真1）。右のものは、丸木舟に由来する船底部の側面に、左右の舷側板を垂直に立てた構造となっている。左のものは、船底部の側面に左右の舷側板を垂直に立て、さらにその端を波切板と呼ばれる立板によって閉じることで、船底部の前後の端部が突出し、船首と船尾がともに二股になる構造のものである。後者の構造の船は、大阪府八尾市の久宝寺《きゅうほうじ》

写真１　大阪市長原遺跡・高廻り２号墳から出土した２種類の船形埴輪
（出典：公益財団法人大阪市博物館協会・大阪文化財研究所　一部改変）

遺跡に出土例（弥生時代末~古墳時代初頭）があるほか、インドネシアのマドゥラ島に民族例が見出される。

日本の伝統的な船である和船が成立するのは中世になってからだが、実はこの和船の構造は弥生時代以来の準構造船から発展したものである。和船では、丸木舟に由来する船底部は航《かわら》と呼ばれ、そこから舷側板を上方向に何枚も接《は》ぎ合わせていき、それを横方向の船《ふな》梁《ばり》で補強することで、いわゆる棚板造りが成立した。こうした和船の構造は近世の弁才船や北前船において技術の頂点に至るが、そのルーツははるか準構造船を経て丸木舟にまで至るのである。

### †もろかった遣唐使船

丸木舟から準構造船を経て和船に至る系統とは異なった構造の船として、古代の日本列島にもたらされたのがいわゆる遣唐使船である。『続日本紀』によると、六五〇年（白雉元）に安芸国に対し「百済船」二艘の建造が命じられており、これが三年後の第二次遣唐使船に用いられたと考えられている。こうしたことから遣唐使船は朝鮮半島の造船技術を用いて建造された可能性が高い。しかしながら、実際の遣唐使船の構造を示す資料は残されていない。鎌倉時代に描かれた『吉備大臣入唐絵詞』の絵画がしばしば遣唐使船のイメージとして参照されるが、これは描かれた当時の宋代の中国大陸で一般的であった平底のジャンク船の形式であり、七世紀の段階でこのような船が建造された証拠はない。

ここで注目すべきは、遣唐使船が中国大陸ではなく朝鮮半島の技術を用いて建造された可能性が高いということである。中国大陸では、唐代にはすでに鉄製の船釘を用いて部材を接ぎ合わせる技術が一般的となっていたが、この時期の朝鮮半島では未だ船釘は使用されず、もっぱらホゾによって部材を固定することで接ぎ合わせる技術が一般的であったと考えられている。日本列島においても、船釘が存在した確実な証拠は中世（鎌倉時代以降）まで下るようである。

遣唐使船の具体的な大きさについては不明であるが、第二次遣唐使船の時には二艘に二四一人が乗船したとあるので、一艘あたり一〇〇人以上の人員と貨物を積載したと考えられ、日本列島にこれまであった準構造船よりもはるかに大きい船体であったことが推測される。こうしたことから遣唐使船は、複数の部材をホゾで組み合わせることによって建造された、大型の構造船であった可能性が高いだろう。

しかしそのような大型の構造船を、船釘を用いずホゾなどで組み上げたのであるから、やはり強度に問題があったことが推察される。朝鮮半島の近海で用いられる船であればホゾ組みでも十分な強度であったかもしれないが、遣唐使船は東シナ海を横断する遠洋航海をおこなう必要があった。遣唐使船はたびたび難破したことが記録されているが、それはこうした構造的なもろさに原因があったと考えられる。

結局、遣唐使船として想定されるホゾ組みの構造船は、日本列島の船の発展史からは脱落してしまったものと考えられる。日本列島をとりまく海の厳しい環境に、ホゾ組みという技術は適応できなかったのであろう。

## †ラグーンを利用した古代の港

次に古代においてどのような場所が港として利用されたかについて検討してみたい。現在の港には、水深が深く波の穏やかな入江が選ばれることが多いが、考古学者の森浩一氏は、古代の港には潟湖《かたこ》地形が選ばれることが多いことを指摘した（森浩一「潟と港を発掘する」『日本の古代3 海を越えての交流』中央公論社、一九八六）。潟湖地形とは、いわゆるラグーン（内海）を形成する地形のことである。海岸部の周辺には、しばしば陸橋のような細い砂地の土地によって海と隔てられた湖が形成されていることがある、京都府にある天橋立や、北海道のサロマ湖のような地形をイメージするとよいだろう。こうした地形で形成されたラグーンの中は、波も穏やかで、船を停泊させるには絶好の条件である。

森氏は、港として利用された潟湖地形の周辺には前方後円墳が築かれることが多く、そうした古墳は航海中の船からも視認することができるように立地しており、さながらランドマークとして機能した可能性も指摘している。

潟湖地形のラグーンは、多くの場合、水深が浅く、水草の多い湿地帯のようになっていることが多い。そのため、喫水の深い大型船では座礁してしまうため不向きである。しかし古代の日本列島の船は準構造船が主体であり、準構造船は喫水の浅い、カヌータイプの船であるため、水深の浅いラグーンでも容易に利用することができたと考えられる。こうした港はいわば「浅い港」と呼べるだろう。こうした一例として、丹後半島に位置する竹野の例を挙げることができるだろう（図1、写真2）。

しかし飛鳥時代以降、遣唐使船のような喫水の深い大型の構造船が導入されるようになると、船が座礁しないような水深のある、いわば「深い港」が必要とされるようになった。こうした港には入江地形が選ばれることが多かった。例えば『万葉集』には播磨国（兵庫県）の室津《むろつ》や、備後国（広島県）の鞆《とも》の浦《うら》といった港のことを詠んだ歌が収められているが、こうした港はいずれも入江を利用した「深い港」である。さらにその周辺に前方後円墳などの古墳時代以前の遺跡の分布が少ないことから、これらは飛鳥時代以降に利用されるようになった新しいタイプの港であると考えられる（石村智『よみがえる古代の港――古地形を復元する』吉川弘文館、二〇一七）。

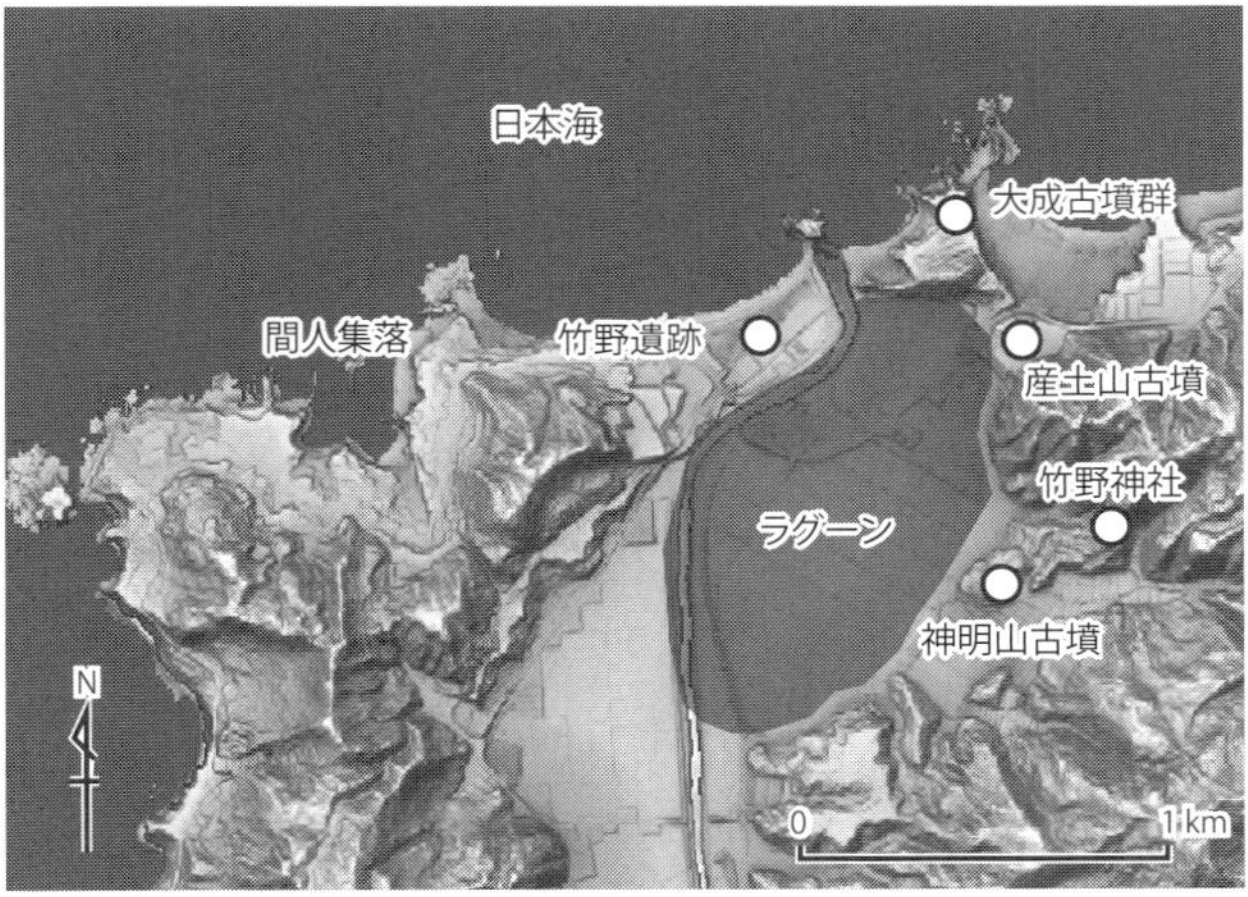

図１　丹後半島・竹野周辺の遺跡分布と古地形復元案（カシミール 3D© 画像を改変）
写真２　神明山古墳から竹野平野部および日本海を望む（筆者撮影）

とはいえ古墳時代から伝統的に用いられてきた「浅い港」は、古代以降にも引き続き利用されてきたと考えられる。それはすべての船の構造が遣唐使船タイプの大型船に置き換わったのでなく、準構造船も依然として使い続けられてきたと考えられるからである。例えば有名な『天橋立図』（雪舟による筆と伝えられる）には、ラグーンである阿蘇海の外と内に船が浮かんでいる様子が描かれており、中世の港の景観の様子を伝えている。しかし中世以降になると準構造船が大型化して和船となり、さらには地形変化や人為的な埋め立てなどにより多くのラグーンが陸化していったため、「浅い港」の利用は減少し、港の存在も歴史の中に埋もれていったものと考えられる。

しかしかつてラグーンであった場所の痕跡が、現在の地籍図や土地利用、微地形に残されていることも多い。また「津」や「浦」という言葉が付いた地名は、かつて港であった可能性が高い。古代の水上交通を考える上で、こうした「埋もれた港」を見出すことは重要である。

### †日本列島の表玄関であった日本海

続いて、日本列島をとりまくいくつかの海域と、それをめぐる古代の海上交通の歴史について見てみたい。

まずは日本海について見てみよう。今日、日本海と聞いて多くの人がイメージするのは、波の高い冬の日本海の光景かもしれない。さぞかし航海が難しい、荒い海を想像されるかもしれない。しかし実際の日本海は、確かに冬場は荒れるが、反対に夏場は穏やかであることが多い。そして先史時代より近世の北前船にいたるまで、日本海は列島のハイウェイとして機能してきた。

例えば縄文時代においては、富山県の糸魚川周辺で産出される翡翠《ひすい》を加工した玉類が東日本を中心とした列島の広い範囲に分布していることから、これらは日本海を介して運ばれたのではないかと考えられる。少し想像をたくましくするなら、縄文時代の糸魚川の翡翠採掘者たちは、波の荒い冬場に翡翠を玉類に加工し、波の穏やかな夏場にその製品を船に積んで交易に出かけていったのかもしれない。

弥生時代の終わりころになると、四隅突出型墳丘墓と呼ばれる特徴的な形をした墳墓が、日本海沿岸地域に点在するようになる。この形式の墳墓は、おもに山陰地方の出雲（島根県）・伯耆（鳥取県）に分布するが、北陸地方（福井県・石川県・富山県）にも分布していることから、日本海の海上ルートを通じて伝播した文化である可能性が高い。

また日本海は、外の世界とつながるメインルートであった。そのことは今日でも日本海の海岸を歩いてみて、大陸や半島からのおびただしい漂着物を見ることで実感できるだろう。考古学的には、例えば弥生時代になると、おもに朝鮮半島南部で生産されたと考えられる鉄器が日本列島に数多くもたらされるようになるが、この流通にも日本海ルートが大きな役割を果たしたと考えられるようになってきた。弥生時代の鉄器の出土量が圧倒的に多いのは朝鮮半島に近い北部九州地域であるが、近年の発掘調査の進展により、丹後地域をはじめとする日本海沿岸地域で相当数の鉄器を出土する遺跡の存在が明らかになり、それは畿内地域で出土する量を凌駕することから、鉄器の入手や流通に日本海沿岸地域の集団が関わっていた可能性が示唆されている。

奈良時代には、日本海は渤海国との交流の場ともなった。渤海国は六九八年に建国され、現在の中国東北部およびロシア沿海地方を中心に栄えた国であるが、日本とは良好な外交関係を持っていた。一四次にわたる遣渤海使の派遣に加え、三四回にわたって渤海使が日本に渡来したが、いずれも日本海をルートとして用い、能登と敦賀にそれぞれ渤海国からの使節の迎賓館である能登客院、松原客院が設置された。遣唐使の派遣回数が諸説あるものの二〇回であるのに対し、遣渤海使と渤海使の派遣回数は計四八回を数えることから、日本海を通じた対外交流がいかに活発であったかがわかるだろう。

### †世界で最も難しい海・瀬戸内海

日本海が荒海であるという印象の一方、瀬戸内海はおだやかな海であるという印象を抱く人は多いかもしれない。しかし日本におけるシーカヤックの第一人者である内田正洋氏によると、瀬戸内海は世界で最も難しい海のひとつであるという。というのも、潮流が速く、複雑なため、それを熟知していないと前に進むのもままならないという。今日の船はエンジンを動力に動くため、潮流に逆らって進むことも容易であるが、かつてのように人力で漕ぐか帆走するしかなかった時代には、潮流が航海の行方を左右する大きな要因であった。そのため瀬戸内海沿岸の各地には、潮待ち・風待ちの港が栄えたのである。

瀬戸内海で潮流が複雑な原因は、陸地で囲まれた閉じた海だからである。外海に開いている場所は限られており、東は明石海峡と鳴門海峡、西は関門海峡と豊後水道だけである。潮汐によって引き起こされる海の水の移動は、必ずこの狭い出入口を通ることとなるため、そこでは潮流は激しい流れとなり、有名な渦潮という現象が起こるのである。さらに、こうした狭い出入口を通じてしか海水は移動できないため、瀬戸内海といういわば巨大なプールの全体に水が満たされる（満潮時）、あるいはそこから水が排出される（干潮時）には、一定のタイムラグが生じることとなる。加えて、瀬戸内海に浮かぶ多数の島々に移動してくる水が衝突することによって、さらに水の動きは複雑になり、複雑な潮流を生み出すこととなるのである。

このように瀬戸内海は難しい海ではあるが、先史時代より海上交通のハイウェイとして利用されてきたと考えられる。そのことを物語るのが、瀬戸内海沿岸地域に築かれた一連の前方後円墳の存在である。このうち最も代表的なものが、明石海峡を望む高台に築かれた神戸市垂水区の五色塚古墳である。この古墳は全長が一九四メートルにもおよぶ大型古墳であり、墳丘の表面は葺石と埴輪で飾られていたため、明石海峡を往来する船からもよく視認することができただろう。つまりランドマークとして機能していたとも考えられる。

このような海際に築かれた古墳の例として、他にも兵庫県たつの市の輿塚《こしづか》古墳（全長約一一〇メートル）、岡山県瀬戸内市の牛窓天神山古墳（全長八五メートル）、山口県柳井《やない》市の柳井茶臼山古墳（全長八〇メートル）などを挙げることができる。このうち輿塚古墳は、『播磨国風土記』に神功皇后が三韓征伐の際に立ち寄った港とされる御津の近くに所在する。また牛窓天神山古墳は、『万葉集』にも登場する牛窓の港の近くに営まれている。柳井茶臼山古墳は、同じく『万葉集』に登場する熊毛浦の近くに立地している。この熊毛浦であるが、かつて安芸灘と周防灘をつないでいた細い海峡である「古熊毛水道」あたりにあったと考えられ、柳井茶臼山古墳はこの海峡の安芸灘の側の出入口近くに位置している。こうしたことから、これらの古墳は瀬戸内海の海上交通の要所を選んで築かれており、そこを行き交う船から視認されるランドマークとしての役割を果たしていた可能性が高い。

またこれらの古墳が築かれた場所の周辺は、農耕をおこなうのに適した平野に乏しい場合が多い。こうしたことから、これらの古墳を築いた首長たちの経済的な基盤は農業ではなく、瀬戸内海の海上交通による経済活動であった可能性が高い。そして前方後円墳という、畿内の政権のシンボルといえる墓制を採用することで、畿内の政権との政治的な結びつきを誇示した可能性も高いだろう。

## †黒潮の流れる太平洋

最後に太平洋の様相を見てみたい。太平洋は、その字面のイメージからは穏やかな海という印象を受けるが、日本列島の沖合には黒潮が流れており、航海には難しい海である。黒潮は世界最大規模の海流のひとつで、その流れは時速七キロメートルにもおよぶ。そのためひとたび流されると危険で、近世には遠州灘で遭難した千石船が一年二か月にわたって太平洋を漂流し、北アメリカ大陸西海岸でようやく救助されたという事例もあるほどである。

とりわけ紀伊半島沿岸の熊野灘は、黒潮に近く、古くから海の難所のひとつとされてきた。また紀伊半島の南半分、紀南地方には前方後円墳などの顕著な遺跡が少ないため、古代には海上交通路としては重視されていなかったのではないかと、以前は考えられることが多かった。しかし一方で、『古事記』に描かれるいわゆる「神武東征」では、イワレビコ（神武天皇）は紀伊半島を回り込み、熊野から上陸して大和盆地に入ったとされることから、紀伊半島沿岸の太平洋を航海する海上ルートが存在したことが示唆される。

　近年では、考古学者の穂積裕昌氏の研究によって紀伊半島の沿岸部に古代の港と推定される場所が点在していることが明らかにされた（穂積裕昌「紀伊半島東岸部の古代港と海上交通——記紀熊野関連説話成立の前提」『Mie History』11、三重歴史文化研究会、二〇〇〇）。それらはリアス式海岸の湾の奥に形成された小規模な潟湖地形が多いものの、いくつかの場所では滑石製模造品などの遺物を出土する祭祀遺跡（串本町向屋敷遺跡・矢ノ熊遺跡）がともなっていたり、弥生時代から古墳時代にかけての畿内系の土器と東海系の土器の両方が出土する遺跡（串本町笠島遺跡）があったりする。こうしたことから、少なくとも弥生時代から古墳時代にかけては紀伊半島沿岸を航海する太平洋の海上ルートが存在した可能性が高い。

　熊野灘に関連して興味深いのはいわゆる「熊野船」の存在である。「熊野船」とは一般的に、良質の木材に恵まれた熊野地域で作られた船のことと考えられており、その名は『万葉集』にも登場する。このうち山部赤人が詠んだ「島隠りわが漕ぎ来ればともしかも大和へ上るま熊野の船」（六—九四四）が有名であるが、実はこの歌は瀬戸内海の播磨灘で詠まれたものであり、「熊野船」が瀬戸内海でも用いられていたことが示唆される。さらに、『日本書紀』の出雲神話の中でも、大国主神が国譲りを迫られた場面で「熊野《くまの》諸手《もろた》船《ぶね》」の名が登場する。この「熊野諸手船」は現在でも美保神社（島根県）の青柴垣神事・諸手船神事において使用されている。熊野と出雲は地理的に離れているが、両者は神話においては交錯しあっていることも指摘されている。こうしたことから、「熊野船」は単に熊野地域で作られた船というだけではなく、熊野地域と瀬戸内海、さらには日本海側の出雲との間に、海を介したつながりがあったことを示しているのかもしれない。

### †海洋民の再評価

本講の最後に、これまでの海洋民に対するイメージを見直し、新たな海洋民のイメージを描写してみたい。

これまで海洋民は、生業を漁業に依存し、海岸部の狭い土地に居住する、零細な漂泊民というイメージで描かれることが多かったように思われる。それは、多数派である水稲農耕民に対して、少数派であり周縁的な存在とみなされる傾向にあったからだろう。しかしそれは「農耕民中心史観」ともいうべき偏見に過ぎない。

海は、陸に住む人々にとっては障壁かもしれないが、海洋民にとっては道となりうる。そしてその道は列島内の他の地域、さらには列島外の半島や大陸にまでつながっている。そして海洋民は海の道を通じて、新しい情報や文物にアクセスすることができる。その意味で海洋民は先進的な人々であったと言える。

古代の日本の政治的な中心は畿内、特に大和盆地であり、主に陸に住む人々によって担われてきた。しかし朝鮮半島や中国大陸の国々を相手とした外交や対外戦争においては、船を作り、船を駆る海洋民の力を借りざるを得ない。古代には、そうした海をつかさどる集団がいくつか存在したと考えられており、ここではその代表例として宗像《むなかた》氏という集団についてみてみよう。

## †宗像氏と沖ノ島祭祀

宗像氏は、宗像三女神（田心姫神・湍津姫神・市杵島姫神）と呼ばれる海の女神をまつる集団である。『古事記』や『日本書紀』には宗像神をまつる「胸形君」の名がある。人類学者の金関丈夫の説によると、胸や肩に刺青を彫り込んだ、潜水漁を得意とする海洋民たちが「胸肩《むなかた》」あるいは「胸形《むなかた》」と呼ばれており、それが転じて「宗像《むなかた》」になったという。

宗像三女神は、田心姫神《たごりひめ》は沖ノ島にある沖津宮に、湍津姫神《たぎつひめ》は筑前大島にある中津宮に、市杵島姫神《いちきしまひめ》は九州本土にある辺津宮に、それぞれ祀られており、この三つの宮をあわせて宗像大社と呼ぶ。このうち沖津宮がある沖ノ島はしばしば「海の正倉院」の異名でも知られている。それは島にある沖ノ島祭祀遺跡から、三角縁神獣鏡や唐三彩、ペルシアのカットグラス碗など、大陸および半島からもたらされた古代の宝物が、ほぼ手付かずの状態で発見されたからである。これらの遺物は、古代におこなわれた沖ノ島の祭祀に際してささげられたものと考えられている。これらの宝物は国宝に指定されており、また二〇一七年七月には「『神宿る島』宗像・沖ノ島と関連遺産群」がユネスコ世界文化遺産に登録され、沖ノ島はその主要な構成要素となっている。

この沖ノ島祭祀遺跡に宝物を奉《ささ》げる祭祀について、多くの研究者は畿内の政権が主導的に執りおこなったと考えている。というのも、これらの宝物は古代における最高級の文物が多く、そのため、これらの供献は在地の一集団が単独でおこなったものではなく、畿内政権が直接関与した国家的な祭祀であるとするのが一般的な理解である。

しかし沖ノ島の祭祀において、畿内政権による国家的な関与を強調するあまり、在地の集団の存在を過小評価するのは妥当ではないだろう。世界遺産の構成要素のひとつでもある新原《しんばる》・奴山《ぬやま》古墳群（古墳時代中期〜後期）は、在地の集団である宗像氏の墓所である可能性が高いと考えられているが、そこから出土した遺物と、沖ノ島祭祀遺跡から見つかる遺物との間には共通性があるという指摘もなされている（小田富士雄「沖ノ島祭祀遺跡の再検討2」『「宗像・沖ノ島と関連遺産群」研究報告』Ⅱ—1、二〇一二）。こうしたことから、宗像氏が沖ノ島祭祀に直接的に関与していた可能性が高いことが考えられる。

神話においては、宗像氏と畿内政権とのより密接な関係をうかがわせる記述が散見される。神功皇后の「三韓征伐」の神話によると、皇后は宗像の地で航海の安全を祈り霊験があったとされ、そのため宗像の神は国家的な崇敬を受けるようになったとされる。また『日本書紀』によると、雄略天皇九年の二月に、天皇が自ら新羅へ遠征しようとしたところ、宗像の神がこれに反対し、天皇の遠征が中止されたことが記されている。ここで興味深いのは、宗像神は天皇の軍事・外交活動にすら意見することのできる立場にあったことが示されていることである。このことはつまり、「海北道中」を通じた列島から半島にかけての海上ルートは宗像の集団が掌握しており、たとえ畿内政権による国家的な軍事・外交活動であっても、彼ら海洋民の協力なしには進められなかったことを示唆しているのかもしれない。

さらに想像をたくましくするなら、沖ノ島祭祀で奉げられた宝物それ自体が、宗像の集団が大陸や半島に出向いて入手してきたものである可能性も否定できないだろう。宝物の入手の依頼主は畿内政権であったかもしれないが、実際の交易活動に従事したのは彼ら海洋民であったのかもしれない。

## †海から見た古代史

宗像氏以外にも、古代にはいくつかの海洋民系の集団が存在したと考えられている。例えば安曇《あずみ》氏と呼ばれる氏族は、博多湾に浮かぶ志賀島を本拠地とし、海洋神である綿津見《わだつみ》神を祀っていた。彼らは博多湾から志賀島、壱岐、対馬を経由して朝鮮半島にいたる海上ルートをおさえていたのみならず、畿内近辺では淡路島に拠点を置き、瀬戸内海の海上ルートにも影響力を持っていたと考えられる。六六一年には安曇氏の出身である阿曇比羅夫が、唐・新羅の連合軍に攻められた百済を救援するための派遣軍の将軍となり、六六三年に白村江で唐・新羅の連合軍と交戦しあえなく戦死している。阿曇比羅夫は白村江の戦い以前には百済の大使をつとめた経験があり、また日本に滞在していた百済の王子を自邸に迎えるなど、百済と強いつながりを持った人物であったことがうかがえる。奈良時代になると、安曇氏は宮内省の内膳司の長官をつとめ、天皇の食事の調理をつかさどった。このことは、安曇氏の根拠地のひとつが、贄《にえ》（海産物）を貢納する御食国として指定された淡路国であったことと関係する。

安曇氏とともに奈良時代に内膳司の長官をつとめた高橋氏も海洋民系の氏族である。彼らはもともと膳《かしわで》氏と呼ばれ、その本拠地を若狭国にもち、彼らの墓所と想定される上中古墳群（古墳時代後期）からは金銅製冠帽や金製垂飾付耳飾といった朝鮮半島由来の文物が多数出土している。こうしたことから彼らは日本海を通じて朝鮮半島に至る海上ルートをおさえていたと考えられる。また彼らのもうひとつの拠点は志摩国にあり、その由緒を記した史料『高橋氏文』によると、景行天皇が東国（上総国安房の浮島宮）に行幸したとき、高橋氏の祖である磐鹿《いわか》六獦命《むつかりのみこと》が堅魚（カツオ）を天皇に奉げたとあることから、東国にも勢力を有していたことが想定される。なお奈良時代には高橋氏は安曇氏と内膳司の支配権を争い、最終的には安曇氏を失脚に追いやっている。

こうした海洋民系の集団の動向をながめると、海を通じた古代の交易や外交は、畿内政権によって一元的に担われていたというより、彼ら海洋民の手によって多元的に担われていた可能性が高いと推測される。こうした海洋民の動向に光を当て、海からの視点で古代史を見直すことにより、古代の日本列島における文化の多様性とそのダイナミズムを明らかにすることができると筆者は考えている。

## さらに詳しく知るための参考文献

石村智『よみがえる古代の港——古地形を復元する』(吉川弘文館、二〇一七)……ラグーンを利用した古代の港に焦点を当て、古地形を復元し、また海から見た港の景観をGISソフトウェアやカヤックを用いたフィールドワークによって明らかにすることが試みられている。

内田正洋『シーカヤック教書』(海文堂、二〇〇九)……日本におけるシーカヤックの第一人者による教書であるが、シーカヤックの技術的な解説にとどまらず、海と日本人との歴史的・文化的なかかわりにまで言及されている。シーカヤックをやったことのない人にこそ読んでもらいたい本である。

千田稔『埋もれた港』(小学館ライブラリー、二〇〇一)……気候や地形の変化によって地面に埋もれた港を、地形図などを用いて復元している。日本のみならずイタリアの例にも言及し、古代の都市や海上交通の理解において地形復元が重要性であることを指摘している。

後藤明『海から見た日本人——海人で読む日本の歴史』(講談社選書メチエ、二〇一〇)……人類史的な視点から、海と日本人とのかかわりを論じている。特にオセアニアをはじめとしたさまざまな地域の民族例や神話などを参照しながら、日本文化を環太平洋的な視点で考察したダイナミックな書である。

ランドール・ササキ『沈没船が教える世界史』(メディアファクトリー新書、二〇一〇)……気鋭の水中考古学者による水中考古学の概説書であるが、古代から近世にいたる船の歴史を理解するにも役立つ書である。その対象は元寇の沈没船から地中海、カリブ海にまでおよび、世界の船の歴史を概観することができる。

第12講

# 出雲と日本海交流

池淵俊一

## †日本海沿岸地域の地理的環境

日本海は、瀬戸内海や太平洋と比較すると潮流や干満が少なく、航海技術の未熟な古代においては長距離航海に有利な条件を備えていた。東西五〇〇キロメートル以上にもわたる長大な山陰海岸は基本的には単調な海岸線が続くが、いくつか日本海に突き出る特徴的な半島が存在する。こうした半島は、日本海を航行する古代の航海者にとって重要なランドマークとなった。日本海を西から東へ航行する舟にとって、最初に重要な目印となる島根半島西端の山麓に、出雲大社が鎮座していることは単なる偶然ではない。

このような半島付近には、しばしば天然の良港となった潟湖《せきこ》（ラグーン）が存在し、その近辺には交易拠点となる津（港湾集落）が形成された。その代表例として、島根半島の旧神門水《かんどのみず》海《うみ》のほとり（現在の出雲平野西部）をあげることができる。

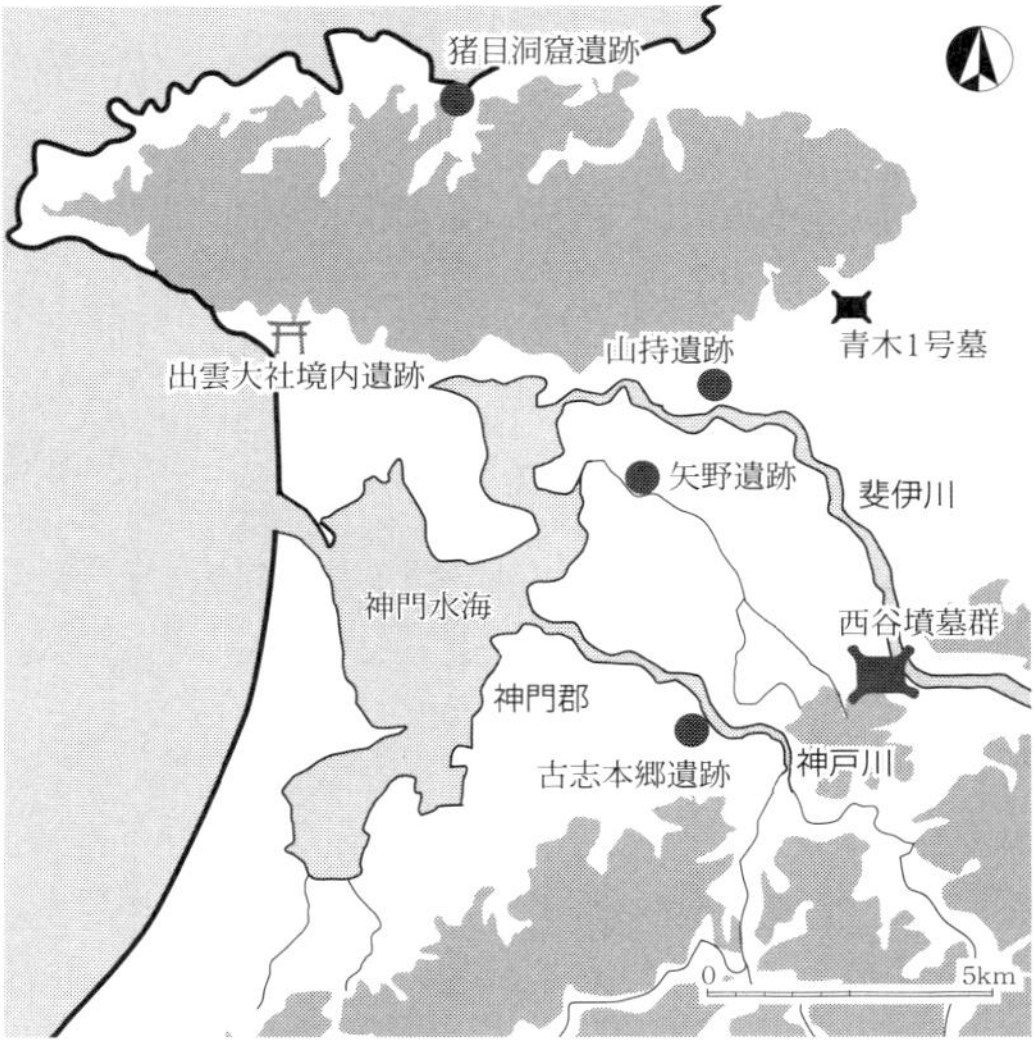

図1　弥生・古墳時代の出雲平野

これまで、弥生時代後期の朝鮮半島と畿内を結ぶルートは、のちの前期古墳や三角縁神獣鏡の分布などから、瀬戸内海ルートが中心と考えられてきた。しかし、昨今の発掘調査の進展により、弥生時代における日本海ルートの重要性が改めて見直されつつある。

本講では、昨今の考古学的知見を踏まえ、邪馬台国とその前後の時代、およそ一世紀から四世紀にかけての日本海交流の実像を、出雲を中心に概観してみたい。

## †弥生時代中期以前の日本海交流

日本海をめぐる文化的交流は、古くは縄文時代の九州の轟《とどろき》式・阿高《あたか》式の山陰への伝播や、大分県姫島《ひめしま》産黒曜石の流通などの西から東への流れとともに、福岡県山鹿《やまが》貝塚から出土した新潟県糸魚《いとい》川《がわ》産の翡翠《ひすい》製大珠《たいしゅ》のように、東から西への流れも存在した。このように日本海をめぐる相互交流の基盤はすでに縄文時代からあったのである。

弥生時代になると、特に玉作りをめぐって日本海を介した交流が活発化する。北部九州では、北陸産の翡翠を入手して勾玉の生産がおこなわれるとともに、山陰では緑色凝灰岩《りょくしょくぎょうかいがん》製の管玉の生産が開始され、その技術は近畿北部や北陸へと拡散する。これら日本海沿岸の玉作遺跡の多くは潟湖周辺に立地することから、日本海を介して素材や製品の流通があったことが窺える。こうした玉作りをめぐる流通には、結合式《けつごうしき》釣針や九州系大型石錘《せきすい》などの特徴的な漁撈具《ぎょろうぐ》の分布からみて、北部九州や山陰の海人《あま》集団が深く関与していた可能性が高い。

このように、弥生時代中期までには、玉の生産・流通などをめぐり、海人集団による日本海を介した海上交通基盤が整備されつつあった。

## †原の辻＝三雲貿易の時代（前一世紀〜二世紀）

出雲が日本海交流の上で特殊な位置を占めるようになるのは、弥生時代中期後半（紀元前一世紀）からである。この時代には前漢によって楽浪《らくろう》郡が設置されて列島との交通が開かれ、北部九州の奴《な》国・伊都《いと》国では多量の漢鏡を副葬する王墓が営まれた。

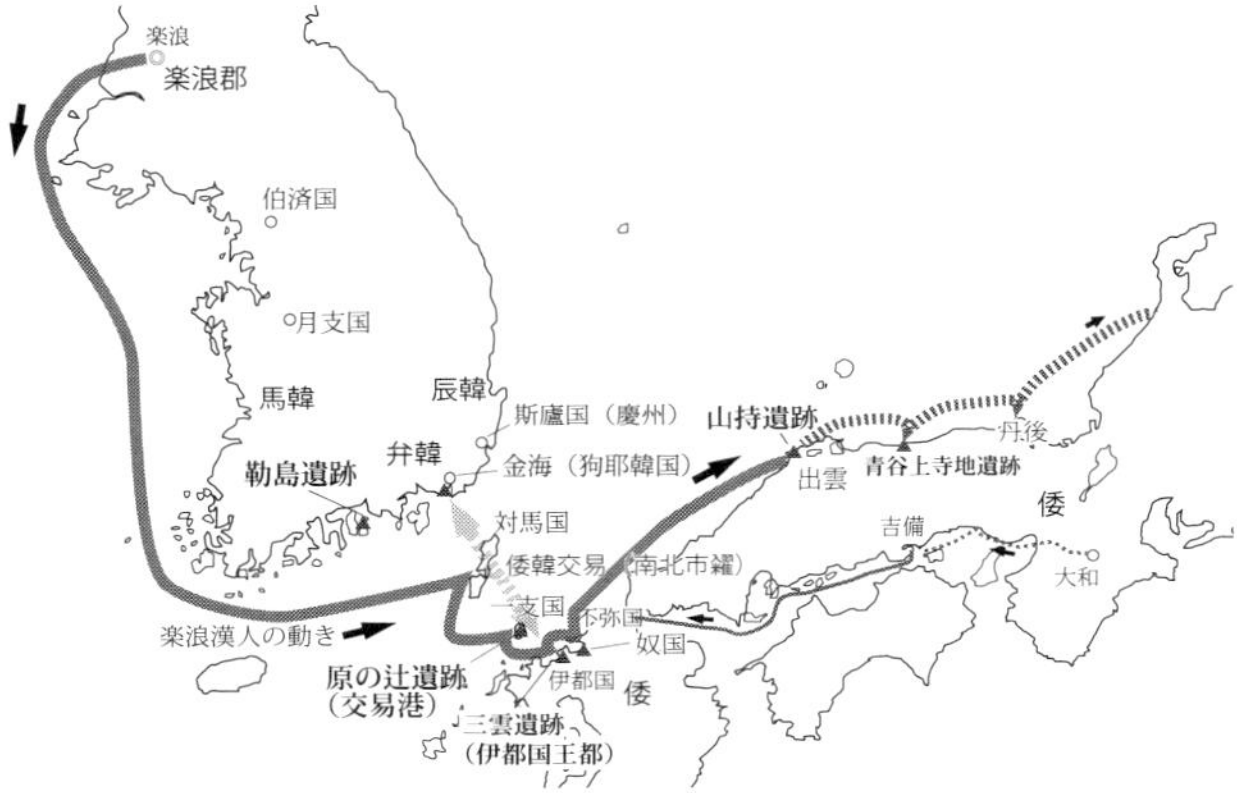


図２　原の辻＝三雲貿易（久住 2007 より、一部改変）

この時期から山陰でも朝鮮半島系の土器が出土するようになり、それらは、潟湖に面した特定の港湾集落（出雲市山持《ざんもち》遺跡・鳥取市青谷《あおや》上寺地《かみじち》遺跡）に集中する。重要なのは、これらの土器の大半は交易用の容器として使用された壺で、煮炊き用の鍋・甕《かめ》がほとんどない点である。このことから、これらの土器を持ち込んだ人々は、移住目的ではなく交易を目的としてこの地を訪れたものと考えられる。

この時期の倭と韓との交易は、朝鮮半島系土器が多量に出土する代表的な遺跡である壱岐《いき》国の原《はる》の辻《つじ》遺跡（長崎県壱岐市）と伊都国の三雲《みくも》遺跡群（福岡県前原市）の名をとって、原の辻＝三雲貿易（交易）と呼ばれている（図2・久住二〇〇七）。山持遺跡と青谷上寺地遺跡はこの交易ネットワークの一角を担う拠点的な津（港）であった。特に山持遺跡は、楽浪《らくろう》土器の出土からみて、確実に楽浪の人々が訪れた列島最東端の地であったのである。

### †列島における日本海交易の歴史的位置

この時期の出雲の状況をどのように評価できるのか、列島での朝鮮半島系土器の出土状況から考えてみよう。この時期の朝鮮半島系土器には、楽浪郡で製作された、のちの須恵器《すえき》に似た楽浪土器（写真1）と、朝鮮半島南部で製作された三韓《さんかん》土器がある。さらに三韓土器には、楽浪土器を模倣した瓦質《がしつ》土器と、伝統的な無文土器の流れを汲む勒島《ぬくと》式土器などがある。

写真1　山持遺跡出土の楽浪土器

一〜三世紀前半の朝鮮半島系土器の出土状況をみると、北部九州や壱岐・対馬から多数出土しているのが一見してわかる（図3）。しかし、同じ九州でも、内陸部や中九州あたりからはほとんど出土しない。次に本州の出土例をみると、関門海峡周辺でいくつか出土例があるが、その大半は出雲平野に集中する。その他の地域では、吉備や近畿でも三韓土器がごく少数出土しているにすぎない。

この時代の主な輸入品である鉄器の出土状況をみてみると、

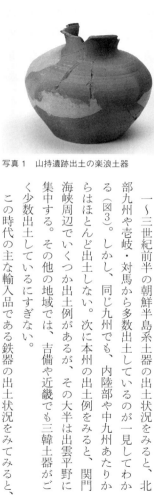

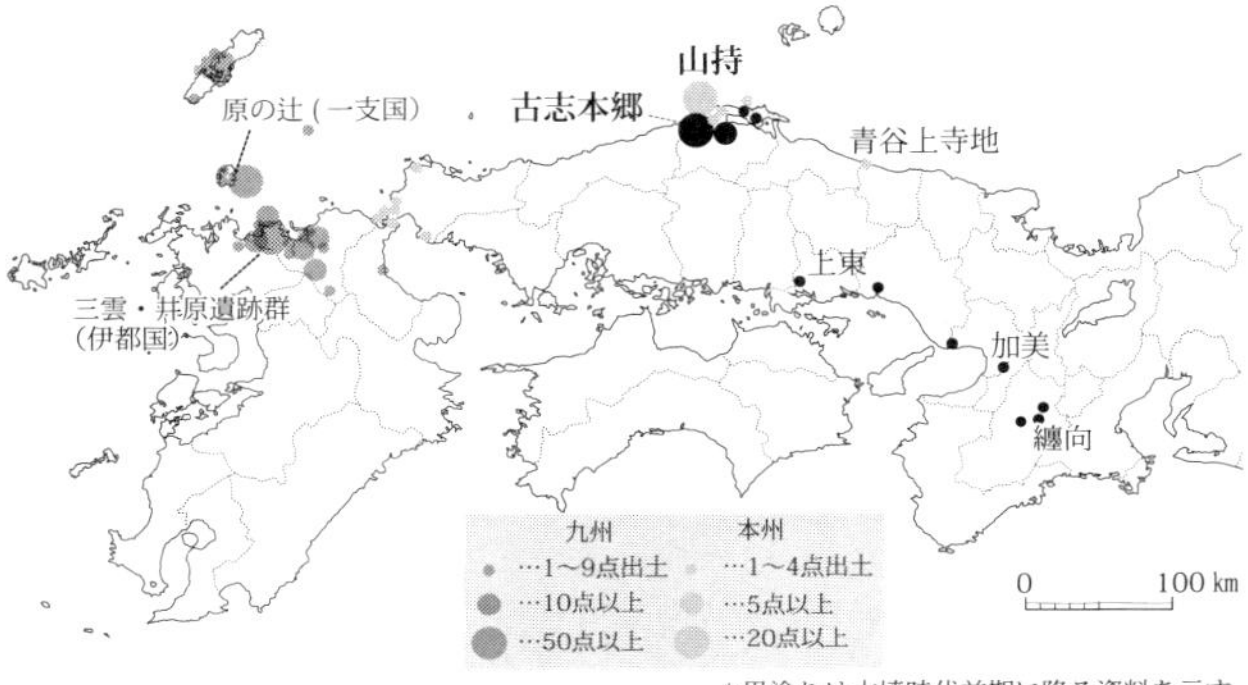


図３　列島の朝鮮半島系土器分布図

現状では瀬戸内よりも日本海側の出土量が卓越する。さらに日本海沿岸では、瀬戸内・畿内ではほとんど例を見ない、船載品の長大な刀剣を墳墓に副葬する事例が多数知られている。その他、この時期には剣身に双《そう》孔《こう》がある鉄剣や、螺旋《らせん》状の鉄釧《てつくしろ》（ブレスレット）などの特徴的な鉄器が、丹後から中部高地・関東にかけて分布している。その分布状況からみて、これらの鉄製品の多くは日本海ルートを介して流通していたことは明白である（野島二〇〇九）。

従来、九州と近畿を結ぶ主要海上交通ルートについては、遣唐使など古代の海上交通ルートの事例などから、瀬戸内海ルートを想定するのが一般的であった。しかし、こと一〜三世紀に関して言えば、列島における物流の主たる動脈は日本海側にあったのである。

この時期の列島における北部九州系土器の出土状況に注目すると、その大半が出雲平野から集中して出土している点が特筆される。その中には通常の壺だけでなく、他地域では見られない甕棺すらも存在する。これらの甕棺は棺として使用されたのではなく、交易品を収納する大型コンテナとして使用されたものであろう。このような状況を考慮すれば、出雲と半島との交易は、両者が直接交易をおこなったというよりも、伊都国や奴国を中心とする北部九州集団を介しておこなわれた交易が主体であったと考えられる。

一方、鳥取市の青谷上寺地遺跡は、「地下の弥生博物館」とも称されるように多種多様な遺物が出土しており、大陸産の鉄器も多量に出土している。しかしその一方で、朝鮮半島系土器は勒島式土器が数点あるにすぎず、また北部九州の土器も出土していない。当遺跡から出土する他地域系の土器は、吉備や丹後、北陸の土器が中心であり、総じて東部日本海沿岸地域との関係が深い。また、当遺跡から出土する鹿角《ろっかく》製のアワビオコシは北部九州では類例がない一方で、朝鮮半島の勒島《ぬくと》遺跡からまとまって出土している点が注意される。以上の点からみて、当遺跡の場合には、いわば北近畿や北陸など東部日本海沿岸地域の「代理人」として、北部九州を介さずに直接朝鮮半島と交易をおこなっていた可能性が高い。このように、同じ山陰でも山持遺跡と青谷上寺地遺跡とでは、交易のあり方に大きな違いが認められる。

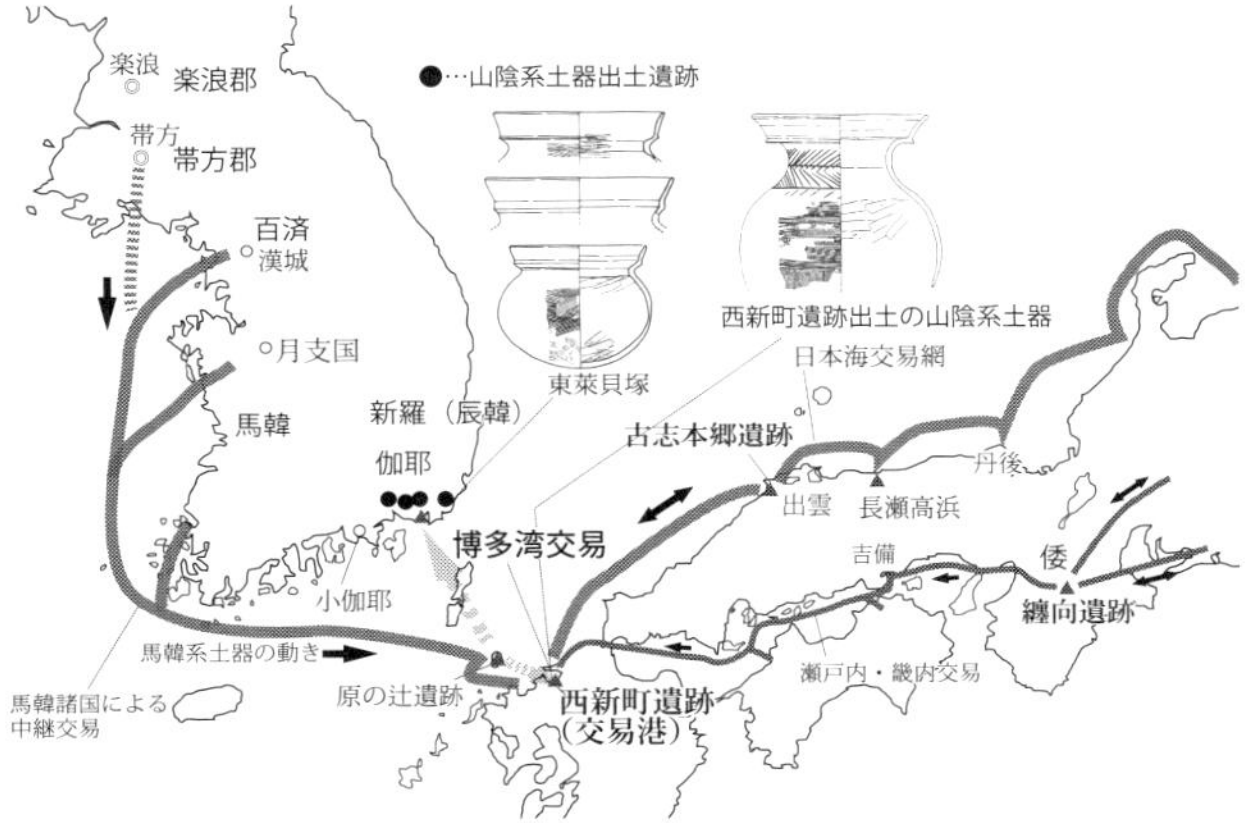


図４　博多湾貿易

## †古墳時代前期における日本海交易の変化

卑弥呼の直後の時代、すなわち箸墓が出現する古墳時代前期前半（三世紀後半）には、北部九州では楽浪土器が激減して、朝鮮半島南部の三韓土器が主体となり、交易の担い手が変化する。これに伴い交易拠点もそれまでの伊都国周辺から西新町《にしじんまち》遺跡など博多湾へと移動する。博多湾貿易（交易）の成立である（図４・久住二〇〇七）。この変化と連動して、出雲平野の交易拠点も平野北部の山持遺跡から南の古志《こし》本郷《ほんごう》遺跡へと移動する。

博多湾貿易の中心地である西新町遺跡では、朝鮮半島系土器だけでなく、列島各地の土器が多数出土することから、列島各地の人々が交易のために集まった、入会地的な港と考えられている。この博多湾貿易関連の遺跡からは畿内系土器が一定量存在することから、倭王権がある程度関与していたことは間違いない。しかし、原の辻遺跡など前代からの交易拠点も継続していることから、基本的にはそれまでの北部九州の交易ネットワークを継承するものであった。

なかでも注目されるのが、西新町遺跡から出土する列島各地の土器のうち、山陰系土器が主体を占める点である（図4）。これらは文様の特徴などから、その多くは出雲で製作されたか、その模倣土器と考えられる。さらに、これら山陰系の土器は、朝鮮半島でも東萊《とんね》貝塚など複数の遺跡から出土しており、朝鮮半島での出土量は北部九州系土器に次ぐ。このように古墳時代初期の対韓交易では、出雲が重要な役割を担っていたのである。

## †日本海交易の実像——何が、どのように交易されていたか

では、この日本海交易では実際に何が交易されていたのだろうか。まず輸入品であるが、その主体は『三国志』東夷伝弁辰《べんしん》条に記されるように、当時の列島では生産できなかった鉄素材であったことは確実である。さまざまな生産用具の素材となる鉄を安定して確保することは、当時の列島の首長たちにとって喫緊の課題であった。一方、その対価として列島から朝鮮半島へもたらされたものが何であったかは、考古学的にはまだよくわかっていない。

この点で注目されるのは、この時期の代表的な津である山持遺跡や青谷上寺地遺跡やその近

辺において、多種多様な手工業生産がおこなわれている点である。例えば山持遺跡では、松江市玉湯町の花仙山《かせんざん》産碧玉《へきぎょく》を用いた玉作や水銀朱生産、漆生産にかかわる遺物が出土している。

二世紀の松江市平所《ひらどころ》遺跡では、水晶を主体とする玉作工房が確認されており、北部九州でも潤地頭給《うるうじとうきゅう》遺跡などでは、花仙山産碧玉が出雲から持ち込まれ、相当規模の玉作がおこなわれている。山陰では玉作り工房から鉄器が多数出土する場合が多く、両者は非常に近しい関係にあった。このように日本海を取り巻く倭韓交易では、鉄と玉が重要な役割を担っていたのである。

『魏志』倭人伝には、卑弥呼や台与《とよ》が魏に生口《せいこう》（奴隷）のほか、布や丹、白珠五千孔・青大勾珠などを献じたと記されている。ここでいう白珠は、孔という単位があることから玉製品と考えられ、色調からみて水晶製玉製品の可能性がある。同時期の伽耶《かや》の首長墓からは水晶製玉製品が出土している。これらが列島産である証明はまだされていないが、同時期の列島では水晶製玉製品が少ない点からみて、鉄の対価として一部が伽耶にもたらされていた可能性も考えられる。

対外交易のためには、貨幣の使用や交易品の正確な計測、文字による記録作成が必要となる。貨幣は中国新代の銭である貨泉《かせん》が出雲市中野清水《なかのしみず》遺跡や青谷上寺地遺跡から出土している。また、松江市田和山《たわやま》遺跡では、現在のところ本州では唯一の例となる硯が出土しており、弥生時代中期にすでに文字が使用されていたことを示唆する資料として重要である。

このほか、近年注目されているものとして、棹秤《さおばかり》の錘（権《けん》）があり、青谷上寺地遺跡のほか江津市古八幡付近《ふるはちまんふきん》遺跡でも、同様な資料が出土している。また青谷上寺地遺跡では環の付いた土玉がまとまって出土しており、一種の算盤であった可能性も指摘されている。

これらの特殊な遺物は、その多くが港湾的な集落とその近辺から出土している点からみて、日本海交易に関わる遺物であった可能性が高い。

## †日本海の遠洋航海者たち

弥生時代の玄界灘沿岸部では、通常の農村では出土しない漁撈具や楽浪土器、先述の交易に関わる遺物が多量に出土する特異な集落が知られている。これらは主として漁業と交易に従事した集団の住む海村と考えられ、当時の玄界灘沿岸では、これらの海人集団による交易ネットワークが形成されていた（武末二〇〇九）。

山陰でも、潟湖周辺に位置する港湾的集落では、北部九州の製品によく似た大型の釣針や、九州型石錘《せきすい》（網のおもり）に酷似する石錘が多数出土する。こうした点から、山陰で直接的に対外交易に関わった人々は、潟湖沿岸に居住する海人《あま》集団であり、かれらは玄界灘沿岸の漁撈集団のネットワークと深く結びついていた。出雲市の猪目《いのめ》洞窟遺跡は、日本海に面する海蝕洞窟を利用した墓地で、ここからは南海産のゴホウラ製貝輪を身につけた人骨が出土している。墓地の立地や貝輪の存在からみて、まさに日本海を股にかけて活躍した海人集団の長の墓と考えてよいだろう。なお、妻木晩田《むきばんだ》遺跡などでは、これらの九州系石錘が多量に出土する地区に鍛冶工房が集中する点から、鉄素材だけでなく鍛冶技術もこれら海人集団によってもたらされていた可能性が高い。

降って五世紀の日本海や瀬戸内海沿岸では、鉄や玉を用いた海上交通に関わる祭祀をおこなっている遺跡の存在が知られている。これらは、すべてではないにせよその多くは、弥生時代の海人集団の末裔が関与した遺跡と考えられ、後の記紀には阿曇《あずみ》氏や海部《あまべ》氏として、その名を残している。

### †首長と海人集団

弥生時代の交易では、航海技術だけでなく航海中の中継地（津）や目的地の集団との間に良好な関係を構築して、それを恒常的に維持していくことが不可欠であった。これを達成することができた首長たちは、見知らぬ異界の地と交渉に成功し、自分たちの共同体のためにさまざまな必需物資をもたらす稀有な能力を持つ人物として、地域社会内で特別な地位を占めるに至ったのである。

弥生時代後期の出雲は、四隅突出墓《よすみとつしゅつぼ》と呼ばれる非常に特徴的な墓制が流行した地域として著名である。その中でも、出雲市西谷《にしだに》墳墓群は、岡山県楯築《たてつき》墳丘墓や京都府赤坂今井《あかさかいまい》墳丘墓などと並び、当時の列島でも最大規模の墳丘墓となる三号墓や九号墓が累代的に築かれた、いわば出雲の「王家の谷」であった。この西谷墳墓群については、長年島根大学や出雲市教育委員会によって調査がおこなわれてきており、多くの重要な事実が明らかになっている。

なかでも三号墓や二号墓から出土したガラス製品の多くは、当時の列島では極めて稀少な楽浪系のガラス製品であることが指摘されている。このことから、西谷墳墓群に葬られた出雲の首長が、日本海をめぐる対外交易に深く関与していたことは、まず間違いない。

出雲の王墓の一つである西谷四号墓では、墳丘外の周辺埋葬施設から西部瀬戸内系土器が出土している。また、山持遺跡に隣接する小規模な四隅突出墓である青木一号墓からは、九州系土器が出土している。こうした点から、当時の出雲の大首長が、西部瀬戸内・北部九州出身の海人集団か、またはそれに連なる人々を配下に置いて、彼らが持つ海村ネットワークを利用しつつ倭韓《わかん》交易をおこなっていた様子が想像される。

## †邪馬台国と出雲

周知のとおり、『魏志』倭人伝は、不弥《ふみ》国から「水行二十日」で投馬《とうま》国に至り、「水行十日、陸行一月」で邪馬台国に至ると記されている。邪馬台国の所在地については、「倭人伝」の里程記事の解釈をめぐって近畿説と九州説を代表とする諸説が乱立し、百家争鳴の論争が続けられている。

筆者には「倭人伝」の里程記事の解釈に関して言及できる能力はないが、考古学の立場から言えば、昨今の前期古墳の編年研究の成果からみて、最古の大型前方後円墳である箸墓の出現年代が三世紀後半まで遡るのはまず確実で、ヤマト王権の成立年代は卑弥呼の後継者である台与の治世に限りなく近づく。この点から、初期ヤマト王権と邪馬台国との間には何らかの接点があった可能性は非常に高いと考えざるを得ない。

九州説に立った場合、邪馬台国は後のヤマト王権とは無関係の九州内の地域勢力に比定することとなる。三雲遺跡群の楽浪土器出土からみて、帯方郡《たいほうぐん》の人々は伊都国までは実際に来ていたのは確実であり、さらにこの時期には北部九州においても畿内系土器の影響が確実に認められる。この点から、伊都国に滞在した楽浪・帯方郡の人々が、当時の畿内の地域勢力に関する情報を全く見聞きしなかったとは考えにくい。以上の点から、本講では邪馬台国畿内説に立脚し、改めて当時の出雲の立ち位置を考えてみる。

先の里程記事の解釈から、出雲を投馬国に比定する説が戦前より笠井新也氏や末松保和氏らによって提唱されていた。しかし、その後出雲では大型古墳が少ないことが明らかになるにつ

| 年代 | 時期区分 | 出雲の主な遺跡 | 主な出来事 |
| --- | --- | --- | --- |
| | 弥生中期後葉 | ・田和山遺跡<br>・荒神谷遺跡・加茂岩倉遺跡 | 楽浪郡設置（前108年） |
| AD40年頃 | 弥生後期前～中葉（V-1・2） | ・山持遺跡（下層；楽浪土器） | 光武帝、漢委奴国王に金印を賜う（後57年）<br>「倭国王師升等、謁見を願う」（107年） |
| | 弥生後期後葉（V-3） | ・山持遺跡自然河道（勒島式）<br>西谷墳墓群<br>青木1号墓<br>3号<br>2号 | 「恒・霊の間、倭国大いに乱れる」（147～188年） |
| 200年 | 弥生後期終末（庄内式） | 4号<br>9号<br>・山持遺跡最盛期（上層；三韓土器） | 卑弥呼共立<br>卑弥呼が魏に使いを送る（239年） |
| 250年 | 古墳前期初頭（布留0式） | 社日1号<br>大木権現山 | 箸墓古墳の築造<br>台与が魏に白珠等を献ず |
| | 古墳前期前半（布留1式） | 神原神社（景初三年銘）<br>・古志本郷遺跡最盛期（三韓・三国土器）<br>大成 | 楽浪郡の滅亡（313年） |
| 320年 | 古墳前期後半（布留2式） | 造山1号<br>古志本郷遺跡の衰退<br>大寺<br>廻田 | 百済王が倭王に七枝刀を送る（372年） |
| | 古墳中期初頭 | | |

表1　出雲の主要遺跡の変遷

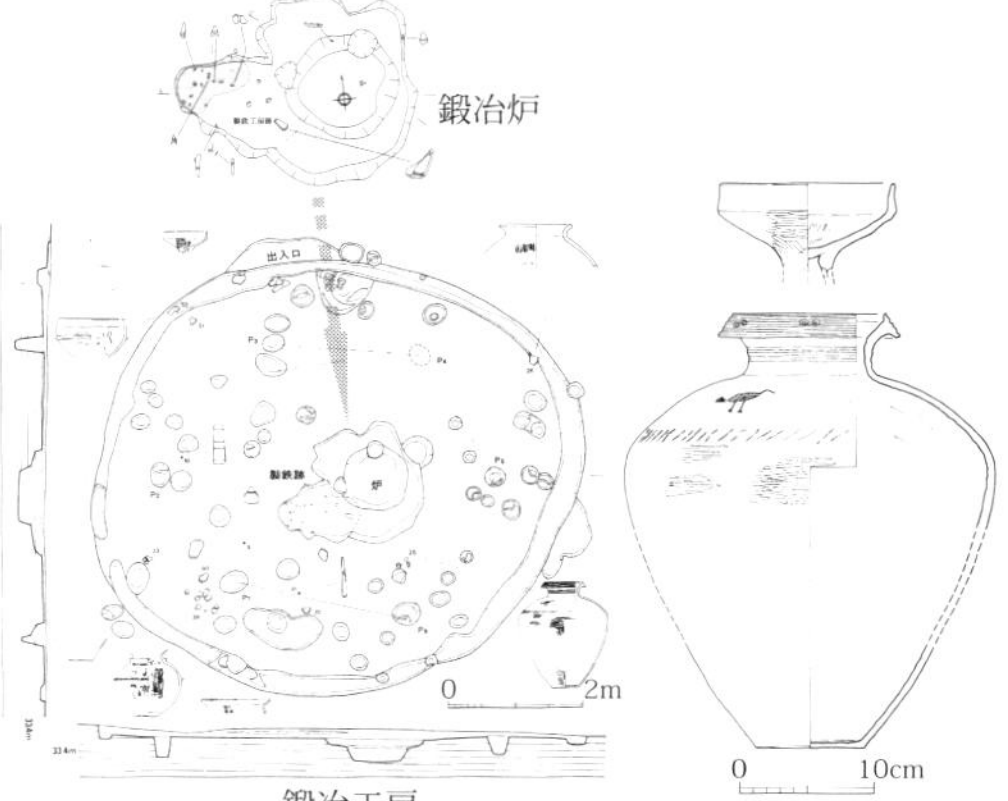


図５　安武深田遺跡の鍛冶遺構と出土土器

れ、この説はほとんど顧みられることはなかった。しかし近年、紀年銘鏡《きねんめいきょう》の分布が日本海沿岸に偏って分布するなどの点から、この説が再評価されつつある。もちろん現時点で性急な判断はできないが、これまで述べてきたように当時の日本海は列島東西を結ぶ一大動脈であったこと、その中でも出雲平野が重要な交易拠点で、実際に楽浪人や韓人がこの地を訪れていたことを考えれば、出雲がその有力候補地の一つであると言うことは許されるだろう。

出雲以外の投馬国の有力候補地としては吉備があげられる。弥生時代後期の吉備では、列島最大の楯築墳丘墓が造営されている点、そこで創出された特殊器台《とくしゅきだい》は、のちの円筒埴輪のルーツとなっている点、弥生時代後期の集落密度が非常に高い点などから、考古学の立場からはむしろこちらを投馬国に比定する説の方が有力だ（西谷編二〇一二）。ただし吉備では朝鮮半島系土器は稀薄であり、彼の地に楽浪人や韓人が交易のため訪れた様子は認められない。

しかし、当時の吉備が北部九州や朝鮮半島との関係がなかったというわけでない。北部九州では、弥生時代後期初頭から吉備の土器の影響が強く認められ、後期前半〜中頃（一世紀〜二世紀前半）には、福岡県カキ遺跡など、吉備からの移住者による集落遺跡がいくつか存在していた。なかでも福岡県安武深田《やすたけふかだ》遺跡では、鍛冶工房から吉備系土器が出土している（図5）。このように、吉備の場合は出雲とは違って積極的に北部九州に進出し、一部の人々はそこにコロニーを形成して朝鮮半島への交易中継地を築き、鉄などの必要物資を確保しようとしていた様子が読み取れる。

ただ、吉備は、関門海峡の存在という地勢的制約から、直接的な大陸との交渉は困難であり、関門海峡を掌握する北部九州集団と良好な関係を築かねばならない点で、出雲に比べると大きなハンディがあったと想定されるのである。

## †吉備の首長、出雲平野を目指す

西谷墳墓群からは、吉備の葬送儀礼用土器である特殊壺・特殊器台が大量に出土している。実は、この現象は西谷墳墓群に限った話ではなく、二、三世紀の出雲の墳墓からは極めて高い確率で吉備の特殊土器・特殊器台が出土しているのである。

西谷３号墓 吉備系特殊土器

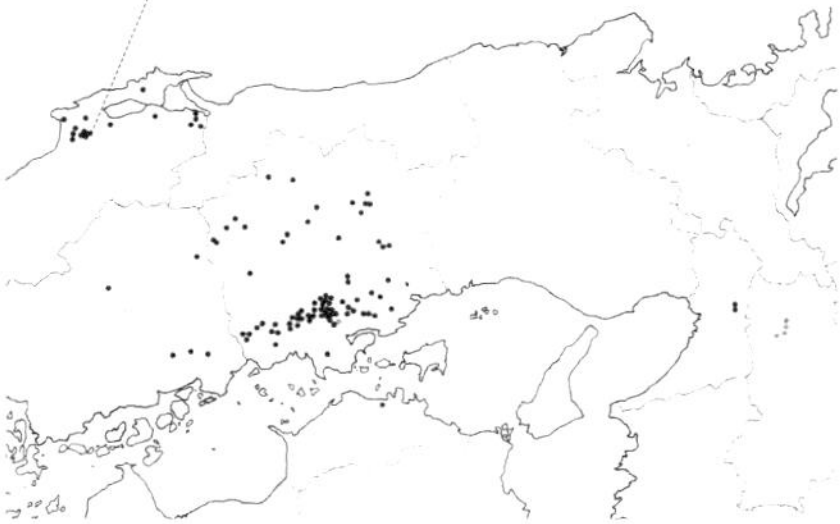

特殊器台の分布

図６　特殊土器の分布図

その分布をみると、吉備から中国山地を越えて出雲平野にかけて分布しているが、出雲平野では吉備中枢に次ぐ点数が出土しており（図6）、吉備側の目的地は出雲平野にあったことがうかがえる。これと同時に、北部九州ではそれまで多数出土していた吉備系土器がほとんど見られなくなる。このように、二世紀後半における九州での吉備系土器の消滅と、出雲における吉備系の特殊土器の出現は連動した現象であった可能性が高い。

このような点からみて、吉備の首長がこの時期に出雲の首長に対して積極的な「弔問外交」を仕掛けた背景には、関門海峡ルートがうまく機能しなくなった際の代替措置として、朝鮮半島への交易ルートを確保するための意図があったものと考えられる。このように、出雲における吉備の特殊土器の分布は、当時の出雲が、吉備をはじめとする列島各地の勢力にとって、非常に重要視された地域であったことを明白に物語っているのである。

## †博多湾貿易の終焉と出雲

四世紀前半になると、国際交易港であった西新町遺跡は突如として廃絶し、それまで博多湾貿易の一翼を担った古志本郷遺跡や青谷上寺地遺跡など、山陰の代表的な津も一斉に衰退していく。

これと相前後して、丹後から石見にかけての日本海沿岸地域では、一斉に前方後円墳が出現するとともに、福岡県沖ノ島遺跡や出雲大社境内遺跡などで、海上交通に関わる祭祀が開始される。特に沖ノ島遺跡の祭祀はその内容からみて倭王権が直接関与していた祭祀遺跡である可能性が高い。

この時期には、大成洞一三号墳など伽耶の王墓から碧玉製石製品《へきぎょくせいせきせいひん》などの倭系遺物が多量に出土するようになることから、倭王権が北部九州の交易機構を介することなく、直接伽耶との交渉ルートを確立することに成功したことがうかがえる。ここに、倭韓交易は新たな段階に入り、それまで日本海交易における中心であった出雲も、その役割を終えることとなったのである。

## さらに詳しく知るための参考文献

久住猛雄「「博多湾貿易」の成立と解体」(『考古学研究』五三―四、二〇〇七)……弥生時代の朝鮮半島と日本列島との交易形態の変化を、主に朝鮮半島系土器の出土状況から、その変遷を追う。専門家向き。

武末純一「三韓と倭の交流」(『国立歴史民俗博物館研究報告』一五一、国立歴史民俗博物館、二〇〇九)……国家形成期に韓と倭の交易に活躍した玄界灘周辺の海人集団について、さまざまな考古資料を用いてその実像を明らかにしていく。

西谷正編『邪馬台国をめぐる国々』季刊考古学別冊18(雄山閣、二〇一二)……邪馬台国や、投馬国をはじめとする倭人伝に記された国々について。最新の考古学的知見に基づき解説する。投馬国は米田克彦氏が吉備説に立って、論を展開している。

野島永『初期国家形成過程の鉄器文化』(雄山閣、二〇〇九)……列島の国家形成期において鉄がはたした役割を詳細に論じる。列島の初期鉄器文化に日本海沿岸地域が重要な役割を担っていた点に関しても、ウェイトを置いて論じられている。

渡辺貞幸『出雲王と四隅突出型墳丘墓 西谷墳墓群(シリーズ「遺跡を学ぶ」)』(新泉社、二〇一八)……長年西谷墳墓群の調査研究に携わってきた著者が、出雲の王墓である西谷墳墓群の実像や、その歴史的背景をわかりやすく解説する。

# 第13講　騎馬民族論の行方

諫早直人

## †「騎馬民族説」の衝撃

### ①江上波夫氏による「騎馬民族説」の提唱

「騎馬民族日本列島征服王朝説（以下、騎馬民族説）」、歴史に関心のある方ならば一度は耳にしたことがあるのではないだろうか。世界史的視野から現在の天皇家のルーツを大陸北方系（具体的には夫余系）の騎馬民族に求めるこの壮大な学説は、今から七〇年前の一九四八年五月、東京お茶ノ水の小さな喫茶店でおこなわれたとある座談会の席で、江上波夫氏（一九〇六～二〇〇二、写真1）によって初めて披露された（石田英一郎・岡正雄・八幡一郎・江上波夫「日本民族＝文化の源流と日本国家の形成」『民族学研究』第一三巻第三号、一九四九）。席上、江上氏は以下の六つの理由を挙げた上で、「前期古墳文化人たる倭人が自主的な立場で、騎馬民族的大陸北方系文化を受入し、その農耕民的文化を変貌せしめたのではなく、大陸から朝鮮半島を経由し、直接日本に

写真１　江上波夫

渡来侵入し、倭人を征服支配した或る有力な騎馬民族があって、その征服民族が以上のような大陸北方系文化複合体を自ら帯同して来て日本に普及せしめたと考える方が、より自然であろう」と述べる。その理由とは、次の通りである。

(一)（弥生式文化ないし前期古墳文化と後期古墳文化とが互いに——筆者補註）根本的に異質的なこと。

(二)その変化が急激で、その間に自然な推移の迹を認め難いこと。

(三)一般的に見て農耕民族は己れの伝統的文化に固執する性格が強く、急激に他国或は他民族の異質的文化を受入して、己れの伝統的な文化の性格を変革せしめるような傾向は極めて少いこと、農耕民たる倭人の場合でも同様であったと思われること。

(四)後期古墳文化がHerrentum的（王侯貴族的——筆者補註）、騎馬民族的文化で、その伝播普及が武力による日本の征服支配を暗示せしめること。

(五)わが国における後期古墳文化の大陸北方系複合体は大陸及び半島におけるそれと全く共通し、その複合体のあるものが部分的に、或は選択的に日本に受入されたと認め得ないこと、換言すれば大陸北方系騎馬民族文化が一の複合体として、そつくりそのまゝ、何人かによつて日本に持ち込まれたものであらうと解されること。

(六) 弥生式文化乃至前期古墳文化の時代に馬牛の少かつた日本が、後期古墳文化の時代になつて、急に多数の馬匹《ばひつ》を飼養するようになつたが、これは馬だけ大陸から渡来して人は来なかつたとは解し難く、どうしてもこれは騎馬を常習した民族が馬を伴つて多数大陸から日本に渡来したと考察しなければ、不自然なこと。

それでは、江上氏の「騎馬民族説」の議論の行方《ゆくえ》を追ってみよう。

**②「騎馬民族説」への反応とその限界**

記紀を自明とするそれまでの皇国史観とはまったく異なる古代史像を描く「騎馬民族説」は、それが提唱された当初から大きな反響を呼び、賛否両論激しい議論が繰り広げられてきた。その後、七〇年間の研究の歩みを大づかみにまとめれば、広く国民に膾炙《かいしや》された古代史上最も有名な学説であるにもかかわらず、研究者の多くの反応は当初から一貫して、拒否あるいは冷淡なものであったといえるだろう。その原因はひとえに結論に至るまでの、様々な資料上、方法上の問題に求められるわけだが、そのことについてはすでに学史の中で決着がついているのでここでは深入りしない。

ここで注意したいのは今日、高校教科書にも載っている一つの歴史的事実が、江上氏による

「騎馬民族説」の提唱とそれに対する学界の反応の中で産まれたことである。すなわち古墳時代中期（江上氏は二期区分にもとづき後期とする）に入り、それまでの日本列島にはみられなかったウマや騎馬の風習が出現し、短期間の間に日本列島の広範な地域に定着していくこと、である。「騎馬民族説」を否定する研究者たちも、意識していたかどうかはさておき、江上氏が明らかにしたこの歴史的事実を当初から共有してきたことはもっと注目されてよい。皇国史観が根強い戦後まもなくにこの事実を炙り出した学史的意義は明らかであり、「騎馬民族説」の最大の功績もここに求められる。

騎馬文化がどのような歴史的背景のもとに海を渡ったのか、その担い手は誰か、江上氏に対する反論の多くは「騎馬民族説」のこの部分に対する理解の相違によるところが大きいわけだが、江上氏の説に賛成するにせよ反対するにせよ、それらの議論は総じて一つの問題（限界）を抱えていた。すなわち、日本列島の騎馬文化の源流たる東北アジア各地、とりわけ朝鮮半島の騎馬文化に対する理解の欠如である。日本列島における騎馬文化の出現契機を、朝鮮半島からの「騎馬民族」の侵略に求めた江上氏の研究も、日本考古学の立場からこれに反論し、その契機を「大和政権」の朝鮮半島における軍事活動に求めた小林行雄氏らの研究も（小林行雄「上代日本における乗馬の風習」『史林』第三四巻第三号、史学研究会、一九五一）、残念ながら朝鮮半島で展開した騎馬文化に対する深い理解に根差した議論ではなかった。朝鮮半島を騎馬文化の経由地、あるいは供給地とみる点において、一見対立的な両者の見解は共通している。江上氏自身が「ミッシング・リンク」と呼ぶ資料の空白が大きな理由であったことは紛れもない事実であるが、同時に他律性、停滞性を前提とする戦前以来の伝統的な朝鮮史観から脱却できていないことも見逃してはならないだろう。

## †埋まりゆく「ミッシング・リンク」

### ①韓国における資料の爆発的増加

考古学の立場から「騎馬民族説」の是非を議論する上で、最も基本となる考古資料は馬歯や馬骨といった「ウマ」そのものであるが、それらは酸性土壌の日本列島では失われやすい。中期以降の古墳に副葬された金属製の「馬具」が、当初より騎馬の存在を示す考古学的証拠として注目されてきた所以である。「騎馬民族説」に対する反駁の中から産声を上げた戦後の馬具研究は、長い間、江上氏の言うところの「ミッシング・リンク」に悩まされてきた。大陸に比較資料をほとんどもたないまま、日本出土資料にもとづく議論に終始してきた古墳時代馬具研究が、大きく転換するのは一九九〇年代に入ってからのことである。「漢江の奇跡」と呼ばれる高度経済成長を成し遂げた韓国において、開発などに伴う発掘調査が急激に増加し、多くの馬具が出土したことがその第一の契機である。

とりわけ一九九一年に始まる金海大成洞古墳群の発掘調査では、馬具を含む北方系文物が多数出土し、調査者の申敬澈氏は江上氏のそれを多分に意識しつつ「騎馬民族金官加耶征服王朝説」を唱えるに至る（申敬澈「金海大成洞古墳群の始まりと終わり」『シンポジウム　倭人のクニから日本へ』学生社、二〇〇四など）。日本と同じく、申氏の「騎馬民族説」に対する大部分の研究者の評価は否定的である。ただ、ここにおいても重要なのは「騎馬民族説」の是非ではなく、その提唱を契機として騎馬文化やその考古学的証拠である馬具に対する注目が高まり、韓国における馬具研究が本格化したことであろう。日本の馬具研究の蓄積をふまえつつ、新資料にもとづいた韓国の馬具研究は、今日では日本の古墳時代馬具を理解する上でも欠かせない存在となっている。

**②中国東北部における新資料の公開**

第二の契機は中国東北部（現在の遼寧省と吉林省）における新資料の公開である。江上氏が想定する「夫余系騎馬民族」の故地でもあるこの一帯から、日本列島出土馬具とよく似た馬具が出土することはすでに知られていたが、その全体像がおぼろげながら見えてきたのは、二〇〇〇年代に入ってからのことである。中国と北朝鮮に点在する高句麗遺跡が二〇〇三年、世界遺産に登録されたことを受けて、これまでほとんど実態がつかめなかった集安高句麗王陵出土資料の全貌が公にされ、また遼西地方を中心に展開した三燕（慕容鮮卑の建てた前燕・後燕・北燕の総

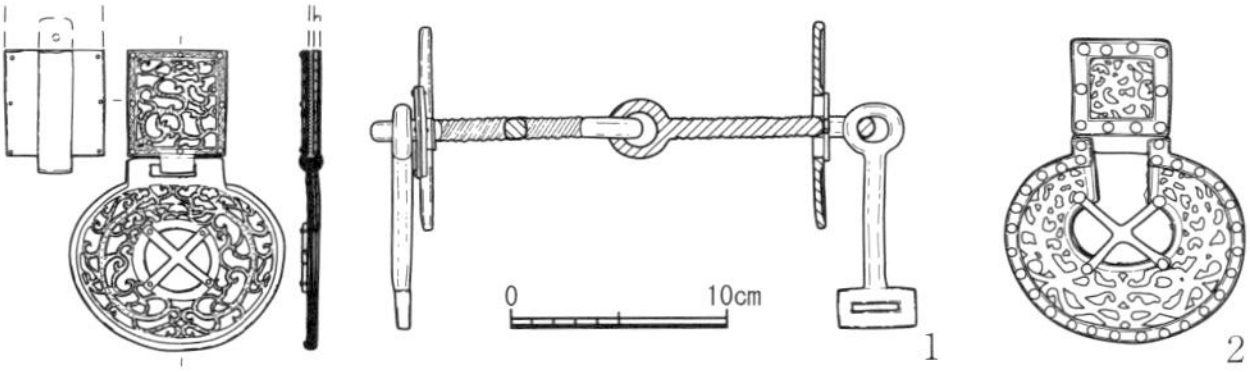


図１　滋賀県新開１号墳出土鏡板轡とその類例
1：滋賀 新開１号墳　2：北票 喇嘛洞Ⅱ M16号墓

称）の考古資料についてもその概要が公表された。魏晋期の夫余の王墓群と目されている吉林帽児山遺跡など、発掘されているにもかかわらず依然として実態の明らかでない資料も存在するが、以前と比べれば情報量に雲泥の差があることは確かであり、そのような情報公開は今後も継続するものとみられる。

おおむね古墳時代に併行する時期の古墳から出土したこれらの馬具の中には、古墳時代馬具の系譜を考える上で無視できない資料が多数存在する。たとえば、滋賀県新開1号墳から出土した龍文透《りゅうもんすかし》彫《ぼり》鏡板轡《かがみいたくつわ》（図1－1）は一九六一年に報告されて以来、二〇〇二年に北票喇嘛洞ⅡM16号墓出土例（図1－2）が世に知られるまで、長い間直接的な類例をもたなかった（図1）。手綱を連結する引手や、一緒に出土した鞍や鐙などの形態からみて、ただちに新開1号墳出土例が三燕で製作されたと考えられるわけではないものの、三燕の馬具が日本列島や朝鮮半島の馬具と一連の系統にあることは明らかである。ここに至り、馬具研究はようやく江上氏が立論したフィールドと重なりをもつに至ったと言ってよいだろう。

## †東北アジアにおける装飾馬具の創出

### ①埋まらない「ミッシング・リンク」

大陸における発掘調査の進展とそれに伴う東北アジアにおける資料の増加は、中原（華南・華北）における馬具非副葬を鮮明に浮かび上がらせるという思わぬ副産物をもたらした。もちろん馬具が出土しないからといって、ウマや騎馬が当時の中原に存在しなかったわけではない。単に古墳に副葬しなかっただけのことではあるが、そのことが盛んに馬具を副葬した東北アジアの特異性を際立たせる結果となったのである。東北アジアで普遍的にみられる鏡板轡と呼ばれる轡形式の存在が、馬俑や壁画などを仔細に見まわしても中原には見あたらないことも注意される。このように「ミッシング・リンク」が埋まりつつある地域とともに、「ミッシング・リンク」のままの地域がある。考古学において「出土していない」に依拠した議論は、あとからはしっぺ返しを食らうことが多いわけだが、出土量の多寡でいえばこの傾向は変わらないのではないだろうか。古墳時代馬具の祖型、すなわち日本列島にもたらされた騎馬文化の源流は、江上氏の捉えた視野の中にあるとみてよさそうだ。

### ②胡漢融合の装飾馬具

ここまでの議論を整理すると、次の三点に要約することができる。①日本列島古墳時代に盛行する馬具の副葬行為が、併行する時期の東アジア全域で認められる現象ではないこと、②鏡板轡に代表される日本列島古墳時代に普遍的な装飾馬具様式が、併行する時期の東アジア全域で普及した装飾馬具様式ではないこと、③それらが認められる地域が、現状では東北アジア（中国東北部、朝鮮半島、日本列島中央部）に局限されること、である。

この東北アジアに広がる共通性の高い装飾馬具様式の起点に三燕（慕容鮮卑）があることは、もはや疑いの余地がないであろう。もちろんそれは、中原との関わりなしに独自に成立したわけでは決してない。三燕墓から出土する装飾馬具の中に、西晋に由来する帯金具と共伴するのみならず同じ技術、意匠でつくられたものが存在することからみて、その成立には中原からの工人の移動を伴う技術的影響に加えて、服飾によって可視的に区別された中国的身分制度の影響が強く看取される（町田章「鮮卑の帯金具」『東アジア考古学論叢――日中共同研究論文集』奈良文化財研究所・遼寧省文物考古研究所、二〇〇六）。たとえ中原に鏡板轡を含む装飾馬具が存在したとしても、このような服飾と飾馬が一体となった、人馬一体の身分表象まで想定することは難しいだろう。前燕代に起こったとみられる胡漢融合の装飾馬具様式の創出は、胡族王権がみずからを中国正統王朝として位置づける「中華」意識や「天下」観の形成と密接に関わっている。中国的官位制度にもとづく服飾（帯金具）に、騎馬遊牧民のアイデンティティとして新たに飾馬（装飾馬具）を加えた身分表象システムは、騎馬による軍事力を基盤とする前燕が王・皇帝を頂点

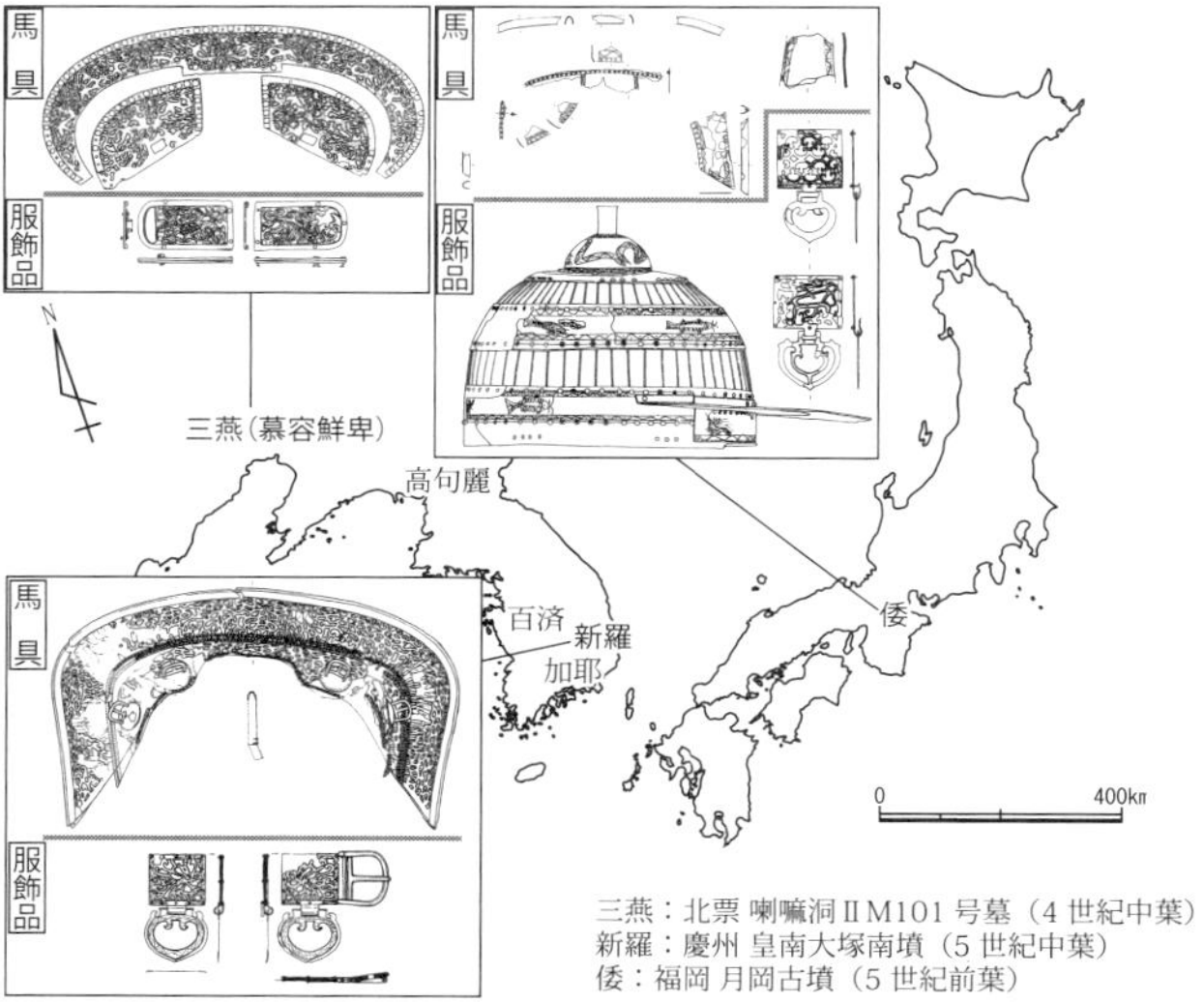

三燕：北票 喇嘛洞ⅡM101号墓（4世紀中葉）
新羅：慶州 皇南大塚南墳（5世紀中葉）
倭：福岡 月岡古墳（5世紀前葉）

図2　東北アジアの服飾品と装飾馬具

とする独自の世界秩序をビジュアルに表現するための装置であったのであろう。東北アジアに広がる地域性をもちつつも共通性の高い装飾馬具様式は、三燕（慕容鮮卑）を発信源とする飾馬による可視化された身分秩序が、倭を含む東夷《とうい》の諸王権に広く受け入れられたことを示している（図2）。

## †ウマはいつ、どこからもたらされたのか

### ①散発的渡来と本格的渡来

日本列島にいつからウマが存在したのかについては、戦前に始まる膨大な学史がある。かつては当然のように議論された「縄文馬」の存在は、発掘精度の問題やいくつかの資料に対するフ

ッ素分析による年代測定によって否定され、ウマも馬具とほぼ同時にもたらされたとみる古墳時代中期渡来説が最も有力な見解となっている（松井章「動物遺存体から見た馬の起源と普及」『日本馬具大鑑』第一巻〈古代 上〉、日本中央競馬会・吉川弘文館、一九九〇）。もちろん中期にウマ渡来の下限が抑えられることは確かであるが、それ以前に遡るウマの痕跡は近年も少しずつ蓄積されてきている。たとえば山梨県塩部遺跡などからは古墳時代前期後半に遡る馬歯の出土が、奈良県箸墓古墳の周溝からは布留1式の土器とともに木製輪鐙《わあぶみ》の出土が報告されている。また積山洋は大阪府河内平野の馬歯・馬骨出土事例を集成し、古墳時代中期以降の「大量渡来」に先立って、弥生時代終末期（庄内期前半）には「一定の前史的渡来をみていた」とする（積山洋「日本列島における牛馬の大量渡来前史」『日本古代の王権と社会』塙書房、二〇一〇）。

ここで注意しておきたいのは、ウマの出現時期が遡上するからといって、かつて学史を賑わした「縄文馬」の復権に繋がるわけではないということである。ユーラシア大陸の東端に位置し、ウマの主要流入経路とみられる朝鮮半島南部でさえ、新石器時代以前はもちろん、青銅器時代に入ってもウマを飼育していた形跡が認められない。そもそも縄文時代の単材丸木舟で、ヒトよりも大きなウマを海路輸送することは、物理的にも不可能だったに違いない。周りを海に囲まれた日本列島における馬匹輸入開始の上限年代は、どんなに古く遡っても準構造船の出現する弥生時代を遡ることはないだろう。

いずれにせよ日本列島におけるウマの出現時期が、現在の定説である古墳時代中期よりも古くなることは確かなようである。今後は、『魏志』倭人伝の「其の地に牛馬虎豹羊鵲無し」との齟齬をどのように解釈するかが問題となってくるが、そのような「散発的渡来」が日本列島の社会にどのような影響を及ぼしたのかは明らかでなく、江上氏によって見いだされた古墳時代中期の「本格的渡来」とは、規模も質もまったく異なるものであったとみておくべきだろう。日本列島における騎馬の普及や本格的な馬匹生産に繋がってくるのはあくまで後者であり、歴史的画期としてはこちらの方が重要であることは改めて言うまでもない。

## ②初期馬具の系譜とその意味

ストロンチウム同位体比分析や酸素同位体比分析による古代のウマの産地推定が近年目覚ましい成果を挙げているように、ウマの移動を論じる上で、馬歯や馬骨などのウマそのものに勝る資料はないことは、先に述べた通りである。ただ、現状では大陸から輸出された第一世代のウマの動きを捉えるには至っておらず、今後の進展に期待したい。そのような中、古典的ではあるけれども、主として古墳から出土する初期馬具の系譜が、古墳時代中期に本格的に輸入され始めたウマ、そしてそれを伴って渡来したであろう馬飼集団の故地を推測する際の手がかりとして、改めて重要な意味をもってくる。大陸における比較資料の増加によって、従来よりも細やかな系譜論を可能としていることも追い風となっている。なお、どこまでを初期馬具とするかは研究者の意見のわかれるところであるが、筆者はｆ字形鏡板轡や剣菱形杏葉《ぎょうよう》が受容され、鈴付鋳銅製馬具の国内生産が始まる中期後葉（五世紀後葉）以前に輸入ないし製作された馬具を初期馬具とみている。

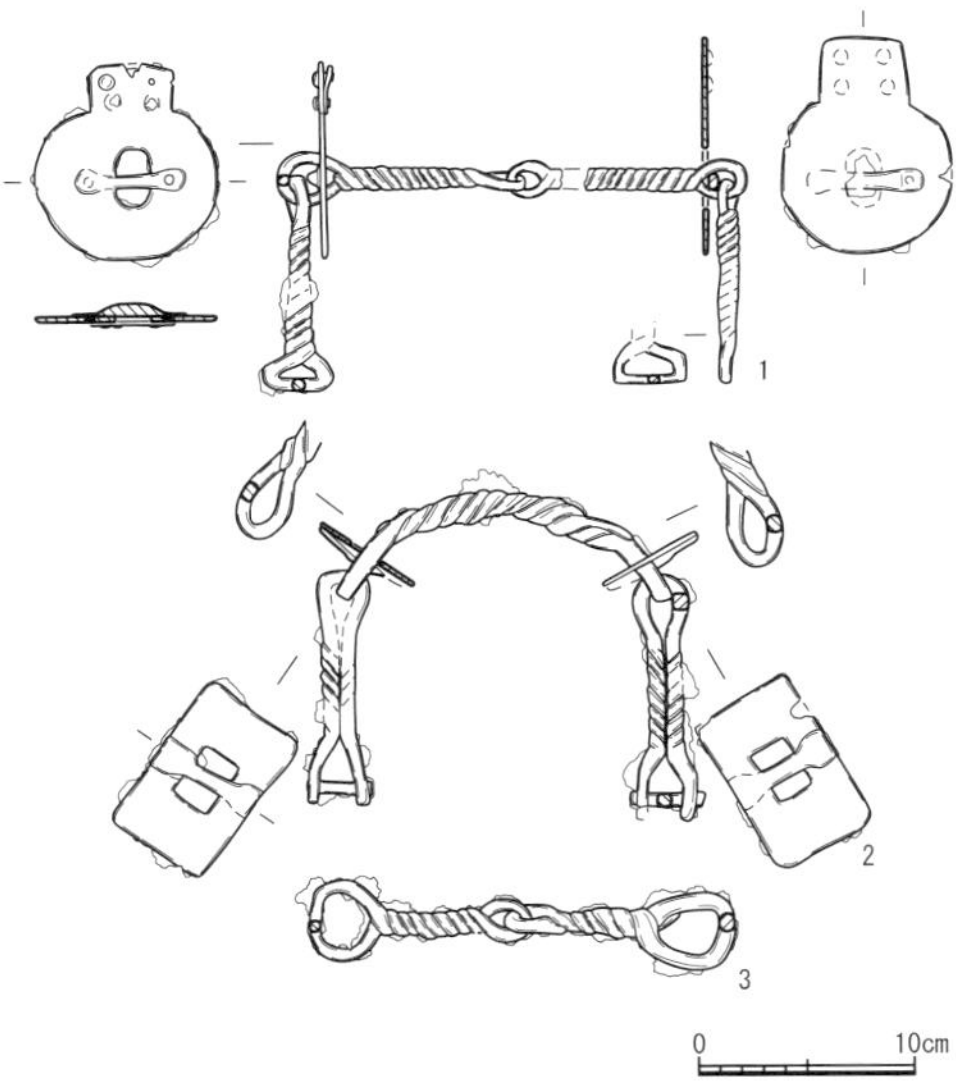


図３　兵庫県行者塚古墳出土馬具

　初期馬具の中で、年代的位置づけに議論の余地がある奈良県箸墓古墳周濠出土木製輪鐙を除くと、中期前葉（四世紀末〜五世紀初）の古墳から出土した馬具が最も古い資料である。兵庫県行者塚古墳から出土した三点の轡のほか、まだ数例しかないそれらは、形態的特徴からみて百済や金官加耶周辺からもたらされた可能性が高い（図３）。中期中葉（五世紀前葉〜中葉）になると出土数が飛躍的に増加する。いまだ船載品が主体を占めるとみられるが、轡だけでなく鞍、鐙、杏葉なども登場し、金銀装の装飾馬具もわずかながらみられるようになる。墳長約九五メートルの前方後円墳である福岡県月岡古墳のような大型古墳からの出土は稀で、大部分は中・小型古墳からの出土である。また、後で詳しくみるように、大阪府蔀屋北《しとみやきた》遺跡などの集落遺跡からも馬具が出土するようになる。分布は九州中・北部、近畿、東日本内陸部に集中し、その南限は宮崎県（下北方5号地下式横穴墓）、北限は宮城県（吉ノ内1号墳）にまで拡大する。それらの系譜を一概に論じることはできないが、比較資料が存在しない中原はもちろん、三燕・高句麗といった遠方に求めうるものはほとんどなく、基本的には朝鮮半島南部の諸国（百済、新羅、加耶）に求められる。これは、ウマやその生産に関与した馬飼集団（馬具工人も含む）の多くが、最短航路で日本列島中央部へウマを輸送できる朝鮮半島南部の諸地域から渡来したことを意味しているのであろう。

## †初期の馬匹生産と交通網

### ①馬匹生産のはじまり

朝鮮半島南部の諸地域から本格的にもたらされたウマは、どこでどのように飼育されはじめたのであろうか。大阪府生駒山西麓、蔀屋北遺跡周辺の調査成果をもとに考えてみよう。かつては河内湖がすぐそばまで及んでいたこの一帯からは、以前からウマの飼育を示唆する考古資

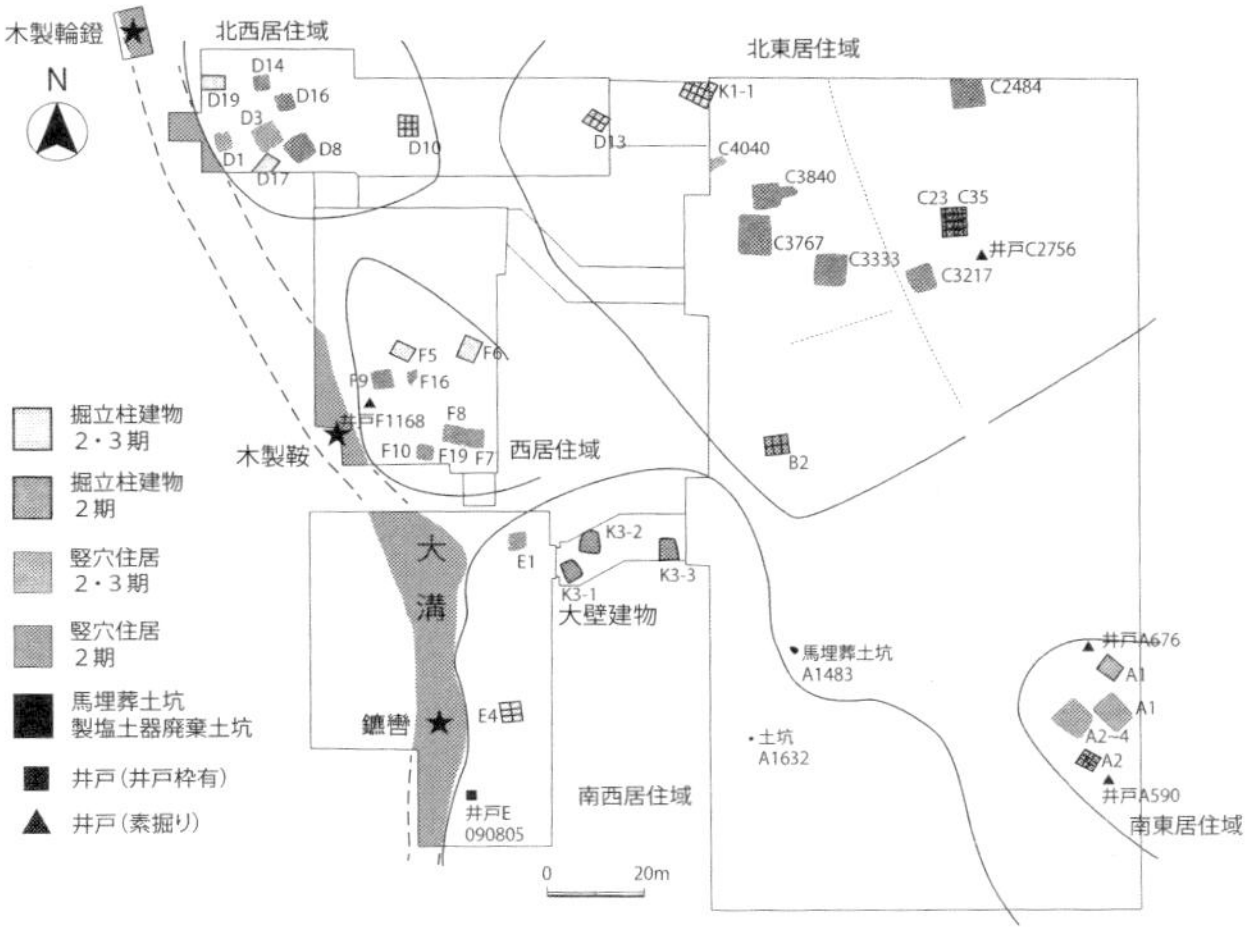


図４　大阪府蔀屋北遺跡（蔀屋北２期）

料が多く見つかっており、『日本書紀』などにみえる「河内の馬飼」の本拠地と推定されている。蔀屋北遺跡でも、①メスや幼齢の個体を含む大量のウマ遺存体、②鑣轡や木製鞍橋といった初期馬具、③ウマの飼育とかかわるとみられる大量の製塩土器などが確認され、蔀屋北２期（古墳時代中期中葉〜後葉）には組織的な馬匹生産が始まったとみられている（図４、大阪府教育委員会『蔀屋北遺跡』Ⅰ・Ⅱ、二〇一〇・二〇一二）。馬匹生産にあたって欠かせない放牧地が、遺構として捉えられていないものの、西を河内湖、東を生駒山麓、南北を岡部川と讃良川という自然地形によって画された蔀屋北遺跡周辺に、日本列島における初期の牧の一つが存在した蓋然性は高い。

このような初期の馬匹生産は、現代においてもウマの飼育、繁殖、調教には高度な専門知識を要することからみて、故地で馬匹生産に従事していた馬飼集団の渡来によって達成されたものと考えられる。一方で出土馬具などをみる限り、蔀屋北遺跡周辺で展開した馬匹生産を渡来系集団のみで説明することは難しい。たとえば蔀屋北遺跡の鹿角製鑣轡は、遊環をもつなど全体的なプロポーションは漢城期後半の百済の鑣轡によく似ているが、製作技法には差異があり、百済製はもちろん、百済からの渡来馬具工人によって製作されたとみることも難しい（図5）。蔀屋北遺跡周辺では鉄滓、鞴羽口などの鍛冶関連遺物や、未成品を含む鹿角製品が出土していることからみて、この轡は牧周辺において百済の馬具製作を熟知していない工人によって製作された可能性が高い。

また蔀屋北遺跡から出土した前後面黒漆塗りのトチノキ製の鞍橋についても、トチノキが東日本を中心に分布する日本固有種であることからみて、渡来馬具工人による製作とは考え難い。輪鐙に用いられたアカガシ亜属は、済州島や全羅南道にも分布するようだが、少なくとも三国時代に木製品の材として積極的に利用された形跡は認められない。一方、日本列島においては弥生時代以来、農具などの木製品に多用されてきた樹種である。すなわち蔀屋北遺跡周辺から出土する木製馬具はいずれも在来の木工が慣れ親しんだ材でつくられているといえる（図5）。もちろん複数の部材を組み合わせ、構造も複雑な鞍をはじめとする馬具の製作にあたっては、

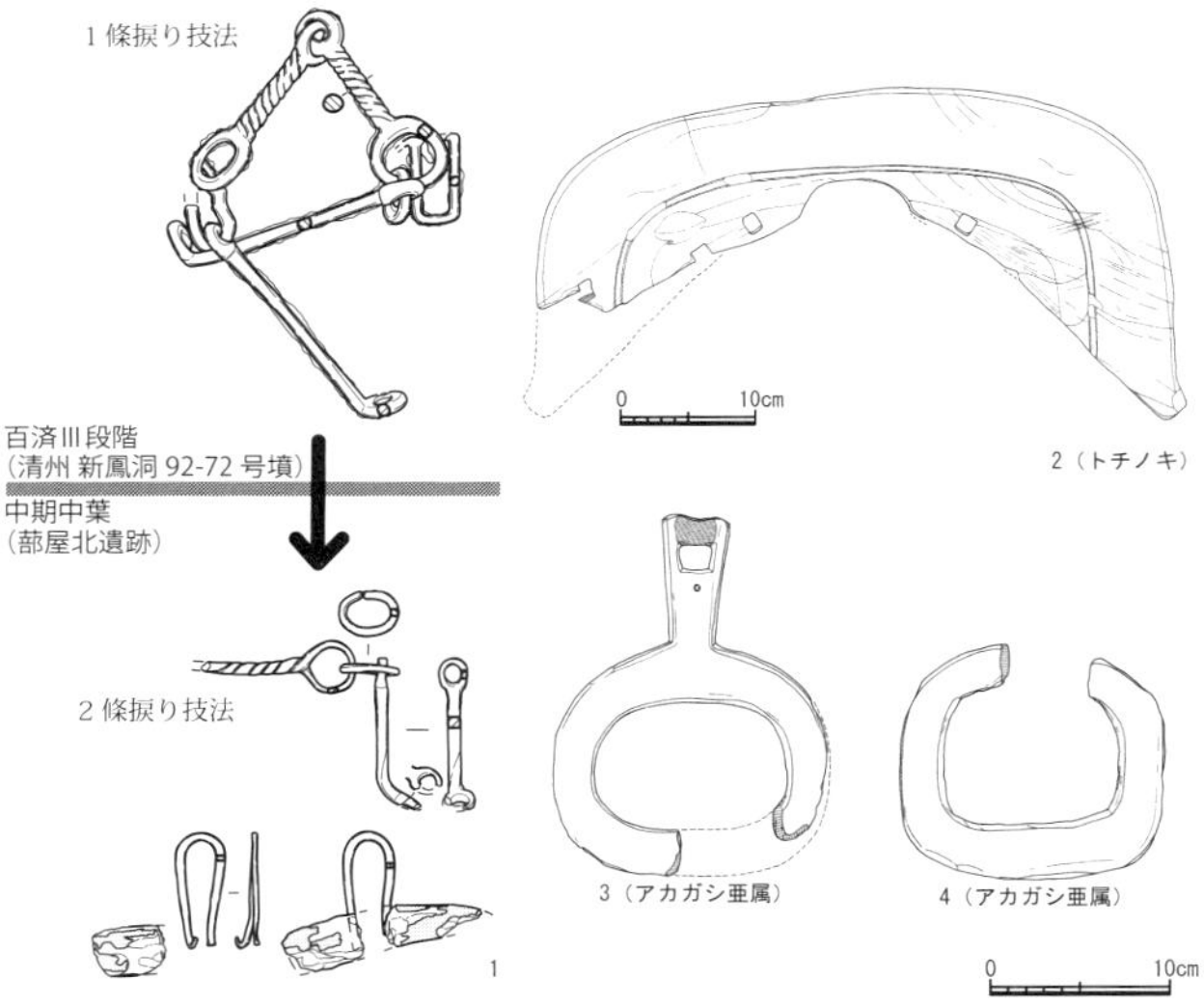


図5　蔀屋北遺跡の馬具とその類例

ウマの形質を熟知した渡来馬具工人の知識や技術が不可欠であっただろうが、その現場にいたのは決して渡来馬具工人だけではなかった。

すでに出土土器の分析からも、蔀屋北遺跡周辺においては倭人と渡来人が集住・雑居していたことが指摘されているが、馬具製作の現場においても、渡来馬具工人の指導の下、在来の工人が協業していた様子をうかがうことが可能である。様々な知識・技術をもつ渡来人と倭人が、集住・雑居し、協業することによって、日本列島最初の馬匹生産は軌道に乗ったのである。大型前方後円墳の空白地に突如出現したこの牧の経営主体は、倭王権を除いてほかに考えにくい。

## ②馬匹生産の拡大と交通網の整備

古墳時代中期にはじまった馬匹生産は、わずか一〇〇年足らずで東北北部・北海道と琉球弧（南西諸島）を除く、日本列島の広範な地域に広がり、定着してゆく。このことを具体的に示す資料が群馬県榛名山東方で発見され続けている。たとえば利根川と吾妻川の合流地点に展開した白井・吹屋遺跡群では、六世紀中葉の噴火に伴うFP（榛名山二ッ岳軽石層）の直下からおびただしい数のウマの蹄跡が確認され、噴火の直前までウマの放牧が大規模におこなわれていたと考えられている。「甲を来た古墳人」の発見で一躍有名となった金井遺跡群など、ウマの蹄跡は六世紀初頭に噴火したFA（榛名山二ッ岳火山灰）の直下からも続々と検出されており、この地域における馬匹生産は中期後葉には確実にはじまっていたようである。白井・吹屋遺跡群と至近の距離にある黒井峯遺跡からは、FP直下で家畜小屋も確認されており、古墳時代の牧やそれを取り巻く景観を具体的に復元していく作業も始まりつつある。もちろん火山噴火という特殊な状況下によって明らかとなった榛名山東方の事例が、列島全体の馬匹生産においてどのような位置を占めるのかについては、慎重に見極める必要があるけれども、古墳時代の牧を、考古資料から具体的に議論できるようになったことは重要であろう。

古東山道ルートの出現（開発）背景に、ウマの出現（普及）をみる見解があるように（右島和夫

「古墳時代における畿内と東国」『研究紀要』一三、由良大和古代文化研究協会、二〇〇八)、朝鮮半島から遠く離れた東日本への馬文化の伝播経路は、いち早く馬匹生産が展開した畿内を起点とする陸路が基本であったと考えられる。前近代においてウマは、ヒト・モノ・情報を運ぶ陸上最速の移動手段であり、従来の海上・河川交通を補完する新たな遠距離内陸交通の担い手として、まさに自らの脚で拡散していったのである。東日本で展開した馬匹生産は、生駒山西麓の場合とは違って、直接的には在地首長による地域経営の一環として捉えられるのかもしれないが、朝鮮半島から遠く離れた両地域の首長がウマという大型動物やそれを飼うための専門的な技術をもった馬飼集団を安定的に確保できた背景には、倭王権との密接な関係を想定せざるをえない。ストロンチウム同位体比や酸素同位体比といった最新の分析手法によって、東日本から畿内へのウマの移動は文献史料で考えられてきたよりもはるかに古く、古墳時代にまで遡る可能性が出てきたことも重要である。

広大な土地を必要とする馬匹生産は、その規模を拡大しようとすればするほど畿内だけでは限界があった。日本列島内におけるウマの東方展開は、単に交通手段としての利便性だけでなく、ウマの安定的供給源を求めた倭王権と、馬匹生産という新産業に活路を見いだした地域首長という双方の思惑を考慮するとより理解しやすい。古墳時代(併行期)における騎馬文化の北限と南限は、前方後円墳の北限と南限とほぼ重なっている。国内における馬匹生産を軌道に

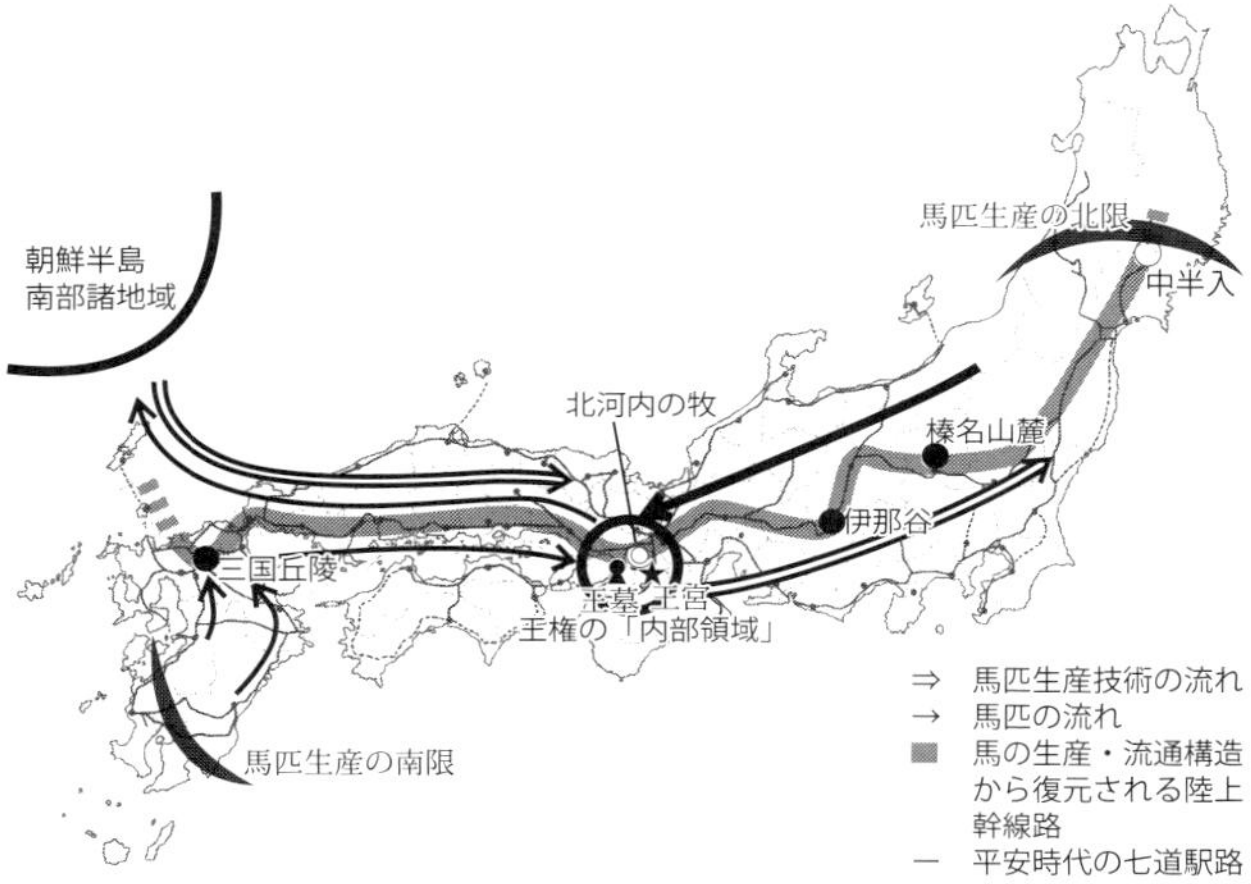

図6　古墳時代における馬匹の生産・流通構造（模式図）

乗せ、ウマを有効に活用するシステムの構築を図った「中央」（倭王権）と、それに積極的に協力することで地域生産力の増大や地域における覇権の確立を目指した「地方」（地域首長）との間に、〝互恵的な関係〟が形成されることによって、ウマはまたたくまに日本列島の広範な地域に広まっていったのである。

このように馬匹生産の開始・定着と陸上交通網の再編を一連の現象として捉えることによって、畿内を中心とする陸上交通網の存在が、おぼろげながら浮かびあがってくる（図6）。

## †騎馬文化はなぜ海を渡ったのか

ここまでの議論を通じて、もはや「騎馬民族説」が成立する余地のないことは理解できたのではないだろうか。多くの初期馬具の直接的な系譜が朝鮮半島南部各地に求められつつも、特定の地域に収斂しないという資料の実態は、騎馬文化が特定地域からの征服活動（またはその逆）によってもたらされたという説明に対して否定的である。あくまで倭の社会における需要の高まりを前提とし、倭が様々な地域と主体的に交渉した結果とみるべきだろう。倭がこの時期にウマを必要とした背景に、高句麗との軍事的衝突があったことは想像に難くない。朝鮮半島南部諸地域にとっても高句麗の南下は、倭以上にまさに目の前にある危機だった。倭と朝鮮半島南部諸地域がそのような国際的課題を共有することで、〝互恵的な関係〟が形成された結果、軍事と直結するウマとその技術はスムーズに海を渡ったのである（図7）。

江上氏のみた「騎馬民族」の「渡来侵入」とは、今日的にいえば、まさしくウマの本格的渡来であった。その現象は、外部からの侵入や征服といった観点で読み解くことは決してできないけれども、かといって単にウマという大型動物がやってきただけのことでも決してない。刻々と変化する緊迫した国際情勢の中で、朝鮮半島南部諸地域と倭、そして「中央」と「地方」、二つの〝互恵的な関係〟が形成されることによってウマは海を渡り、日本列島の広範な地域に根付いた。当然のことながら、この〝互恵的な関係〟によってもたらされたのはウマだけではない。古墳時代中期は、ウマだけでなく様々なモノや文化（思想・知識・技術・習慣）を携えたヒトが海を行き来し、それらが定着した時代である。前近代の日本列島と朝鮮半島の関係

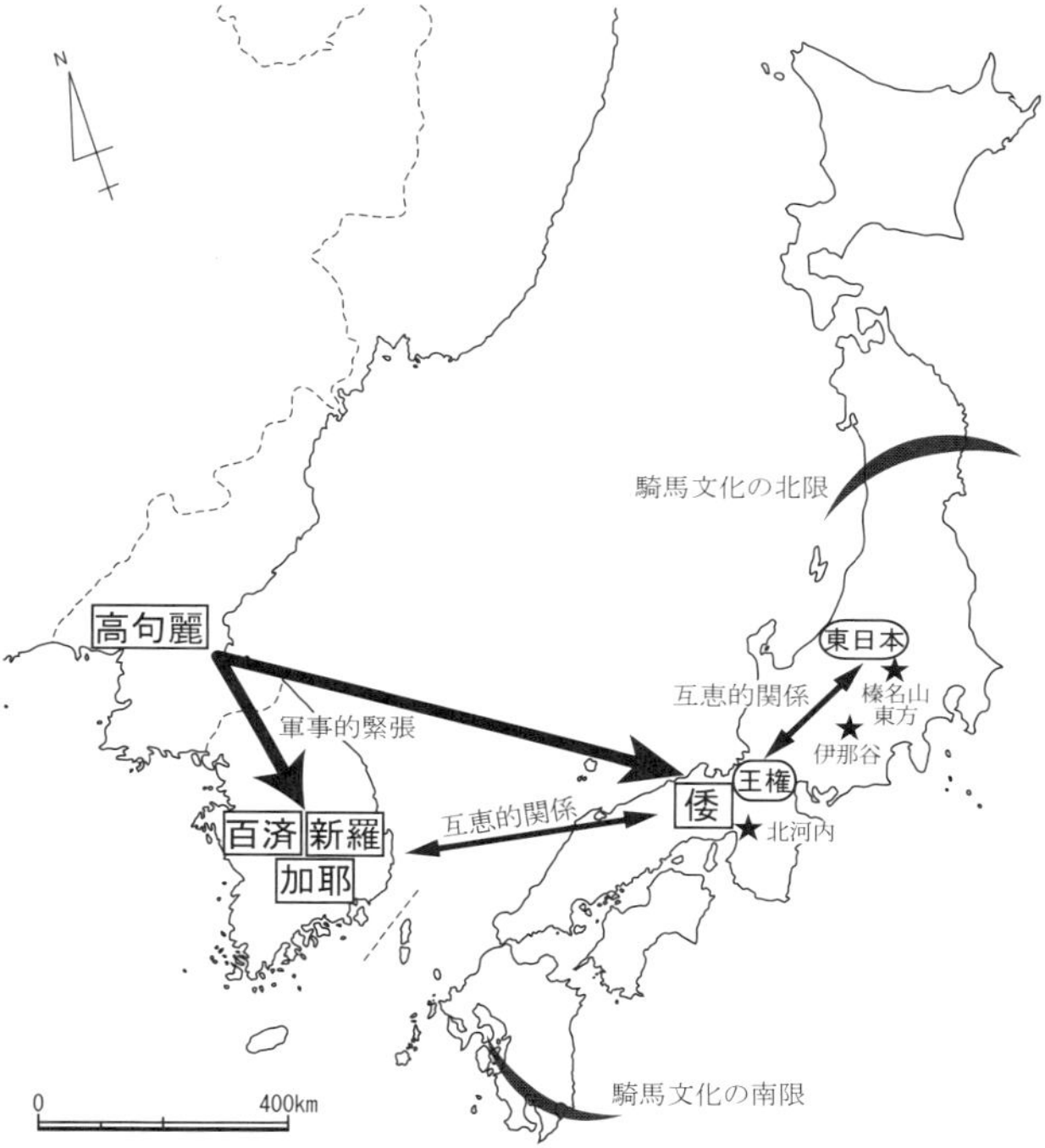


図７　５世紀代における騎馬文化の東伝

史をふりかえってみた時、ヒトよりもはるかに大きいウマを大量に運ぶほどの熱量をもった交流があった時期がどれほどあっただろうか。「ミッシング・リンク」の埋まりつつある今、江上氏がみた視野の中で改めて古墳時代を再考する時期が来ているのかもしれない。

**さらに詳しく知るための参考文献**

諫早直人『海を渡った騎馬文化』（風響社、二〇一〇）……東北アジアにおける騎馬文化の伝播を最新の考古資料にもとづいて概観している。より専門的に知りたい方には、諫早直人『東北アジアにおける騎馬文化の考古学的研究』（雄山閣、二〇一二）も一読していただきたい。

江上波夫『騎馬民族国家――日本古代史へのアプローチ』（中央公論社、一九六七）……江上氏には膨大な著作があるが、氏の「騎馬民族説」について知る上での基本文献。大成洞古墳群発掘などをふまえた晩年の考えを知るためには、江上波夫『江上波夫の日本古代史――騎馬民族説四十五年』（大巧社、一九九二）も一読をお薦めしたい。

江上波夫・佐原真『騎馬民族は来た⁉ 来ない?!』（小学館、一九九〇）……江上氏の騎馬民族説には様々な批判が寄せられているが、考古学にはじまり畜産民と非畜産民の違いなどにまで及ぶ佐原眞氏との議論は、読んでいて楽しい。佐原氏には『騎馬民族は来なかった』（日本放送出版協会、一九九三）もある。

群馬県立歴史博物館『海を渡って来た馬文化――黒井峯遺跡と群れる馬』（二〇一七）……展示図録ではあるが、様々な研究者による論考もあり、古墳時代の馬匹生産についてビジュアルに理解することができる。部屋北遺跡については大阪府立狭山池博物館『河内の開発と渡来人　蔀屋北遺跡の世界』（二〇一六）もある。

古代史シンポジウム「発見・検証　日本の古代」編集委員会『発見・検証日本の古代Ⅱ　騎馬文化と古代のイノベーション』（KADOKAWA、二〇一六）……日韓両国の様々な専門領域の研究者が一堂に集い、日本列島における騎馬文化の出現について議論したシンポジウムの内容をもとにする。江上氏以後の議論の到達点を知る上で最適の一冊。

張允禎『古代馬具からみた韓半島と日本』（同成社、二〇〇八）……やや専門的な内容ではあるが、韓国人研究者からみた古墳時代馬具の評価を日本語で読むことができる。日韓の馬具研究が相互に欠かせない存在となっていることがよくわかる。

第14講　前方後円墳はなぜ巨大化したのか

北條芳隆

## †世情の不安定な社会環境

前方後円墳は巨大な土木建造物である。三世紀後半から七世紀初頭までの約三〇〇年間、北海道と琉球列島を除く日本列島のほぼ全域に築かれた。なかでも規模の大きな前方後円墳は近畿地方に集中する。そのため一部の超大型古墳は倭の大王墓だと考えられている。しかし同時代の東アジア全体を俯瞰してみれば、そこにみる巨大性は異様だと映る。

当時の自然環境や社会情勢を概観すれば次の三点にまとめられる。

①東アジア一帯を覆う寒冷化と乾燥化
②後漢王朝の滅亡から魏晋南北朝期に至るまでの南北分裂国家群の興亡
③高句麗の南下による朝鮮半島の流動化および朝鮮三国間の緊張関係

右から順に因果関係は連動していた。そのような情勢のもとで倭人社会は魏への朝貢を果たし、百済からは七枝刀が贈られ、広開土王碑には倭が朝鮮半島を侵略し撃退されたと刻まれた。いわゆる「倭の五王」の南宋への朝貢もあった。近隣諸地域で生じた情勢への対応を余儀なくされた結果であろう。しかし気候の寒冷化と乾燥化の局面では、南方の倭人社会にあっても世情の不安定化を招きかねない危険と常に隣り合わせだったと推測される。そのような環境のもと、なぜ倭の王権と倭人たちは墳墓の造営に多大なエネルギーを注ぎ続けたのであろうか。本講ではこの問いと向き合う。

## †王陵とみれば解けない謎

これまでの定説的な見解すなわち国家形成過程の一環として古墳の巨大性を解釈しようとすれば、解けない謎に直面する。そのうえ常識的かつ合理的な政権運営を想定しつつ前方後円墳を「王陵」だとみなした場合には、説明しようのない矛盾を抱え込む。代表的なものは次に示す五項目である。

### ①墳丘規模の拡大

三世紀後半から五世紀中頃までに築かれた巨大前方後円墳は、しばしば前代の古墳より規模を拡大させる。だとすれば、これらを同一政権の王陵だとは解釈しえないことになる。先代墓との競合は祖先の神格化を阻むからである。「僭越」の極みにほかならず、始祖王を神格化させることによって支配の正当性を表明し、併せて王統の確立を図った古代諸王朝の展開とは異質である。

**②過剰な労働力の投下**

五世紀中頃に築かれた大阪府大仙陵《だいせんりよう》古墳（伝仁徳天皇陵）は非常に巨大であり、秦の始皇帝陵とさえ比較されるほどの墳丘規模を有する。古代中国における最初の統一王朝であった秦の支配領域と日本列島のそれとの広さを比較すれば一目瞭然で、前方後円墳には不相応に過剰な労働力が投下されたと考えざるをえない。そのような歴然たる差をもつ秦の始皇帝陵と大仙陵古墳とを同列視して両者を「帝陵」と位置づけ、後者をも統一国家形成に向けた動きであったと評価する見方が有益だとは考えがたい。

さらに古代中国諸王朝が最優先で取り組んだのは、祭礼空間としての宮都《きゆうと》の造営であった。歴代の皇帝はその中心に居座り、衆目のもと各種の祭儀を執行し続けることを通じて支配の正当性を可視化した。そのような宮都を欠く状態のまま墳墓の造営に偏りすぎる政権は異色だというほかない。

③富の浪費

墳墓の造営に過剰なエネルギーを割く倭王権の施策を常識的な見地から評価すれば、それは浪費にほかならない。支配領域の問題をみても、このような営為は疑問の余地なく社会からの不満を増幅させたはずである。本来は治水や利水など公共事業に傾注すべきところであり、許容されるのは祭礼空間としての永続を前提とする宮都造営であろう。仮にも真っ当な政権であれば、一代の王を葬るだけで終わる墳墓に多額の費用を割き続ける事態は避けられたはずである。いつの時代でも厚葬の風は富の浪費でしかなかった。

④本土的な共有関係

前方後円墳にみる規模の格差は明確であるが、その反面、基本構造や副葬品の組成には共通点が多く、政体間の連携が志向されたことも明らかである。何人かの研究者が指摘するように、前方後円墳をつくるというイデオロギーに沿った共同歩調をとりつつ、そこに参画した勢力同士で優劣を競い合ったという理解に帰結する。つまり中央集権化を志向する王権とは異質な政体の集合体もしくは同盟だったとみるほかなく、適合するのは部族同盟（近藤義郎説）ないし部族共和制であろう。

⑤階層序列の固定化を阻む作用

なによりも重要な点は本項目である。すなわち①と③でみた様相は階層序列の固定化を阻む作用を果たすことである。浪費は権力者側に蓄積されるはずの富の放出だから、次世代の親族に資産を残せない。その結果、成層化や身分序列の固定化とは真逆の平準化や均等化に流れる（有松唯氏教示）。巨大前方後円墳の造営主体は蓄財を完全放棄した状態に等しい結末を迎えたはずである。そのような結果になることは承知のうえで、古墳時代の約三百年間、倭王権や倭人社会は前方後円墳づくりに熱心だったとみなければならない。

以上の五項目に示したとおり、これまでの定説的な国家概念や王権観に沿って巨大前方後円墳を評価しようとしても、矛盾する要素や不合理な状況は多いのである。

ただしこのような謎への解答はさほど困難ではない。社会の内部から生じた変革の結果として解釈することを保留すればよい。東アジア全域を覆う世情不安の情勢下では、さらに東夷の南限に位置する日本列島では、前方後円墳づくりを重ね巨大化させる営みが必要不可欠な要件だったとみれば、謎は解ける。

そのさいに鍵を握るのは高句麗であり、史料は『三国志』「烏丸鮮卑《うがんせんぴ》東夷伝」にある。

## †高句麗と南方地域の概要

なぜ高句麗に着目するのか。あらかじめ概略を示しておきたい。それは朝鮮半島の北に位置し、漢王朝から最初に冊封を受けた国家であった。しかしその反面、たびたび玄兎《げんと》郡を脅かす勢力として中国側から警戒された。遼東一帯の支配権をめぐっては公孫氏政権と和戦織り交ぜの錯綜した関係をもち、司馬懿《しばい》の侵攻を受けて公孫氏が滅びるさいには司馬軍に加勢し利をえた。とはいえ司馬氏が立てた晋王朝の時代には楽浪・帯方両郡を滅ぼしている。先に示した広域寒冷化のもと、朝鮮半島を舞台に南下策をとり続けた好戦的で機動性に富む国家でもあった。

表1をみれば、こうした動きへの反作用として馬韓地域に百済が誕生し、辰韓地域には高句麗のテコ入れもあって新羅が誕生したことを確認できる。両国とも中国側から国家としての承認を受けつつ高句麗の南下と対峙し、常に緊張を強いられる宿命を負った。

そのいっぽう、高句麗の動きと直接には連動しない動きが日本列島側で生じていた。それが倭であった。後漢の初期には冊封体制下に入った実績をもち、一時は公孫氏政権ともつながった可能性がある。さらに公孫氏を滅ぼした司馬懿の誘導もあって魏王朝への朝貢を果たしたとも指摘されている。そののちは中国側の史書に倭が登場しない空白期間を経るが、五世紀のいわゆる「倭の五王」の時期には中国南宋からの冊封を受けた。

こうした倭の存在は高句麗からみてどう映ったか。朝鮮半島南部にたいする彼らの影響力を削ぎかねない危険な存在すなわち明確な敵であった。

倭が高句麗から強く敵視されたことについては広開土王碑が端的に証明している。多くの研究者が指摘するとおり、この碑文のなかで高句麗の敵として最も数多く登場するのは倭であっ

| 中国大陸 南朝側 | 中国大陸 北朝側 | 朝鮮半島 | 日本列島 |
|---|---|---|---|
| | | 高句麗（前37–668） | |
| | 魏（220–265） | 馬韓（50余国）・弁韓（12余国）・辰韓（12余国） | 倭（使訳通30余国） |
| | | | 238 女王卑弥呼 → 魏王朝に遣使 |
| | | | 247 女王卑弥呼死・内乱 |
| | 西晋（265–316） | ＊百済・漢城期（300頃–475） | |
| | | | 266 女王台与 → 西晋に遣使 |
| 東晋（317–420） | | 313・314 高句麗（美川王）→楽浪・帯方郡を滅ぼす | |
| | 前燕（337–370） | | |
| | 342 前燕→高句麗を攻撃、王都を占領し各種の略奪 | | |
| 369 東晋→前燕を攻撃 | | | 364 倭→新羅に進出するも撃破（広開土王碑） |
| | 前秦（351–394） | 366・368 百済（近肖古王）→新羅（奈勿尼師今王）との外交（羅済同盟） | |
| | | 369 百済（近肖古王）→高句麗の侵攻を迎撃 | |
| | 370 前秦→前燕を滅す | | |
| | | 371 百済（近肖古王）→高句麗の平壌城を攻め高句麗王（故国原）戦死 | |
| | | 372 百済（近肖古王）→東晋に朝貢・倭に七枝刀を贈与 | |
| | | 372 高句麗（小獣林王）→前秦（符堅）から仏僧・仏典・仏像を贈られる | |
| | | 373 百済（近肖古王）→東晋に朝貢・新羅（奈勿尼師今王）と対立 | |
| | | 373 高句麗（小獣林王）→「律令」を制定 | |
| | | 375 高句麗（小獣林王）→ 仏教寺院建立（高句麗への仏教公伝）大学設置 | |
| | 376 前秦→前涼を滅ぼし華北統一 | ・376 高句麗（小獣林王）→百済を攻撃 | |
| | | 377 新羅（奈勿尼師今王）→高句麗に随伴し前秦（符堅）に朝貢 | |
| 383 淝水の戦（前秦→東晋に敗北） | | | |
| | 後秦（384–417） | 382 新羅（奈勿尼師今王）→前秦（符堅）に朝貢 | |
| | 後燕（384–407） | 384 百済→東晋に朝貢 | |
| | | 385 高句麗→後燕の遼東・玄菟両郡を攻撃 | |
| | | 386 百済→東晋に朝貢し冊封を受ける・高句麗→百済を攻撃 | |
| | 北魏（386–534） | | |
| | 北燕（407–436） | | 391 倭→新羅・百済を侵略（広開土王碑） |
| | | 392 新羅→高句麗に「質」を派遣 | ・393 倭→新羅金城を囲む（広開土王碑） |
| | | 396 高句麗→百済を攻撃し王の弟と大臣10人を連行 | |
| | | 397 百済→王子直支を「質」として倭に派遣 | |
| | | 406 百済→東晋に遣使 | |
| | | 412 新羅→高句麗に再度「質」を派遣 | |
| | | 414 高句麗（長寿王）→広開土王碑を建立 | |
| 宋（420–479） | | | 421 倭王讃 → 宋王朝に遣使「安東将軍倭国王」 |
| | | 424 高句麗（長寿王）→宋から冊封を受ける | |
| | | 429 百済→池津媛を倭王讃に派遣か | |
| | | | 430 倭王讃→ 宋王朝に遣使 |
| | | 435 高句麗（長寿王）→北魏から冊封を受ける | 438 倭王珍→宋に遣使「安東将軍倭国王」 |
| | | | 441 葛城襲津彦 →新羅と通じ大加耶を攻撃 |
| | | 441 大加耶→倭の攻撃を受け百済に救援を要請 | |
| | | | 443 倭王讃→宋に遣使 |

表1　高句麗と南方地域の関連年表
（田中 2009・河内 2018 にもとづき作成）

た。つまり古墳時代を通じて高句麗の南下を阻み続けたやっかいな存在こそが倭だったのであり、倭人側も否応なく対処を迫られたとみるべきである。だから本講で焦点を絞るべき対象は高句麗なのである。

## †「高句麗伝」からの示唆

以上の概略を前提とするが、では鍵となる史料を示す。次の記述が該当箇所である。「男女已嫁娶、便稍作送終之衣。厚葬、金銀財幣蓋於送死」（男女は結婚後にはただちに自らの死装束を少しずつ揃えてゆく。厚葬で、金銀財貨は葬礼時に使い尽くされる）。

このような習俗が定着した社会であれば、格差の固定化は阻まれる。事実、高句麗は有力五部族からなる連合政体であった。王もこれら五部族のなかから選出された。階層間の序列は比較的厳格で刑罰も即決主義に貫かれたと記されている。しかしそれは部族内の序列や首長層が握る検断権をさす。

もちろん対外的には国家として立ちあらわれる強国であった。とはいえ高句麗社会の内実は人類学でいうところの首長制社会だった可能性が高い。ピエール・クラストルがいう「国家に抗する社会」の特性を保持する社会構造だったともいえる。

ただし首長制社会にも全権を掌握する存在があったことが知られている。臨戦時に選ばれる戦時の首長がそれである。だとすれば高句麗王も、実質的には戦時首長としての性格を帯びる存在だった可能性が高い。

さらに重要な点は、高句麗は東夷諸国のなかで最も早く律令制を整備し仏教を受容したことである。律令制を導入するためには官僚の存在と官僚制の確立が不可欠である。官僚とは漢字を駆使し、血縁のしがらみに囚われずに王の意向を代弁し執行する組織をさす。血縁と同族関係の網の目に縛られた部族連合のもとでは生まれえないはずの官僚制がなぜ導入できたのか。仏教も首長制社会とは異質な存在であった。血縁に依拠せず教義に則した宗教組織をなぜ受容しえたのか。どちらもお仕着せの状態で移植されたからである。

その機会は楽浪郡・帯方郡を滅ぼした時点に訪れた。西晋が江南への撤退を余儀なくされたさいにも、また前秦が瓦解し中原・華北が動揺したときにも訪れた。流民や亡命者の受け皿だったからである。なかには祖国で高級官僚として活躍した人物も含まれていたという（田中史生・河内春人説）。彼らであれば部族のしがらみに囚われることはない。田中が指摘するとおり漢字文化を身体化した存在でもあった。

やや異なる側面ではあるが、この時代の仏教は学問を継承する組織であったと同時に、高僧は官僚としても活躍した。首長制社会の外部から移植された組織体であり、部族を核とする社会組織の基盤をさしあたりは揺るがさない。臨戦態勢下でもあったから、対外交渉役としても歓迎されたはずである。

こうした諸状況ゆえに官僚制も仏教も、また漢字文化でさえ、首長制社会・部族連合の中に共存しえたのである。臨時に全権を掌握する戦時首長に官僚制を付随させ、五部族のなかの特定部族が仏教の庇護者となれば、本来は異質なシステムを内部に導き入れることも許容されたのである。内部から生じた社会変革の産物ではなく、外部からの部分移植によって成立しえた二次国家だったのであり、いわば部族国家とでもいうべき特有の政体が形成された。

右のような高句麗の状況を念頭におけば、敵対する側におかれた倭人社会ではなぜ前方後円墳づくりが活発で巨大化したのか、という設問への重要な示唆が与えられる。

前項に示した五項目からなる謎は、じつは前方後円墳の特質なのであり、高句麗側で確認できた習俗を適用すれば、すべてを整合させることができる。つまり私たちが抱く古典的な国家概念に依拠して前方後円墳の特質を捉えるのではなく、首長制社会・部族連合の特質を視野に入れて捉えるべきなのである（田中良之・岩永省三説）。さらにいえば前方後円墳の造営を倭人社会の内部に向けた作用としてみるだけではなく、朝鮮半島側から発生した潮流への対応だったと読み解くべきことを暗示してもいる。

次節ではここまでの記述をふまえ、倭人社会の特質を解説する。

## †現物貨幣としての稲束

富の源泉はいつの時代でも交易であり貨幣であった。では倭人社会における貨幣とは何か。それは疑問の余地なく稲束と稲籾であった。中緯度・温帯モンスーン地帯であると同時に氾濫平野と小盆地が発達している日本列島の場合、近隣の朝鮮半島や琉球列島に比べるとはるかに有利な水稲好適地である。こうした環境特性を活かした農作物としての水稲は、食糧としての使用価値だけでなく、遠隔地との交易でも高い交換価値をもち、貨幣としての機能を担ったといえる。

交易にあたり優位な位置を占め交換レートの基準ともなった商品をさして現物貨幣と呼ぶ。青銅製の硬貨が登場する以前からも貨幣の機能を担う商品は存在していた。だから倭人社会が活用した現物貨幣の代表格は稲束であり稲籾だったと断言できるのであり、穀物貨幣と呼ばれることもある。

そもそも穀物類には現物貨幣としての特質が備わっていた。備蓄が可能で支払いの手段でもあったからだ。経済史学や人類学において穀物貨幣という用語が多用されるのも、穀物は古くから租税の対象だったという人類史の基本法則に沿って理解されてきたからにほかならない。水稲農耕民が生産する稲も例外ではない。

さらに日本列島の場合は、江戸時代までの長期にわたり稲束・稲籾・米はおおむねこの順序で徴税の対象となり、同時に貨幣の役割を負い続けた。自前の青銅硬貨（寛永通宝）が社会に広く流通した近世幕藩体制下でさえ、各藩の石高はそれぞれの力量を推し量る基準であった。稲籾は日本列島全域を覆う価値基準の根幹を担ったのである。

弥生時代の日本列島各地での様相をみれば、こうした稲束や稲籾がもつ現物貨幣としての特質をいちはやく活用したのは北部九州地域だったといえる。そこでは中期後半になって大規模な利水工事がおこなわれた形跡がある。福岡市三苫《みとま》永浦《ながうら》遺跡では丘陵上に楕円形の溝を掘り込む大小の井堰跡がみつかっている。さらに同時期の大規模な貯水池跡が同市元岡遺跡で検出された。時期はちょうど環東シナ海交易の活性期と一致している。だから大規模灌漑跡は、稲籾を朝鮮半島や琉球列島との交易の原資として活用する動きの一環であったと捉えられる（北條二〇一二）。

稲は南海産の貝殻に応じる貨幣であったし、青銅器や鉄器にたいしては劣位な商品側におかれ、相手側の提示する価格に沿った取引を余儀なくされたであろうが、奴隷を添えれば稲籾での購入も可能だったと推定される（難波洋三説の部分改変）。つまりこの時期に起こった大規模灌漑事業は、食糧の増産というよりも、貨幣生産の拡大だったとみたほうが理解しやすい。

なお稲束を弥生時代以降の現物貨幣として理解するためには、最小単位の確定が求められる。

そこで租税や交易に投じられるさいの単位把握に主眼をおいて検討をおこなった結果、収穫時に左手で稲穂を握って一杯になる分量が稲束システムの最小単位であったことが判明した。対象資料は図1に示す奈良県唐古・鍵遺跡出土の稲束である。さらに古代米をもちいた収穫実験をふまえると、この稲束には古代の穀一合に相当する分量の稲籾が実っていた可能性が高い。穀とは脱穀を終えた未精米の稲籾に与えられた斗量の単位のことで、一合の推計値は五〇〇〇粒前後である。推定七三本〜七六本の稲茎からなる穂摘刈りの稲束にたいし、私は「握《にぎり》」の単位名称を与えている（北條二〇一四）。

図1　奈良県唐古・鍵遺跡出土稲束

ようするに一握＝穀一合＝舂米五勺、一〇握＝一把＝穀一升＝舂米五合、一〇把＝一束＝穀一斗＝舂米五升という斗量の基礎は弥生時代に固まり、奈良時代までの実量も一定だった可能性が指摘できる。もちろん稲束システムの場合、実量の誤差は大きいこともたしかである。平均量から常に上下一割前後の増減が生じる。厳密性を担保するためには計量枡が必要であったが、それは奈良時代を待たねばならなかった。

## †出挙の重要性

稲束がもつ貨幣としての振る舞いを理解するうえで、とりわけ重要なのは出挙《すいこ》である。春に稲を貸し付け秋の収穫時に利息を添えて返済させる営為なのだが、その運用は穎《えい》稲《とう》すなわち稲束を単位とする貸借であった。本来は勧農策や農民間の相互扶助ではなかったかといわれる。ただし経済史学では田租の起源が出挙だったと指摘されている。収穫後の返済時には貸与側への感謝の意味を込めて元々の借量に若干量の稲束を上乗せする行為が本来の姿であった。しかしそのような慣例がのちに制度化され利息へと変質したものが田租ではなかったかと推測されるからである。

なお出挙の起源にたいする定説的な見解は、六世紀を初現とする屯倉《みやけ》の設置以降だといわれる。しかしそれは徴税制度に組み込まれた出挙のことであり、原理は水稲農耕文化の最初期にさかのぼる。その地に最初に種籾をもたらした偉大な創始祖先を起点とする出挙の反復と累積、および拡散がなければ稲作文化は広がらなかったからである。

ただしこの構造は、稲束を原資とする金融システムそのものであった。いいかえれば水稲農耕民とは、出挙の応酬・負債の連鎖から逃れられない宿命を負った存在なのであり、成功者には有力者層への途が開かれる反面、返済に失敗し負債を抱え込めば下層民の地位に貶められる。そのようなリスクと常に隣り合わせであった。つまり債務奴隷への途を開く営為が出挙だったのである。いいかえれば農耕を受け入れた時点から、首長・一般成員・奴隷からなる三階層までの分化は着実に生じたと考えられる。『三国志』「魏志倭人伝」にある「大人」が最上層で

「下戸」が一般の成員、「奴婢」や「生口」が奴隷身分に該当する。部族社会から首長制社会への移行を促した張本人は出挙だったのである。

さらに補足すれば、血縁と対置される地縁の内実は出挙のネットワークであった。

## †巨大古墳の築造に投じられた経費

### ①徴税量の推定

「魏志倭人伝」には「収租賦有邸閣」（租税の制度があり、それらを納める倉がある）とある。租賦《そふ》の対象に稲束や稲籾が含まれ、それが主体であったことは間違いない。

では邪馬台国時代からのちの倭王権のもとには、どの程度の稲が徴収され古墳づくりに投じられたのか。それを直接知る手がかりはない。ただし稲の反当たり収量の推計、人口推計、税の徴収量や支払い量にかかわる諸研究の成果を参照すればシミュレーションが可能である。こうした作業を基礎に、三世紀後半に築かれた最古最大の前方後円墳として知られる奈良県箸墓《はしはか》古墳と、五世紀中葉に築かれた大仙陵古墳の造営を考える。

まず稲の反当たり収量の推移については、農学の嵐嘉一による研究成果（嵐嘉一『近世稲作技術史』農山漁村文化協会、一九七五）など二、三の文献を参照する。江戸時代・鎌倉時代・奈良時代を比較して反当たり収量の推移曲線を描くと奈良時代以前はほぼ直線的な漸減となり、奈良時代の上田一反からの収量を一とした場合、五世紀中頃は〇・八九、三世紀中頃は〇・八〇の値が求められる。

古墳時代の人口推移については、始発点に「魏志倭人伝」をおき、奈良時代の諸史料に依拠した推計値を終着点に据え、双方から挟み込む推計となる。このうち「魏志倭人伝」中の戸数記載にもとづく総人口については、約一八〇万人とする推計値がある（小澤一雅説）。同様の推計値を導いたうえで、それ以前からの人口増加率を見据え、この時期の総人口を約二二〇万人とする案も出されている（鬼頭宏説）。戸数は支配人口に反映されるので、ここでは当時の倭人社会における推定支配人口として一八〇万人をとる。

いっぽう、後者については澤田吾一の研究が有名である（澤田吾一『奈良朝時代民政経済の数的研究』冨山房、一九二七）。澤田は八世紀代の総人口として六〇〇万〜七〇〇万人を示し、この値が人口推計上の定説となった。しかし近年になって再検討がおこなわれ、八世紀前半の総人口を四五一万人とする修正案が提示された（鎌田元一説）。鬼頭宏もこの代替案を採用し、澤田の推計値を八〇〇年に後方スライドさせている（鬼頭宏『人口から読む日本の歴史』講談社学術文庫、二〇〇〇）。こうした研究動向をふまえ、ここでは八世紀中葉における日本の総人口を五〇〇万人とし、支配人口としては四二五万人を見積もる。

課題は五世紀中葉の支配人口であるが、三世紀中頃から八世紀前半までの間を直線的な増加

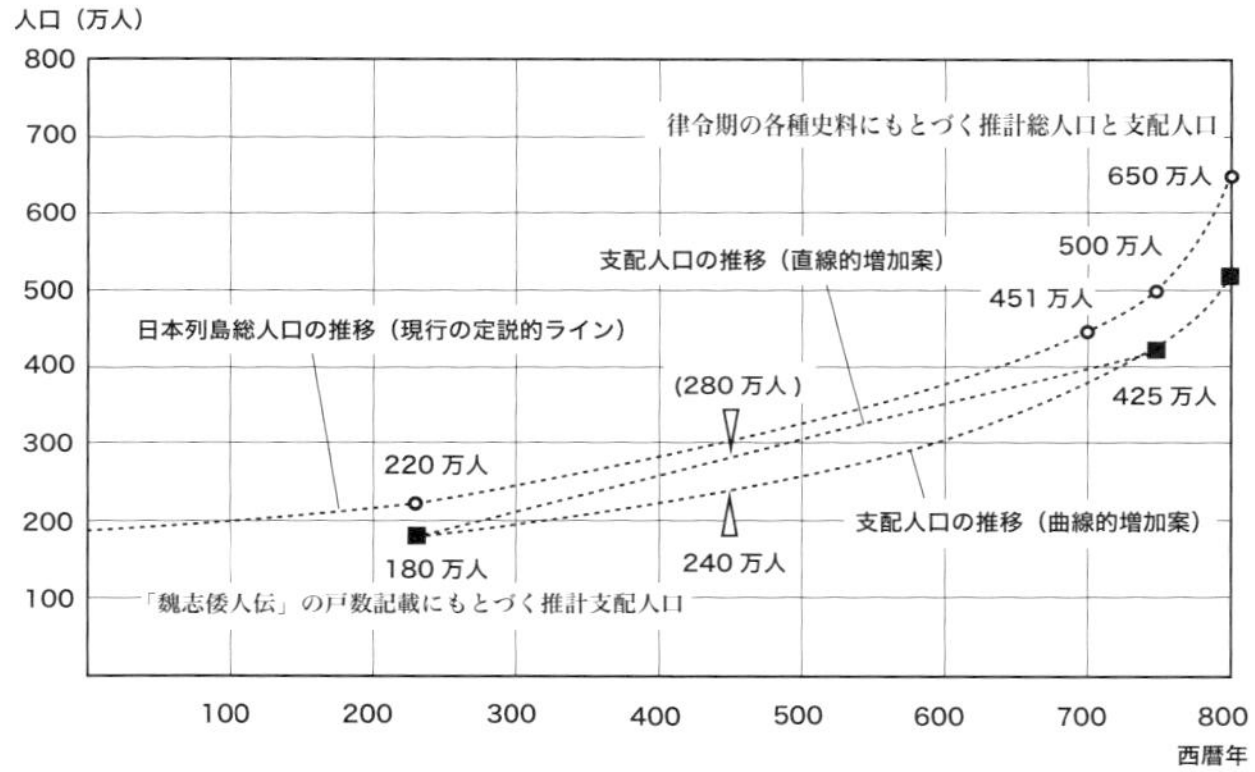


図２　古墳時代の人口推計

率とする案と、三世紀中頃・八世紀前半・九世紀初頭の三点間を曲線で結ぶ案が想定できる。ただしグラフを描くと、前者の案では総人口の推移ラインに寄りすぎる。そのため後者を採用した。推計二四〇万人である。作業の概要は図２に示したとおりである。

また七四五年の大粮《たいろう》すなわち奈良時代の中央政府が京の維持費として支払った米の総量については、古代史学の早川庄八が推計値を示しており、それを利用する（早川庄八『日本古代の財政制度』名著刊行会、二〇〇〇）。大粮の原資は京の近隣諸国に上納を求めた年料《ねんりょう》舂米《しょうまい》であった。舂米は現代の玄米に相当し、諸国で精米されたのちに京進された。年料とは京での諸雑務を担う衛士や仕丁ら庶民に支払われた一年分の総額である。当時は後期難波宮の造営工事中で、その人件費にも充てられた。そのため古墳造営事業と比較できる。

早川の推計値は舂米二万四四五六石であり、当時の支配人口から割ると〇・〇〇六の値が求められる。この値を基準とし、稲の反当たり収量の減率を反映させる。生産性を考慮しない過重な徴税は避けられたはずだと考えるためである。すると四五〇年は一万二八一六石、二五〇年は八六四〇石となる。それぞれの年代の倭王権が、仮に奈良時代の中央政府がおこなったと同率の舂米の上納を近隣地域の首長層・部族長に求めたとして、古墳づくりはどの程度の負荷だったのかを点検するためである。

なお上京した庶民の男性一人に中央政府から支払われた額は日米二升塩二勺であった。ここでは米に焦点を絞り、この支払い額は固定する。彼らは一年分の滞在費をこの支給で賄わなければならず、食料として消費される分を含めた諸経費に見合う額が準備されたと考えるからである。

ちなみに古代の舂米二升は現在の玄米八合八勺〜九合四勺であり、籾の量は市販の標準的なおにぎり二七個分に相当する。なお古墳時代の倭人向けには舂米や脱穀後の穀ではなく稲束で支払われた可能性が濃厚で、日当は四把、図1に示した稲束を籾付きで四〇握括ったものと推定される。ただし計算の都合上、ここでは舂米を用いる。

ところで、古墳づくりに動員された人びとへの対価を論じる私の見方に違和感を覚える読者も少なくないと予想される。人民の労働を搾取する強制権力発動の舞台こそが古墳造営だったと解釈され続けてきたからだ。

しかし長期にわたる墳墓造営に無償労働を想定するのは現実的でない。律令制下の庸や兵役にたいする評価も同様で、上京もしくは任地までの旅費は自弁だったために、庶民は過重な負担に喘いだと強調される。しかし役務への対価は支給された。それが先の支払い額である。たとえ奴隷労働であったとしても、最低限の衣食住を保証する必要があった。奴隷も高額商品であったと同時に制度上の身分だったからである。なにより一回限りで終わる事業ではなく、古墳の造営は三〇〇年間にわたり各地で繰り返された。このような事業であった以上、応分の対価を支払うことによってしか継続しえなかったとみるべきである。

**②箸墓古墳の造営に要した経費**

では箸墓古墳の造営を考える。この古墳の体積については私の計算結果である二六万八〇〇〇立米を採用する。石川昇の計算値は三〇万三六立米である（石川昇一九八九『前方後円墳築造の研究』六興出版）。私案より若干大きな値だが、それは算出法の差によるもので誤差は許容範囲だと判断した。

次に総工費の見積もりであるが、古代工法に則した古墳造営の計算式が大林組によって公表されている（大林組「「王陵」仁徳天皇陵の建設」『季刊大林』二〇号、一九八五）。諸工程の完了までに要する人工数の算定法については、このアイデアを借りた。

そのようにして算出した結果が表2である。箸墓古墳の築造には延べ九八万四〇〇〇人を要したことがわかる。当時の推定支配人口の半分強に相当する。一人当たり年間一石の米を消費したと仮定すれば、二万人を丸一年間養えるだけの経費が投じられたことになる。ただしもう少し現実的なところに落とし込んでみたい。

それが表2下段に示した年間の動員数と支払量の関係である。大林組は週休一日を前提に年間の稼動日を三〇〇日で組むが、ここでは雨天を見込んで年間二五〇日とした場合を想定し、二組のバージョンを示した。動員数については一日当たり一五〇〇人から五〇〇〇人までとし、年当たり支払量を右に示している。

最上段のケースでは年間八九四七石の支払いが必要となる。先に求めた年料舂米推計値の一・〇三倍である。つまり初期倭王権は奈良時代の中央政府とほぼ同率の量の米の上納を周辺地域首長に求める必要があった、という計算結果である。被葬者の生前から古墳づくりが始ったとする寿陵の考え方を重視すれば、最下段が有力候補となる。

とはいえ箸墓古墳の被葬者が仮に卑弥呼であったとすれば、最下段の七・九年は工期として長すぎる。狗奴国との争乱中に卑弥呼は死去し男王が一時的に立ったという記述や、卑弥呼の死後に「作塚径百余歩」の記述がある点も見逃せない。こうした非常時であれば、男王と彼の

| 古墳名 | 作業工程 | 面積・体積 | 人工数 | 推計根拠 |
|---|---|---|---|---|
| 箸墓古墳 268,000 m³ | 伐開・測量・排水 | 28,000㎡ | 8,485 | 3.30 m³／人日 |
| | 周溝掘削 | 134,000㎥ | 67,000 | 2.00 m³／人日 |
| | 客土掘削 | 134,000㎥ | 67,000 | 2.00 m³／人日 |
| | 周溝土砂運搬 | 134,000㎥ | 134,000 | 1.00 m³／人日 |
| | 客土運搬 | 134,000㎥ | 268,000 | 0.50 m³／人日 |
| | 盛土（周溝由来） | 134,000㎥ | 200,000 | 0.67 m³／人日 |
| | 盛土（客土由来） | 134,000㎥ | 200,000 | 0.67 m³／人日 |
| | 葺石採取・運搬 | 大仙陵との比例 | 32,000 | 筏運搬を想定 |
| | 葺石敷設 | 同上 | 7,630 | 240 個／人日 |
| | 墳丘造成人工数 | | 944,485 | |
| | 総人工数 | | 984,115 | |

| | 年間動員数 | 工期 | 日当 | 年当り支払量 |
|---|---|---|---|---|
| 延べ人数 984,115 人 | 年間 300 日／1500 人 | 2.2 年 | 日米 2 升 | 8,947 石 |
| | 年間 250 日／1500 人 | 2.7 年 | 同上 | 7,289.7 石 |
| | 年間 300 日／1000 人 | 3.3 年 | 同上 | 5,964 石 |
| | 年間 250 日／1000 人 | 3.9 年 | 同上 | 5,047 石 |
| | 年間 300 日／500 人 | 6.6 年 | 同上 | 2,982 石 |
| | 年間 250 日／500 人 | 7.9 年 | 同上 | 2,491 石 |
| | 日当総支払量：1,968,230 升＝19,682.3 石 | | | |

表２　箸墓古墳の築造に要する経費
注 1)　延喜式にみる年間京進米の総量は 108,694 石であった（早川 2000 文献より）
注 2)　仕丁・衛士らへは日米２升・塩２勺の給与が支払われた

取り巻きが周囲に大号令をかけ、突貫工事に近い状態のもとで先代王の墓を造営した可能性も高い。王位の継承と切り離せないのが墳墓の造営だったとみられるからである。つまり最上段の数値も荒唐無稽なものとはいえないのである。もちろん被葬者が別人であった可能性が今後高まれば、最下段のケースが有力視されることになるだろう。

**③大仙陵古墳の造営に要した経費**

この古墳の造営に要した工期や経費については大林組の推計（前掲）があり、基本的にはこれを踏襲する。表3－1の右側に示した延べ人工数①が大林組案に準拠した結果である。

公表された数値とは八〇万人工の差が生じるが、この点については人夫一〇人当たり一名の世話役を入れるか入れないかの差によるものと推定される。本表では世話役を算入していない。なお客土の採取地については、古墳造営地の周辺一帯から均等に削土をおこなった可能性も考慮して、私案を延べ人工数②として左に示した。ここでは後者を採用する。またこの古墳は墳丘規模にして箸墓古墳より六倍も大きいため、下段には延べ人工数②に則した工程表と年間支払量を示した（表3－2）。

まず総経費であるが、延べ人工数でみれば当時の推定支配人口を上回るものの、二倍には達しない。約一二万人を一年間養える量の米が投じられたという計算結果でもある。

しかし重要なのはここからである。じつは今回の作業結果には私自身も驚かされたのだが、古墳造営のピーク時に二〇〇〇人を通年動員する状態が一〇年九カ月続いたとしても、一年当たりの支払い量は舂米九九四一石となり、推定年料舂米量を基準にすれば、その八割弱で賄えるという計算結果であった。

常時二〇〇〇人を働かせるという想定も不自然ではない。七四五年の大粮が総額二万四四五六石であれば、四五〇〇人前後の庶民がじっさいに各地から集められ、通年雇傭されたことを意味するからである。つまりその半数弱の人員を動員し続けたとする想定は、人口比を勘案すれば許容範囲内であり、基礎動員力を満たすと判断できる。さらに大規模な宮都は古墳時代に

| | 工事種類 | 土量等 | 延べ人工数② | 積算根拠・備考 | 延べ人工数① |
|---|---|---|---|---|---|
| 大仙陵古墳 1,405,866 $m^3$ | 伐開・測量・排水 | | 434,000 | | 434,000 |
| | 外壕掘削 | 139,000 $m^3$ | 69,500 | 2.00 $m^3$／人日 | 70,000 |
| | 内壕掘削 | 599,000 $m^3$ | 299,500 | 2.00 $m^3$／人日 | 300,000 |
| | 客土掘削 | 742,000 $m^3$ | 371,000 | 2.00 $m^3$／人日 | 371,000 |
| | 外濠土砂運搬 | 187,650 $m^3$ | 187,650 | 0.85 $m^3$／人日 | 160,000 |
| | 内濠土砂運搬 | 808,650 $m^3$ | 808,650 | 1.00 $m^3$／人日 | 600,000 |
| | 客土運搬 | 1,001,700 $m^3$ | 3,339,000 | 0.30 $m^3$／人日（大林1985では0.2 $m^3$／人日3,700,000人工） | 3,700,000 |
| | 盛土（外濠由来） | 139,000 $m^3$ | 23,000 | 締め固め工法（0.6 $m^3$／人日） | 23,000 |
| | 盛土（内濠由来） | 599,000 $m^3$ | 100,000 | 締め固め工法（0.67 $m^3$／人日） | 100,000 |
| | 盛土（客土由来） | 742,000 $m^3$ | 120,000 | 締め固め工法（0.67 $m^3$／人日） | 120,000 |
| | 葺石採取・運搬 | 14,000 t | 170,000 | 仮設運河と筏による運搬を想定 | 170,000 |
| | 葺石敷設 | 5365,000 個 | 40,000 | 240個／人日（1 $m^2$当平均74石） | 40,000 |
| | 合計 | | 5,962,300 | | 6,088,000 |

**表 3-1　大仙陵古墳の築造の概要と延べ人工数**（大林組 1985 をもとに加筆・一部改変）
注）延べ人工数②は客土運搬を古墳外周一帯からとした場合の合計

| | 工程 | 人工数 | 工期見積もり | 日当 | 年間支払量 |
|---|---|---|---|---|---|
| 延べ人工数②に沿った工程表 | 伐開・測量・排水路掘削 | 434,000 | 年間250日／1000人で1.74カ年 | 日米2升／人日：総支払量8,680石 | 4,988.5石 |
| | 土砂掘削・盛土関連 | 5,318,300 | 年間250日／2000人で10.7カ年 | 日米2升／人日：総支払量106,366石 | 9,940.7石 |
| | 葺石採取・運搬・敷設 | 210,000 | 年間250日／1000人で0.84カ年 | 日米2升／人日：総支払量4,200石 | 4,200石 |
| | 人工総計 | 5,962,300 | 総工期13.3カ年 | 支払米総量11,924,600升＝119,246石 | |

**表 3-2　大仙陵古墳の築造に関わる工程表**
* 参考値（延べ人工数①の場合）総計 6,088,00 人工 ：支払米総量 121,760 石（延べ人工数②の 1.02 倍）

不在だった事実をふまえると、無理のない想定なのである。

この古墳も寿陵だったと推定し、完成までには一三年三ヵ月の工期を要したという推計についても、無謀な積算ではないと考える。当時の大王の平均在位年数は一二年だという指摘（安本美典説）と突き合わせれば、たしかにまだ長い。とはいえここまでの巨大古墳は他に大阪府誉田《こんだ》御廟山《ごびょうやま》古墳（伝応神天皇陵）しかないため、問題はないと判断する。

もちろん上記の数値はあくまでも墳丘の造営に要する直接経費にすぎない。大林組も検討を保留したが、円筒埴輪の推定総数一五〇万本の製作や運搬・設置に要する経費は見積もりようがない。後円部頂に設置されたと思われる竪穴式石槨や長持形石棺の製作・設置にかかわる経費も当然ながら算定しえていない。

各地から動員された人びとが滞在するための諸施設や、支払いに関連する庶務を担う組織、支払われた舂米で生計を成り立たせるための市場の設置と運用が最低限は必要であった。工事を指導する立場の人員の駐留先や人件費等も別途支弁する必要があり、これらを間接経費と呼べば、直接経費の二倍以上は古墳の造営工事のために費やされたと見積もる必要がある。とはいえ箸墓古墳の造営時に基礎となる組織編成は構築された可能性が高く、次の古墳造営からは既成の組織編成と経験則をもとに、拠点を移動させつつ拡大再生産を進めたものと評価できる。

なお景観上も経済史的な観点からみても、ここに大規模な都市空間が出現したことは間違いないのであるが、こうした側面への掘り下げは省略する。

## †前方後円墳が巨大化を遂げた理由

### ①首長制社会の大王墓

以上の検討結果をふまえると、本講のテーマにたいする解答が可能である。倭人社会も高句麗と同様の首長制社会であったとみた場合に、前方後円墳が巨大化したことの因果関係がみえてくる。

首長は民衆に向けて常に惜しみない富の分配を強いられた。人類学ではこうした営為をポトラッチと呼ぶ。それを繰り返すことで初めて民衆からの支持を取りつけられたのである。先に「高句麗伝」から引用した習俗記事は、同様の営為が三世紀の東アジアでも確認できることを証明している。寿陵とは何かを示唆する行為でもある。

いっぽう、倭人社会における貨幣は稲束と稲籾であり、租税の代表格も稲束や稲籾であった。先にみたとおり、古墳づくりに動員された人びとには膨大な量の稲籾が支払われた可能性が高い。だとすれば、それは倭王権の最高位に立つ大王から民衆に向けた富の惜しみない分配であり、ポトラッチであったと評価するのが妥当である。社会の内実が首長制社会であれば、それは必要不可欠な営為だったのであり、最優先されるべきか否かは問わないとしても、外すことなど決して許されない政治課題だったことになる。

また地域首長層は大王が惜しみなく富を放出し続ける限りにおいてその政権を支持したという構造でもあった。墳墓であれば宗教的イデオロギー（おそらく火山信仰と太陽信仰および北辰信仰の三者を融合させたもの）を表明する営為に収まる。耕地開拓や灌漑工事などとは異なりさらなる富の源泉とはなりえない。大王を輩出した部族が次世代に資産を引き継ぐことのないよう各方面から注視されたとみるべきかもしれない。

もとより地域首長と民衆との間の関係も同様である。約三〇〇年間にわたり、日本列島全域で五二〇〇基以上の前方後円墳がつくられた。それぞれの地域でも首長から民衆にむけたポトラッチが世代を超えて繰り返された。そうした営みの累積だったと理解できる。

なお首長制社会であっても中国側からの亡命知識人に差配を委ねれば、古墳造営にかかわる技術的な課題は簡単に超えることができた。高句麗側でみた状況と類似した構図のもと、倭人社会では彼ら知識人の技量が土木事業にも配分される展開だったとみればよい。

**②墳丘規模が拡大する背景**

次に三世紀後半以降五世紀中頃にかけて、前方後円墳の規模が拡大する現象への解答をおこないたい。この問題は二つの側面で捉えられる。

その第一は倭人社会の人口推移である。この間に人口規模は約一・三倍に増加した可能性が高いことは図2で示した。このような推移であれば富の総分配量も必然的に高まる。それぞれの時点で可能な限りの再分配をおこなった結果が墳丘規模の拡大を招いたのだといえる。奈良時代の年料舂米との比較において、その比率をやや下回る程度の徴収を重ねることで大仙陵古墳の造営が維持できたという今回の作業結果はとくに重要である。

見方を変えれば、巨大前方後円墳は大粮の数年分を可視化した姿だといえる。比喩として示せば、大仙陵古墳の巨大さは平城京内の維持費および後期難波宮の造営費として庶民に支払われた五年一〇カ月分の総額を三次元であらわしたものだといってもよい。大粮がいかに高額だったのかを実感できるのではなかろうか。温暖化に転じた八世紀の経済状況を知るうえで良質な素材だといえるのかもしれない。

なおこの側面に関連して、五世紀前半から中葉という時期の特性も考慮すべきである。この時期には朝鮮半島南部の諸地域から須恵器生産や馬の飼育が導入された。これら窯業や牧畜業を移植するためには、その道に熟達した人びとを丸抱えで招く必要があり、配偶者や子供ら親族を含む組織立った移住があったとみるのが自然である。

それだけでなく半島側での情勢不安は南方への逃避行動を促したはずである。じつは渡来者集団の集落があらわれ須恵器や馬が登場する現象の背景についても、こちらの脈絡に沿って理解する必要があると私は考え始めている。寒冷期における人口推移はどの時代であっても停滞か減少局面であったと推定される。しかし推計結果は増加であった。だから相当数の渡来者集団の移住と定着を見込む必要があり、この時期の人口増加がそののちの日本列島における総人口の推移を支えた可能性さえ念頭におくべきではなかろうか。

そもそも古墳時代は文化要素が急速に朝鮮半島化を遂げる過程でもあった。そのような変化を促進させた要因は倭人社会側の要請や志向などではなく、高句麗の南下が朝鮮半島南部一帯に与えた作用の必然的帰結であったと断じても過言ではなかろう。

さらに五世紀の初頭には気候の寒冷化と乾燥化が極限に達したとみられ、日本列島内でも四世紀に一旦は定着したかにみえた地域集団の再流動化が生じた可能性も高い。四国東部や関東地方はその傾向が顕著にあらわれた地域である。徳島県域では早くも四世紀後半に集落遺跡の激減が生じ、神奈川県域では五世紀初頭に同様の急減が認められる。こうした流動化への対処策としても巨大な古墳づくりは活用可能だったはずである。朝鮮半島側からの渡来者と同様、そこに赴けば生存が保証されるという意味での救済措置でもあった可能性はじつのところ高いのである。

また第二の側面とは、倭王権の内部で発生した政治課題である。ただしその内実は、前代の大王および彼を支えた有力諸部族と、次世代を担う諸勢力との間の競合であった。大王位が世襲制のもとで継承された可能性は皆無に等しいという見解は、すでに多くの研究者から示されており、私も同意見である。部族首長間の同盟に立ち、かつ実力主義のもと各世代の大王は擁立されたとみるべきであろう。だとすれば新たに擁立された大王の権威は常に先代との比較に晒される。ポトラッチをめぐる競争が世代間で発生したという図式を認めれば合理的な解釈となる。

### ③水稲農耕が支えた倭人社会

倭王権が徴収した租賦の主体は稲束と稲籾だったと先に述べた。ではそれらが優先的に投じられた先は何だったのか。間違いなく朝鮮半島側との交易であったと考えられる。

巨大古墳の造営に費やされた稲の総量はたしかに膨大ではあった。しかし一年ごとの支払量をみれば、奈良時代の年料舂米と同率の量で充分賄えたことが判明した。年料舂米とは諸国に備蓄された田租のなかから上納分に割り振られた稲束を精米したものだった。律令制下における京進米の主体は庸米《ようまい》であり、延喜式の規定を整理した早川の研究（上掲）を参照すれば、庸米の不足を補う目的で徴収されたといわれる年料別納租穀の舂米換算高は、年料舂米の二・七倍であったことがわかる。このような事実をふまえると、巨大古墳づくりに投入された稲籾は、交易への投入分や派兵に要する費用など優先されるべき必要量を差し引いた残余だったとみて差し支えないのである。

問題は鉄との交易である。この点にかかわる史料として注目されるのは『三国志』「弁辰伝」

であり、そこには「国出鉄、韓濊倭皆従取之、諸市買皆用鉄如中国用銭」（この国は鉄を生産し、韓人・濊人・倭人はみな鉄をここから入手する。この国の交易にはすべて鉄が用いられ、それは中国で銭貨を用いるがごとくである）と記されている。後段の「諸市買皆用鉄」が重要で、弁韓や辰韓では精錬鉄の板ないし棒が現地通貨だったことを確認できる。

そのような鉄を倭人は弁辰まで赴き入手したわけだから、三世紀の稲は鉄にたいして劣位な商品だったこともわかる。鉄の貨幣価値は稲のそれをはるかに凌駕したことを示しており、このような局面では弁辰側の〝言い値〟に沿った取引となったはずである。

ただし気候の寒冷化は水稲をはじめ各種の穀物生産に打撃を与え、高緯度少雨地帯では着実に深刻さを増してゆく反面、耐性があるのは中緯度多雨地帯であった（植物工学の鎌田博氏教示）。つまり朝鮮半島産の穀物に比べると、まだ安定的な生産を維持できたはずの日本列島産の稲は、三世紀以降五世紀後半までの間、という期間限定ではあったものの、東夷の諸地域内における貨幣価値を着実に高めていた可能性が指摘できる。

そうなると今度は倭人側の〝言い値〟での取引に転換しえた。いわゆる物価変動・穀物相場の変動である。だから五世紀前半から中葉の時期に朝鮮半島産の鉄の輸入量が増加し、そのなかに鉄鋌が含まれるのは、稲が鉄に匹敵する優位な貨幣に転じたことを物語っている。須恵器生産や馬の飼育など高度な技術が移植された背景にも、この点が深く作用した可能性がある。

富は貨幣を握る側に集積され、人びとはそこに惹きつけられるからである。

ようするに当時の倭人社会は水稲農耕に支えられていたため、気候の寒冷期であっても相対的な耐性を備えていたと結論づけられる。

だから高句麗が倭を敵視した要因の一端は、鉄と稲との間で生じた交易上の優位・劣位をめぐる変動だった可能性が高い。高句麗は穀物生産において常に不安定であり、交易に依存せざるをえない自然的・社会的環境のもとにあった。近隣地域への侵略や略奪がたびたび生じた背景についても、このことが深くかかわったとみるのが妥当である。

中国大陸側をみても同様のことがいえる。北朝側の興亡は熾烈を極めた。その反面、南朝側は支配領域の分断を避けつつ王朝の交替で凌げたことがわかっている。こうした南北間の政治情勢にみる対照的なありようは、穀物生産量の多寡に起因するところでもあったと理解すべきであり、同様の構図は朝鮮半島と日本列島との関係にもあてはまる。

そしてこのような環境のもと、倭人社会が否応なく自覚せざるをえなかったのは、北方から波状的に流入してくる人びとへの受け皿としての立ち位置だったと推測される。遠祖の子孫筋にあたる渡来者と向き合えば、断ち切りようのない出挙と負債の記憶がよみがえり、返済にむけた営みが各地で再起動する場面も生じたはずである。

同時に東アジア全域を席捲した激動に飲み込まれないための工夫や、放置すれば流動化しかねない倭人社会内部の結束を維持するための効果的な仕組みが求められた。その意味でも前方後円墳の巨大化は避けられなかったのである。

### さらに詳しく知るための参考文献

河内春人『倭の五王——王位継承と五世紀の東アジア』（中公新書、二〇一八）……五世紀代に展開した東夷の諸政体間の政治動向が丁寧に解説されている。

田中史生『越境の古代史』（ちくま新書、二〇〇九）……東アジアを舞台に展開したこの時代の交易や諸政体間の交流を系統立って整理している。

北條芳隆「周縁国家概念の提唱」『弥生時代の考古学（九）弥生研究のあゆみと行方』（同成社、二〇一一）……弥生・古墳時代にかかわる国家概念の問題を解説し、交易の重要性を説いた拙文。

北條芳隆「稲束と水稲農耕民」『日本史の方法』第一一号（奈良女子大学、二〇一四）……本講の背景となる稲束貨幣論を提示した拙文。

森下章司『古墳の古代史——東アジアのなかの日本』（ちくま新書、二〇一六）……中国諸王朝や朝鮮半島諸政体の動向を見据えながら古墳時代の様相が解説されている。交易の動向や現物貨幣の問題にも配慮されている点が注目される。

# 編・執筆者紹介

**北條芳隆**（ほうじょう・よしたか）【編者／はじめに・第14講】
一九六〇年長野県生まれ。東海大学文学部教授。岡山大学法文学部卒業。広島大学大学院文学研究科博士前期課程修了。大阪大学大学院文学研究科博士後期課程単位取得退学。著書『古墳の方位と太陽』（同成社）、『古墳時代像を見なおす』（共著、青木書店）など。

＊

**杉原敏之**（すぎはら・としゆき）【第1講】
一九六八年山口県生まれ。福岡県教育庁文化財保護課参事兼課長技術補佐。明治大学文学部卒業。著書『遠の朝廷・大宰府　シリーズ「遺跡を学ぶ」』（新泉社）。論文「剝片尖頭器の構造と展開」（『安蒜政雄先生古稀記念論文集・旧石器時代の知恵と技術の考古学』雄山閣）、「九州の尖頭器石器群と狩猟集団」（『旧石器時代文化から縄文時代文化の潮流――研究の視点』六一書房）。

**中山誠二**（なかやま・せいじ）【第2講】
一九五八年新潟県生まれ。南アルプス市ふるさと文化伝承館館長、帝京大学文化財研究所客員教授。中央大学文学部卒業。博士（文学・東海大学）。専門は植物考古学、著書『植物考古学と日本の農耕起源』（同成社）、『日韓における穀物農耕の起源』（編著、山梨県立博物館）など。

**瀬口眞司**（せぐち・しんじ）【第3講】
一九六八年生まれ。公益財団法人滋賀県文化財保護協会調査課課長補佐。奈良大学文学部文化財学科卒業。博士（文学・立命館大学）。専門は日本考古学。著書『縄文集落の考古学――西日本における定住集落の成立と展開』（昭和堂）、論文「西日本の縄文社会の特色とその背景」（『縄文時代――その枠組・文化・社会をどう捉えるか?』吉川弘文館）など。

**瀬川拓郎**（せがわ・たくろう）【第4講】
一九五八年生まれ。札幌大学教授。岡山大学法文学部卒業。博士（文学・総合研究大学院大学）。専門は考古学・アイヌ史。著書『アイヌと縄文』（ちくま新書）、『アイヌ学入門』『縄文の思想』（以上、講談社現代新書）、『アイヌの歴史』『アイヌの世界』（以上、講談社選書メチエ）など。

**宮地聡一郎**（みやじ・そういちろう）【第5講】
一九七二年徳島県生まれ。九州歴史資料館埋蔵文化財調査室参事補佐。国士舘大学文学部卒業。立命館大学大学院文学研究科博士前期課程修了。論文「刻目突帯文土器圏の成立」上・下（『考古学雑誌』第八八巻第一・二号）、「西日本縄文晩期土器文様保存論――九州地方の有文土器からの問題提起」（『考古学雑誌』第九九巻第二号）、「縄文から弥生へ――墓域構成の変化に見るイデオロギー転換」（『古文化談叢』第八〇集）など。

**設楽博己**（したら・ひろみ）【第6講】
一九五六年群馬県生まれ。東京大学大学院人文社会系研究科名誉教授。静岡大学人文学部卒業。筑波大学大学院歴史人類学研究科博士課程単位取得退学。博士（文学）。著書『縄文vs.弥生――先史時代を九つの視点で比較する』（ちくま新書）、『弥生文化形成論』（塙書房）、『縄文社会と弥生社会』（敬文舎）など。

**北島大輔**（きたじま・だいすけ）【第7講】
一九七二年愛知県生まれ。山口市教育委員会文化財保護課主幹。明治大学大学院博士後期課程満期退学。専門は日本考古学（弥生〜古墳時代・中世）。著書『加茂岩倉遺跡』（共著、島根県教育委員会）、『吉野ヶ里銅鐸』（共著、佐賀県教育委員会）、論文「福田型銅鐸の型式学的研究」（『考古学研究』第五一巻第三号）など。

**谷澤亜里**（たにざわ・あり）【第8講】
一九八六年福岡県生まれ。奈良文化財研究所都城発掘調査部研究員。九州大学文学部卒業。九州大学大学院比較社会文化学府修士課程修了。同博士課程単位取得退学。博士（比較社会文化・九州大学）。論文「弥生時代後期・終末期

の勾玉からみた地域間関係とその変容」（『考古学研究』第六一巻第二号）、「古墳時代前期における玉類副葬の論理」（『考古学は科学か：田中良之先生追悼論文集』中国書店）。

**村上恭通**（むらかみ・やすゆき）【第9講】
一九六二年熊本県生まれ。愛媛大学アジア古代産業考古学研究センター・センター長（教授）。熊本大学文学部卒業。広島大学大学院文学研究科博士後期課程単位取得退学。博士（文学）。著書『倭人と鉄の考古学』（青木書店）、『古墳時代像を見なおす』（共著、青木書店）、『古代国家成立過程と鉄器生産』（青木書店）など。

**辻田淳一郎**（つじた・じゅんいちろう）【第10講】
一九七三年長崎県生まれ。九州大学大学院人文科学研究院准教授。九州大学文学部卒業。九州大学大学院比較社会文化研究科博士後期課程単位修得退学。博士（比較社会文化）。著書『同型鏡と倭の五王の時代』（同成社）、『鏡と初期ヤマト政権』（すいれん舎）など。

**石村　智**（いしむら・とも）【第11講】
一九七六年兵庫県生まれ。東京文化財研究所無形文化遺産部部長。京都大学大学院文学研究科博士課程修了、博士（文学）。著書『よみがえる古代の港――古地形を復元する』（吉川弘文館）、『ラピタ人の考古学』（溪水社）、『地形と歴史から探る福岡』（ＭｄＮ新書）など。

**池淵俊一**（いけぶち・しゅんいち）【第12講】
一九六八年島根県生まれ。島根県古代文化センター長。広島大学大学院文学研究科博士前期課程修了。著書『古墳時代史にみる古代出雲成立の起源』（松江市ふるさと文庫）、論文「山陰における方形区画墓の埋葬論理と集団関係」（『四隅突出型墳丘墓と弥生墓制の研究』島根県古代文化センター）など。

**諫早直人**（いさはや・なおと）【第13講】
一九八〇年東京都生まれ。京都府立大学文学部准教授。早稲田大学教育学部卒業。京都大学大学院文学研究科博士後

期課程修了。博士(文学)。専門は東北アジア考古学。著書『海を渡った騎馬文化』(風響社)、『東北アジアにおける騎馬文化の考古学的研究』(雄山閣)など。

ちくま新書
1406

考古学講義《こうこがくこうぎ》

二〇一九年五月一〇日　第一刷発行
二〇二四年一月二〇日　第三刷発行

編者　北條芳隆（ほうじょう・よしたか）

発行者　喜入冬子

発行所　株式会社 筑摩書房
東京都台東区蔵前二-五-三　郵便番号一一一-八七五五
電話番号〇三-五六八七-二六〇一（代表）

装幀者　間村俊一

印刷・製本　株式会社 精興社



ISBN978-4-480-07227-6 C0220

## ちくま新書

1169 アイヌと縄文 ——もうひとつの日本の歴史 瀬川拓郎

北海道で縄文の習俗を守り通したアイヌ。その文化から日本列島人の原郷の思想を明らかにし、日本人にとって、ありえたかもしれないもうひとつの歴史を再構成する。

1255 縄文とケルト ——辺境の比較考古学 松木武彦

新石器時代、大陸の両端にある日本とイギリスは独自の非文明型の社会へと発展していく。二国を比較することでわかるこの国の成り立ちとは？　驚き満載の考古学！

713 縄文の思考 小林達雄

土器や土偶のデザイン、環状列石などの記念物は、縄文人の豊かな精神世界を語って余りある。著者自身の半世紀近い実証研究にもとづく、縄文考古学の到達点。

1207 古墳の古代史 ——東アジアのなかの日本 森下章司

社会変化の「渦」の中から支配者が出現した、古墳時代の中国・朝鮮・倭。一体何が起こったのか。日本と他地域の共通点と、明白な違いとは。最新考古学から考える。

1126 骨が語る日本人の歴史 片山一道

縄文人は南方起源ではなく、じつは「弥生人顔」も存在しなかった。骨考古学の最新成果に基づき、歴史学の通説を科学的に検証。日本人の真実の姿を明らかにする。

1300 古代史講義 ——邪馬台国から平安時代まで 佐藤信編

古代史研究の最新成果と動向を一般読者にわかりやすく伝えるべく15人の専門家の知を結集。列島史の全体像が1冊でつかめる最良の入門書。参考文献ガイドも充実。

1391 古代史講義【戦乱篇】 佐藤信編

日本の古代を大きく動かした15の戦い・政争を最新研究に基づき正確に叙述。通時的に歴史展開を見通すとともに、時代背景となる古代社会のあり方を明らかにする。